DORIVAL BONORA JÚNIOR

MATEMÁTICA FINANCEIRA

ANÁLISE DE INVESTIMENTOS
AMORTIZAÇÃO DE EMPRÉSTIMOS
CAPITALIZAÇÃO
UTILIZAÇÃO DE CALCULADORAS FINANCEIRAS

2ª edição
Revista e Ampliada

Ícone editora

© Copyright 2008.
Ícone Editora Ltda

Capa e Diagramação
Andréa Magalhães da Silva

Revisão
Rosa Maria Cury Cardoso

Dados Internacionais de Catalogação na Publicação (CIP)
(Câmara Brasileira do Livro, SP, Brasil)

Bonora Júnior, Dorival.
   Matemática financeira: análise de investimentos,
amortização de empréstimos, capitalização, utilização de
calculadoras financeiras / Dorival Bonora Júnior.
– São Paulo : Ícone, 2008.

   ISBN 978-85-274-0995-7

   1. Matemática financeira I. Título.

96-0715   CDD-650.01513

Índices para catálogo sistemático:

1. Matemática financeira   650.01513

Proibida a reprodução total ou parcial desta obra,
de qualquer forma ou meio eletrônico, mecânico,
inclusive através de processos xerográficos,
sem permissão expressa do editor
(Lei nº 9.610/98).

Todos os direitos reservados pela
ÍCONE EDITORA LTDA.
Rua Anhanguera, 56 – Barra Funda
CEP 01135-000 – São Paulo – SP
Fone/Fax: (11) 3392-7771
www.iconeeditora.com.br
e-mail: iconevendas@iconeeditora.com.br

Sobre o Autor

É licenciado em matemática pelo Instituto de Matemática e Estatística da USP, com pós-graduação na área de Pedagogia e Mestre em Administração de Empresas com a dissertação "Uma contribuição à gestão dos Derivativos", ativos financeiros comercializados em bolsas de valores. Trabalhou onze anos no curso e Colégio Objetivo na cidade de São Paulo, e também nesses 28 anos de magistério no: curso Etapa, Faculdade de Economia São Luís, e atualmente nas Faculdades Oswaldo Cruz e Faculdades Campos Salles, lecionando matemática financeira, cálculo integral e diferencial, geometria analítica, álgebra vetorial, e estatística aplicada. É um dos autores do texto Matemática, complementos e aplicações nas áreas de Ciências Contábeis, Administração e Economia, e ainda Cálculo para Ciências Humanas, editado a partir de 2007, também pela Ícone Editora.

PREFÁCIO

Apresentamos um livro na área da matemática financeira envolvendo temas como: porcentagens, capitalizações (simples, composta, mista e contínua), rendas (antecipadas, imediatas e diferidas), sistemas de amortização (Francis ou Price, SAC ou constante, SAM ou misto, Americano e Alemão), métodos na análise de investimentos (valor presente líquido, ou NPV), taxa interna de retorno (IRR) e valor periódico uniforme (V.P.U.).

São sete capítulos, onde todos os exercícios tratados (resolvidos ou propostos) possuem respostas, em sua maioria com uma resolução matemática acompanhada de solução numa calculadora financeira, visando uma complementação na base acadêmica entre os aspectos práticos e o item teórico desenvolvido.

A numeração dos exercícios deste livro segue uma metodologia que permite imediatamente identificar, a que bloco teórico pertence. Por exemplo: P4.17 indica 17º exercício proposto do capítulo 4, já R3.8 significa 8º exercício resolvido do 3º capítulo. As respostas dos exercícios propostos ficam sempre ao final de cada capítulo tratado.

O autor

SUMÁRIO

Cap. 1 Porcentagens 9
    1.1 Conceito de porcentagem 9
    1.2 Acréscimos 9
    1.3 Descontos 11
    1.4 Fluxo de caixa 12
    1.5 Exercícios propostos 13
    1.6 Respostas dos exercícios propostos 20

Cap. 2 Capitalização simples 27
    2.1 Juros simples 27
    2.2 Montante final ou valor futuro é a soma do capital inicial empregado
        e os juros obtidos 27
    2.3 Gráfico da função montante final 28
    2.4 Taxas equivalentes simples 29
    2.5 Equivalência de capitais 30
    2.6 Desconto comercial simples 31
    2.7 Desconto racional simples 33
    2.8 Comparando os descontos racionais e comerciais na capitalização simples 35
    2.9 Exercícios propostos 35
    2.10 Respostas dos exercícios propostos 40

Cap. 3 Capitalização composta 45
    3.1 Juros compostos 45
    3.2 Cálculo do montante 46
    3.3 Gráfico da função montante final 49
    3.4 Taxas equivalentes compostas 50
    3.5 Equivalência de capitais 51
    3.6 Desconto comercial composto 52
    3.7 Desconto racional composto 54
    3.8 Exercícios propostos 57
    3.9 Respostas dos exercícios propostos 63

Cap. 4 Aspectos complementares das capitalizações simples e composta 73
    4.1 Comparando os montantes finais nas capitalizações simples e composta 73
    4.2 Comparando os descontos comerciais nas capitalizações simples
        e composta 74
    4.3 Comparando os descontos racionais nas capitalizações simples
        e composta 76
    4.4 Capitalização mista 77
    4.5 Capitalização contínua 80
    4.6 Taxas aparentes e taxas reais 82
    4.7 Taxas equivalentes nas capitalizações simples e composta 83

4.8 Exercícios propostos 84
4.9 Respostas dos exercícios propostos 90

Cap. 5 Tipos de renda 101
  5.1 Introdução: soma de uma série geométrica 101
  5.2 Valor presente de uma renda imediata 102
  5.3 Valor presente de uma renda antecipada 106
  5.4 Valor presente de uma renda imediata com carência 110
  5.5 Valor presente de uma renda antecipada com carência 112
  5.6 Valor futuro de uma renda imediata 114
  5.7 Valor futuro de uma renda antecipada 116
  5.8 Valor futuro de uma renda imediata com carência 118
  5.9 Valor futuro de uma renda antecipada com carência 120
  5.10 Exercícios propostos 122
  5.11 Respostas dos exercícios propostos 130

Cap. 6 Sistemas de amortização 147
  6.1 Sistema Francês 147
  6.2 Sistema de Amortização Constante (SAC) 149
  6.3 Sistema de Amortização Misto (SAM) 151
  6.4 Sistema Americano de Amortização 154
  6.5 Sistema Alemão de Amortização 155
  6.6 Exercícios propostos 159
  6.7 Respostas dos exercícios propostos 162

Cap. 7 Engenharia econômica 177
  7.1 Taxas efetivas num sistema de juros antecipados 177
  7.2 Método do valor presente líquido 179
  7.3 Método da taxa interna de retorno 183
  7.4 Método do valor periódico uniforme 187
  7.5 Exercícios propostos 190
  7.6 Respostas dos exercícios propostos 197

Cap. 8 A utilização da calculadora HP12-C 207
  8.1 Operações básicas 207
  8.2 Operações com a função calendário 208
  8.3 Operações com funções estatísticas 209
  8.4 Operações com funções financeiras 215
  8.5 Bloco de programação 238
  8.6 Exercícios propostos 241
  8.7 Respostas dos exercícios propostos 244

CAPÍTULO 1
PORCENTAGENS

1.1 Conceito de porcentagem

O símbolo x% indica a igualdade $\boxed{x\% = \frac{x}{100}}$

Quando se diz "20% de algo" é equivalente a dizer 20% x. Vale dizer também que: $20\% \, x = \frac{20}{100} x = 0,2x$

R1.1 Qual é o número que quando diminuído em 20% dele resulta 8?

Resolução:

$\boxed{x - 20\% \, x = 8} \Leftrightarrow x - \frac{20}{100} \, x = 8 \Leftrightarrow x - x = 0,2x = 8 \Leftrightarrow 0,8x = 8 \Leftrightarrow$

$x = \frac{8}{0,8} \Leftrightarrow x = 10$

R1.2 Calcular a porcentagem que deve ser adicionada a R$ 40,00 para resultar R$ 50,00 no final?

Resolução:

$\boxed{40 + x \cdot 40 = 50} \Leftrightarrow 40 + 40x = 50 \Leftrightarrow 40 \, x = 10 \Leftrightarrow x = 0,25 \Leftrightarrow x = 25\%$

1.2 Acréscimos

Acréscimos ou **aumentos** são calculados através da operação adição, num problema onde se identifica inicialmente as variáveis relacionadas.

R1.3 Um funcionário recebe R$ 130,00 de salário base. Tem um adicional de 10% de acréscimo por trabalhar após às 22,00h e outro adicional de 5% correspondente ao tempo de serviço, ambos calculados sobre o salário base. Pede-se:
a) quanto esse funcionário recebe no total?
b) qual a taxa total de acréscimos incidentes sobre o salário base?

Resolução:

a)

$\boxed{x = 130 + 10\% \ 130 + 5\% \ 130} \Leftrightarrow$

$x = 130 + \frac{10}{100} \ . \ 130 + \frac{5}{100} \ . \ 130 \Leftrightarrow$

$x = 130 + 0,1 \ . \ 130 + 0,05 \ . \ 130 \Leftrightarrow x = 149,50.$ logo. Recebe R\$ 149,50

b)

acréscimo ocorrido = y

$y = 149,50 - 130 \Leftrightarrow y = 19,50$

taxa i é obtida de modo que $i = \frac{y}{130} \Rightarrow i = \frac{19,50}{130} = 0,15$

$i = 0,15 = 15\%$

$2°$ modo (e mais simples) seria: $i = 10\% + 5\% \Leftrightarrow i = 15\%$

R1.4 Se o poder de compra de meu salário é hoje 30% daquele de um ano atrás, então para reaver aquele poder de compra, meu salário deve ser reajustado em que porcentagem?

Resolução: salário de hoje + aumento = salário de há 1 ano

$\boxed{30\% \ x + y \ . \ 30\% \ x = x} \Leftrightarrow$

$\Leftrightarrow \frac{30}{100} \ x + y - \frac{30}{100} x = x \Leftrightarrow 0,3x + y - 0,3x = x \Leftrightarrow$

$\Leftrightarrow x \ (0,3 + 0,3y) = x \Leftrightarrow 0,3 + 0,3y = 1 \Leftrightarrow 0,3 \ y = 0,7 \Leftrightarrow$

$\Leftrightarrow y = \frac{7}{3} = 2,333... \cong 2,34 = \frac{234}{100} \ . \ 100 = 234\%$

portanto deve ser reajustado em 234% aproximadamente

R1.5 Em um período em que os preços subiram 82%, os salários de certa categoria aumentaram apenas 30%. Para que os salários recuperem o poder de compra, eles devem ser aumentados em quanto por cento?

Resolução: $\begin{cases} \text{salários corrigidos} = x + 30\% \ x = x + 0,3x = 1,3x \\ \text{preços corrigidos} \ = x + 82\% \ x = x + 0,82x = 1,82x \end{cases}$

salários corrigidos	+	aumento sobre os salários corrigidos	=	preços corrigidos

$\boxed{1,3x + y \ . \ 1,3x = 1,82 \ x} \Leftrightarrow (1,3 + 1,3y) \ x = 1,82 \ x \Leftrightarrow 1,3 + 1,3y = 1,82$

$\Leftrightarrow 1,3y = 0,52 \Leftrightarrow y = 0,4 \Leftrightarrow 40\%$

Portanto devem ser aumentados em 40%

1.3 Descontos

Descontos simples são calculados através da operação **subtração**.

Descontos sucessivos também são calculados através da subtração, onde a partir do 2º desconto cada desconto é calculado sobre o valor imediatamente anterior.

R1.6 Um comerciante faz um desconto de 10% nos preços marcados de seus produtos para pagamento à vista. Pergunta-se:

a) o valor do preço à vista cujo preço etiquetado é R$ 28,00 e sem o desconto.

b) o valor etiquetado numa mercadoria vendida à vista por R$ 36,00 já com o desconto.

Resolução:

a) $\boxed{28 - 10\% \ 28 = x}$ $\Leftrightarrow$ $28 - 2,8 = x \Leftrightarrow x = R\$ 25,20$

b) $\boxed{x - 10\% \ x = 36}$ $\Leftrightarrow x - \frac{10}{100} x = 36 \Leftrightarrow x - 0,1x = 36 \Leftrightarrow 0,9x = 36 \Leftrightarrow$

$\Leftrightarrow x = R\$ 40,00$

R1.7 Uma distribuidora de certo produto oferece um desconto de 15% das mercadorias quando as compras são feitas no atacado. Desconta, ainda, 10% do preço final para pagamento à vista. Qual o desconto que teve o vendedor comprando nessa loja por atacado e pagando à vista?

Resolução:

sendo x = preço inicial do produto, y = preço final do produto

$\boxed{y = x - 15\% \ x - 10\% \ (x - 15\% \ x)}$ $\Leftrightarrow$

$\Leftrightarrow y = x - 0,15x - 0,1 \ (x - 0,15x) \Leftrightarrow$

$\Leftrightarrow y = 0,85x - 0,1 \ . \ 0,85 \ x \Leftrightarrow y = 0,765x$

logo o desconto d fica: $d = x - y \Rightarrow d = x - 0,76x$

$d = 0,235x$ ou seja um desconto de 23,5%

R1.8 Dois descontos sucessivos de 5% equivalem a um único desconto de quantos por cento?

Resolução:
sendo x = preço inicial, y = preço final

$$y = x - 5\% x - 5\% (x - 5\%x) \Leftrightarrow$$

$\Leftrightarrow y = x - 0{,}05x - 0{,}05 (x - 0{,}05x) \Leftrightarrow j = 0{,}95 x - 0{,}05 \cdot 0{,}95x \Leftrightarrow 0{,}9025x$
logo o desconto total d fica: $d = x - y \Rightarrow d = x - 0{,}9025 x$
$d = 0{,}0975 x$ ou seja um desconto de 9,75%.

1.4 Fluxo de caixa

Fluxo de caixa é um diagrama geométrico representando um conjunto de entradas e saídas de valores, dispostos ao longo do tempo.

Algumas convenções comumente adotadas: ↑ = entradas, ↓ saídas, ótica do investidor na omissão.

R1.9 Representar as operações financeiras com diagramas de fluxo de caixa:

a) investimento de R$ 2.000,00 pelo qual rendeu ao investidor R$ 2.400,00 após 4 meses.
b) investimento de R$ 6.000,00 pelo qual o investidor recebeu o retorno em 2 parcelas semestrais de R$ 4.500,00, vencendo a primeira a 2 anos de aplicação.
c) empréstimo de R$ 360,00, onde o tomador pagará R$ 400,00 após 4 meses
d) depósitos de R$ 300,00 na caderneta de poupança ao final de cada mês, durante 6 meses e retirada de R$ 2.100,00 um mês após o último depósito.

Resolução:

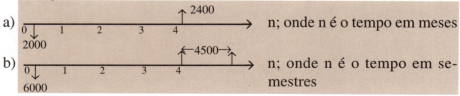

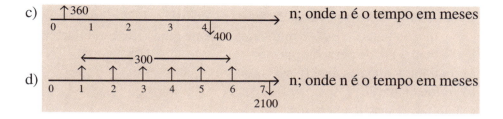

1.5 Exercícios propostos

P1.1 O preço por litro de gasolina sofreu uma majoração, passando de R$ 114,5 para R$ 159,2. Qual a taxa percentual de aumento ocorrida nesse preço?

P1.2 Um vendedor ambulante vende os seus produtos com um lucro de 60% sobre o preço de venda. Calcule, seu lucro sobre o preço de custo.

Sugestão: $Pv = Pc + L$, onde Pv = preço de venda, Pc = preço de custo L = lucro, e depois calcule $\frac{L}{Pc}$.

P1.3 Um comerciante vende seus produtos com 50% de lucro sobre o preço de custo. Determinar:
a) o preço de venda desse artigo adquirido por R$ 11,00
b) a taxa de lucro sobre o preço de venda desse artigo, calculando $i = \frac{L}{Pv}$.

P1.4 Um rádio adquirido por R$ 20,00 foi vendido com 20% de lucro sobre o preço de venda. Calcular:
a) o preço de venda;
b) o lucro aferido;
c) a taxa de lucro sobre o preço de custo.

P1.5 Em certo colégio, 25% dos estudantes foram reprovados em matemática, 15% em português e 10% em matemática e português ao mesmo tempo. Calcular a porcentagem de alunos:
a) reprovados apenas em matemática;
b) aprovados em português e matemática.

Sugestão: completar o diagrama geométrico fornecido.

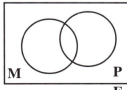

P1.6 De um grupo de pessoas, 21% fazem ginástica, 47% praticam ginástica ou natação e 16% praticam somente ginástica. Calcular a porcentagem de pessoas que:
a) pratique ambos os esportes;
b) só faça natação;
c) não faça ginástica nem natação.

P1.7 Num grupo de eleitores, 32% votarão no candidato A, 40% das mulheres votarão no candidato A, e 20% dos homens votarão no candidato A. Qual é a porcentagem de homens no grupo de eleitores? Sugestão: completar a tabela.

	A	não A	total
homens			x
mulheres			y
total			x + y

P1.8 A prestação da casa própria consome 40% de meu salário. Se o meu salário é corrigido com um aumento de 180%, e a prestação com um aumento de 250%, então calcule a NOVA porcentagem que a prestação da casa passou a consumir do meu salário.

P1.9 A inflação acumulada no Brasil em 1993 foi de 2500%, mas os remédios tiveram um aumento real de 60%.
a) qual o aumento nominal dos remédios em 1993?
b) calcule o preço em 31/12/93 de um comprimido que em 01/01/93 custava CR$ 100,00.

P1.10 Uma certa mercadoria que custava Cr$ 125.000,00 teve um aumento, passando a custar Cr$ 135.000,00. Calcular a majoração do aumento em porcentagem.

P1.11 Se um determinado produto sofre um aumento de R$ 8,00 para R$ 40,00, qual a porcentagem de aumento do produto?

P1.12 Um certo produto sofreu um aumento de 8%, passando a custar R$ 15,12. Qual era o preço desse produto antes do aumento?

P1.13 Um vendedor recebe mensalmente uma comissão de 15% sobre o valor das vendas que exceder R$ 400,00. Em certo mês, ele recebeu R$ 780,00 de comissão. Calcule o valor total das vendas daquele mês.

P1.14 Certo artigo comercial de R$ 30,00 sofre dois descontos sucessivos de 20% e um aumento de 40%. Calcular o seu valor final.

P1.15 Um produto avaliado em R$ 60,00 sofre dois aumentos sucessivos de 10% e um desconto de 20%. Calcular o seu valor final.

P1.16 Um atacadista vende certo produto por um valor x. Querendo ser esperto, ele aumenta o preço em 25% e anuncia que nas compras à vista oferece um desconto de 25% sobre o preço final. Ele leva vantagem nessa transação?

P1.17 Um desconto de 25% seguido de um aumento de 10% equivale a um único desconto de quanto por cento?

P1.18 Um aumento de 30% seguido de um desconto de 15% equivale a um único aumento de quanto por cento?

P1.19 (FUVEST) Um lojista sabe que, para não ter prejuízo, o preço de venda de seus produtos deve ser no mínimo 44% superior ao preço de custo. Porém ele prepara a tabela de preços de venda acrescentando 80% ao preço de custo, porque sabe que o cliente gosta de obter desconto no momento da compra. Qual é o maior desconto que ele pode conceder ao cliente sobre o preço de tabela, de modo a não ter prejuízo?
a) 10%; b) 15%; c) 20%; d) 25%; e) 36%.

P1.20 As promoções do tipo "leve 3 e pague 2", comuns no comércio, acenam com um desconto, sobre cada unidade vendida, de aproximadamente:
a) 16,33%; b) 30%; c) 20%; d) 33,33%; e) 25%.

P1.21 (FATEC) Em certa loja, o preço de um aparelho é **P** reais. Ele pode ser pago à vista ou a prazo. No pagamento à vista dá-se um desconto de 20% no preço. No pagamento a prazo, procede-se da seguinte maneira:

— a entrada corresponde a 25% do preço;

— o restante é dividido em 3 partes iguais e acrescido, antes de cada pagamento, de um valor igual a 10% da dívida pendente naquele instante.

A diferença, em reais, entre as quantias a serem desembolsadas por 2 compradores, o primeiro pagando a prazo e o segundo à vista, é de:

a) 0,2P; b) 0,35P; c) 0,42P; d) 0,475P; e) 1,13P.

P1.22 Uma mercadoria cotada a R$ 600,00 é vendida, à vista, com desconto de x% ou em 2 parcelas iguais de R$ 300,00, sendo a 1^a no ato da compra e a 2ª após um mês. Supondo que o comprador ao invés de pagar à vista, opte pelo pagamento a prazo, para aplicar aquela diferença entre o preço à vista e a 1ª parcela, a uma taxa de 4% ao mês. Determinar x para que o pagamento à vista seja mais vantajoso.

P1.23 O preço de uma mercadoria subiu 30%. Calcular a porcentagem que se deve reduzir no seu preço final para que volte a custar o valor antes do aumento.

P1.24 Uma loja remarcou os preços de suas mercadorias que apresentavam pequenos defeitos com 25% de abatimento. Os compradores que adquirissem 6 ou mais unidades teriam, ainda, 20% de abatimento sobre o preço remarcado. Um revendedor A comprou 4 unidades defeituosas e outro revendedor B comprou 8 unidades com defeito. Pede-se:

a) a taxa total de desconto para o revendedor A;

b) a taxa total de desconto para o revendedor B;

c) quanto pagou o revendedor B, se o total da tabela original era R$ 27,30.

P1.25 (FUVEST) Pedro e João são concorrentes na venda de carnês. Em maio eles venderam o mesmo nº de carnês. Em junho Pedro conseguiu aumentar em 32% as suas vendas. Porém, neste mês de junho, as vendas de João foram 25% superiores às de Pedro. Em relação ao mês de maio, de quanto foi o aumento nas vendas de João?

a) 32%; b) 60%; c) 40%; d) 65%; e) 57%.

P1.26 Uma loja vende seus artigos da seguinte maneira:

I) à vista com 10% de desconto sobre o preço de tabela;

II) no cartão de crédito com acréscimo de 10% sobre o preço de tabela.

Um artigo que à vista sai por R$ 27,00, no cartão sairá por quanto?

P1.27 (FAAP) Do preço de venda de um produto, um comerciante paga 20% de imposto. Do restante, 70% corresponde ao custo do produto e 30% ao lucro. Se o produto custou R$ 33,60 então o preço de venda foi:

a) R$ 40,78;

b) R$ 51,22;

c) R$ 49,80;

d) R$ 40,07;

e) R$ 60,00.

P1.28 Representar as operações financeiras com diagramas de fluxo de caixa:

a) investimento de R$ 500,00, onde o investidor recebeu 2 parcelas trimestrais de R$ 280,00, vencendo a 1ª após 3 meses;

b) empréstimo de R$ 800,00, onde o tomador pagará 2 parcelas de R$ 550,00 após 60 dias da obtenção do empréstimo;

c) aplicação de R$ 200,00, onde o investidor recebe R$ 260,00 após 2 bimestres.

P1.29 Andrea adquiriu um automóvel de R$ 15.000,00 com uma entrada de R$ 5.000,00 no ato e mais 5 parcelas mensais e iguais de R$ 2.500,00. Representar essa transação num diagrama de fluxo de caixa.

P1.30 Na liberação de um empréstimo de R$ 2.000,00, foi cobrado uma taxa administrativa de 3% no ato, e o resgate efetuado em 3 parcelas mensais e fixas de R$ 800,00 após 2 meses. Representar essa transação num diagrama de fluxo de caixa.

P1.31 Representar num diagrama de fluxo de caixa um investimento de R$ 400,00 com um desconto de 4% de imposto de renda no ato da aplicação e retorno em 3 parcelas de R$ 150,00 após 3 meses.

P1.32 Representar num diagrama de fluxo de caixa um empréstimo dado de R$ 1.200,00 que será saldado em 3 parcelas: a 1ª de R$ 500,00 após 60 dias, a 2ª de R$ 500,00 após mais 60 dias e a última de R$ 520,00 após mais 30 dias.

P1.33 Um empréstimo de R$ 6.200,00 será resgatado em 4 parcelas bimestrais de R$ 1.620,00, com a 1ª parcela vencendo à 45 dias do ato dessa transação. O diagrama fluxo de caixa representando essa operação, em reais, é:

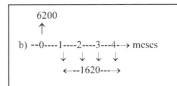

P1.34 O produto A é vendido com 15% de lucro sobre o preço de custo. Se o custo de fabricação é de R$ 12,00 no total, então o seu preço de venda é de:
a) R$ 13,40
b) R$ 13,60
c) R$ 13,80
d) R$ 14,00
e) R$ 14,20

Sugestão: $p_v = p_c + L$.

P1.35 Quando uma família possui uma renda mensal de R$ 5.500,00, ela consome R$ 4.800,00 por mês; quando a renda é de R$ 8.000,00, ela consome R$ 7.200,00. Chamando de y a renda mensal e de C o consumo, então a função **C = ay + b** é dada por:

a) C = 0,4y + 600
b) C = 0,2y + 200
c) C = 0,8y + 200
d) C = 0,2y + 800
e) C = 0,8y + 800

Sugestão: utilizar um sistema com 2 equações e 2 incógnitas.

P1.36 O dono de um supermercado compra de seu fornecedor um produto por x reais (preço de custo) e passou a revendê-lo com lucro de 50%. Ao fazer um dia das promoções, ele deu aos clientes do supermercado um desconto de 20% sobre o preço de venda desse produto. Pode-se afirmar que, no dia de promoções, o dono do supermercado teve, sobre o preço de custo:

a) prejuízo de 10%;
b) prejuízo de 5%;
c) lucro de 20%;
d) lucro de 25%;
e) lucro de 30%.

P1.37 Certo produto sofre um aumento de 8%, em seguida um desconto de 4% sobre o valor imediatamente anterior. Para um preço inicial de R$ 40,00, têm-se um valor final, aproximadamente, de:

a) R$ 44,00;
b) R$ 44,44;
c) R$ 39,15;
d) R$ 42,24;
e) R$ 41,47.

P1.38 Certo produto sofre dois acréscimos sucessivos de 3% e 5%. O acréscimo total é:

a) 8%;
b) 8,15%;
c) 7,85%;
d) 8,85%;
e) 7,75%.

P1.39 O Sr. Jacó eleva o preço de suas mercadorias em 15%. Num dia de promoções, resolve oferecer um desconto de 15%. Pode-se dizer que em relação ao preço inicial, o Sr. Jacó teve:
a) prejuízo de 2,25%;
b) prejuízo de 1,75%;
c) lucro de 1,75%;
d) lucro de 2,25%;
e) nem lucro nem prejuízo.

1.6 Respostas dos exercícios propostos

P1.1 $\boxed{114,5 + 114,5x \cong 159,2}$ $\Leftrightarrow$ x = 39,04%

P1.2 $\dfrac{L}{Pc} = \dfrac{60\% \, Pv}{40\% \, Pv} = 150\%$

P1.3 a) pv = R$ 16,50
b) i $\cong$ 33,33%

P1.4 a) R$ 25,00
b) R$ 5,00
c) i = 20%

P1.5

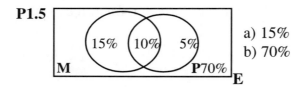

a) 15%
b) 70%

P1.6

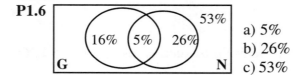

a) 5%
b) 26%
c) 53%

P1.7

	A	não A	Total
Homens	20%x		x
Mulheres	40%y		y
Total	32%(x+y)		x + y

20%x + 40%y = 32% (x+y)
0,2x + 0,4y = 0,32 (x+y)
0,08y = 0,12x $\Leftrightarrow$ y = 1,5x

Logo: $\dfrac{x}{x+y} = \dfrac{x}{x+1,5x} = \dfrac{x}{2,5x} = \dfrac{1}{2,5} = 0,4 = 40\%$ é a resposta.

P1.8 prestação da casa = P $\left.\right\}$ salário inicial = s $\Rightarrow \dfrac{P}{s} = 40\%$

Nova prestação = P' $\left.\right\}$ Novo salário = s' $\Rightarrow$ P' = p + 250% p $\Leftrightarrow$ p' = 350% p
s' = s + 180% s $\Leftrightarrow$ s' = 280% s

logo $= \dfrac{P'}{s'} = \dfrac{350\% \ P}{280\% \ s} = \dfrac{3,5}{2,8} \cdot \dfrac{P}{s} = \dfrac{3,5}{2,8} \cdot 40\% = 0,5$

$\therefore \dfrac{P'}{s'} = 50\%$ é a resposta

P1.9 inflação   aumento real   aumento total

a) $\boxed{2500\% \ x + 60\% \cdot 2500\% \ x = 4000\% \ x}$

$\therefore$ aumento total = $\boxed{4000\%}$ que é o aumento nominal

b) x = 100 $\Rightarrow$ P = 100 + 4000% . 100 $\Leftrightarrow$

1/1/93   aumento

$\Leftrightarrow$ P = 100 + 4000 $\Leftrightarrow$ P = 4100,00
31/12/93

$\Leftrightarrow$ P = $\boxed{Cr\$ \ 4.100,00}$

P1.10   125.000 + x . 125.000 = 135.000 $\Leftrightarrow$ x = 8%

P1.11   8 + x.8 = 40 $\Leftrightarrow$ x = 400%

P1.12   x + 8% x = 15,12 $\Leftrightarrow$ x = R\$ 14,00

P1.13   780 = 15% (x - 400) $\Leftrightarrow$ x = R\$ 5.600,00

P1.14   inicial: 30
1º desconto: 30 - 20% 30 = 30 - 6 = 24
Novo desconto: 24 - 20% 24 = 24 - 4,8 = 19,20
aumento: 19,2 + 40% 19,2 = 19,2 + 7,68 = 26,88
$\therefore$ o valor final é R\$ 26,88

P1.15 inicial: 60

$1°$ aumento: $60 + 10\% \ 60 = 60 + 6 = 66$

$2°$ aumento: $66 + 10\% \ 66 = 66 + 6,6 = 72,6$

desconto: $72,6 - 20\% \ 72,6 = 72,6 - 14,52 = 58,08$

$\therefore$ o valor final é R\$ 58,08

P1.16

$1°$ aumento: $x + 25\% \ x = 1,25 \ x$

$1°$ desconto: $1,25 \ x - 25\% \ 1,25 \ x = 0,9375 \ x$

Logo perde $1 - 0,9375 = 0,0625 = 6,25\%$

$\therefore$ não é vantajoso

P1.17 $1°$ desconto: $x - 25\% \ x = 0,75 \ x \ 17,5\%$

$1°$ aumento: $0,75 \ x + 10\% \cdot 0,75 \ x = 0,825$

$\boxed{17,5\%}$

P1.18 $1°$ aum.: $x + 30\% \ x = 1,3 \ x$

$1°$ desc.: $1,3 \ x - 15\% \cdot 1,3 \ x = 1,105 \ x$

$\boxed{10,5\%}$ seria o único aumento

P1.19 I) o preço de venda deve ser no mínimo: pv = 144% pc $\Leftrightarrow$

$\Leftrightarrow$ pv = 1,44 pc

II) o preço de venda na tabela é 180% pc $\Leftrightarrow$ pv = 1,8pc

III) maior desconto x% a ser concedido sobre o preço de tabela

I = II

$\boxed{(100 - x)\% \ 1,8 \ pc = 1,44 \ pc} \Leftrightarrow \frac{100 - x}{100} \cdot 1,8 \ pc = 1,44 \ pc$

$\Leftrightarrow$ x = 20 $\boxed{C}$

P1.20 se de cada 3 desconta 1 então o desconto é

$\frac{1}{3} = 0,333... \ \boxed{D}$

P1.21 à vista: $P - 20\% \ P = 80\% \ P = 0,89$

a prazo: entrada $25\% \ P = 0,25 \ P$

1ª parcela $= 25\% + 10\% \cdot 75\% \ P = 0,325 \ P$

2ª parcela = 25% P + 10% 50% P = 0,300 P
3ª parcela = 25% P + 10% 25% P = 0,275 P
total = 0,325 P + 0,300 P + 0,275 P + 0,25 P
total = 1,15 P = 1^a parc. + 2^a parc. + 3^a parc.
diferença entre o preço a prazo e o preço à vista
1,15 P - 0,80 P = 0,35 P $\boxed{B}$

P1.22 I) valor do pagamento à vista: (1 = x%) . 600
II) diferença entre o preço à vista e a 1ª parcela:
(1 - x%) 600 - 300
III) valor da diferença após 1 mês:
[(1 - x%) 600 - 300] (1 + 4%)
IV) pelo problema temos:
[(1 - x%) 600 - 300] (1 + 4%) < 300 $\Leftrightarrow$
$\Leftrightarrow [(1 - \frac{x}{100}$ 600 - 300] 1,04 < 300 $\Leftrightarrow$
$\Leftrightarrow$ 300 - 6x < 288,46 $\Leftrightarrow$ x > 1,92

P1.23 x + 30% x = 1,3 x $\therefore$ $\boxed{1,3 \ x - y \ . \ 1,3 \ x = x}$ $\Leftrightarrow$
$\Leftrightarrow$ y $\cong$ 23,08%

P1.24 a) i = 25%
b) i = x - 0,6x $\therefore$ 40%
c) R$ 16,38

P1.25

	Maio	Junho
Pedro	x	1,32x
João	x	1,32x + 25% . 1.32x

aumento = ($\frac{1,25 \ . \ 1,32x - x}{x}$) - 100% = 65% $\boxed{D}$

P1.26 p = preço de tabela
à vista: p - 10% p = 27 $\Leftrightarrow$ 0,9 p = 27 $\Leftrightarrow$ p = 30
no cartão: p + 10% p = 1,1 p = 1,1 . 30 = 33
$\therefore$ sairá por R$ 33,00

P1.27 sendo p = preço de venda
20% são impostos

∴ sobra 80% p, dos quais 70% são o custo do produto
logo 70% . 80% p = 33,60 ⇔ 0,7 . 0,8p = 33,60 ⇔ p = 60 (E)

P1.28

a) 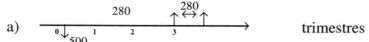 trimestres

b) meses

c) bimestres

P1.29 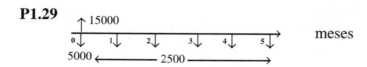 meses

P1.30 empréstimo efetivo = 2000 - 3% 2000 = 1940

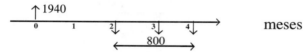 meses

P1.31 aplicação efetiva = 400 - 40% = 384

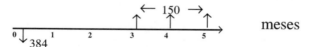 meses

P1.32

meses

P1.33 Alternativa **C**, empréstimo é uma entrada (↑) em n = 0.

P1.34 $p_v = p_c + 0{,}15p_c \Leftrightarrow p_v = 1{,}15p_c$ ∴ $p_v =$ R$ 13,80 alternativa **C**.

P1.35 C = 0,8y + 800, alternativa **E**.

P1.36 preço inicial = x então seu preço final (1+50%)(1-20%)x = 1,20x, alternativa **C**.

P1.37 $p_f = (1+8\%)(1-4\%)p_i \Leftrightarrow p_f = 1.0368p_i \therefore p_f = 41,472$, alternativa **E**.

P1.38 $p_f = (1+3\%)(1+5\%)p_i \Leftrightarrow p_f = 1.0815p_i \therefore$ alternativa **B**.

P1.39 $p_f = (1+15\%)(1-15\%)p_i \Leftrightarrow p_f = 0,9775p_i \therefore$ alternativa **A**.

Capítulo 2

CAPITALIZAÇÃO SIMPLES

2.1 Juros simples

Juros simples é a remuneração obtida junto a um capital inicial a partir de uma taxa e período fixados.

matematicamente $\boxed{J = PV \cdot i \cdot n}$ onde, J = juros,
PV = valor presente ou capital inicial
i = taxa, n = período.

Em termos de cálculo é necessário que a taxa e o período empregados sejam compatíveis em suas unidades.

R2.1 Obter os juros simples junto a um capital de R$ 40,00 aplicado à taxa simples de 2,5% ao mês durante 60 dias

Resolução:

Dados PV = 40 $\qquad\qquad\qquad$ J = PV i. n

$\qquad$ i = 2,5% a.m. $\left.\right\}$ compatíveis $\therefore$ J = 40 . 2,5% . 2

$\qquad$ n = 60 dias = 2 meses $\qquad$ J = R$ 2,00

R2.2 Qual é o tempo em que o capital de R$ 6.280,00 aplicado à taxa de 12% a.a., rende R$ 3.466,56 de juros?

Resolução:

$\qquad$ J = PV i. n

3.466,56 = 6280 . 12% n $\Leftrightarrow \dfrac{3466,56}{6280 \cdot 0,12}$ n = $\Leftrightarrow$ n = 4,6 anos

2.2 Montante final ou valor futuro é a soma do capital inicial empregado e os juros obtidos

matematicamente $\boxed{FV = PV + J}$ onde,
FV = valor futuro ou montante final

FV = PV + J $\left.\right\}$ $\Rightarrow$ FV = PV + PV i. n $\Leftrightarrow \boxed{FV = PV (1 + i.n)}$
$\qquad$ J = PV . i . n

R2.3 Calcular o montante final obtido pela aplicação de R$ 240,00 a uma taxa simples de 3% a.m. durante 45 dias.

Resolução: Dados:

montante final FV = ?

PV = 240

i = 3% a.m.

n = 45 d. = 30 + 15 di. = 1 + 0,5 m.

n = 1,5 m.

$FV = PV (1 + i.n)$

$FV = 240 (1 + 3\% . 1,5)$

$FV = R\$ 250,80$

R2.4 Qual é o tempo necessário para que um capital aplicado à taxa de 4% a.m. dobre o seu valor?

Resolução:

$$FV = PV (1 + i.n)$$
$$2\,PV = PV (1 + 4\% \, n) \Leftrightarrow 2 = 1 + 4\% \, n \Leftrightarrow 2 - 1 = \frac{4}{100}\, n \Leftrightarrow$$
$$\Leftrightarrow 1 = 0,04n$$
$$\Leftrightarrow n = \frac{1}{0,04} \Leftrightarrow n = 25 \text{ meses}$$

2.3 Gráfico da função montante final

$FV = PV (1 + i.n)$ "função do 1º grau"

$$\begin{cases} n = 0 \Rightarrow FV = PV (1 + i.0) \Leftrightarrow FV = PV \\ n = 1 \Rightarrow FV = PV (1 + i.1) \Leftrightarrow FV = PV + iPV \end{cases} \quad \text{logo}$$

n	PV	
0	PV	
1	PV+iPV	PV

pois uma reta é determinada por 2 pontos distintos

R2.5 Obter o gráfico da função valor futuro para uma aplicação de R$ 180,00 à uma taxa simples de 3% a.m. durante n meses.

Resolução: FV = PV (1+i.n)
FV = 180 (1 + 3% n)
FV = 180 (1 + 0,03 n)
FV = 180 . 1 + 180 . 0,03 n
FV = 180 + 5,4n

n	FV
0	180
1	185,4

Observação: pode-se visualizar o aumento do valor futuro com o passar do tempo, pois a função do 1º grau (reta) é estritamente crescente.

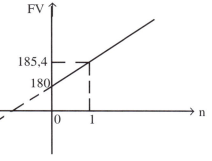

2.4 Taxas equivalentes simples

Uma taxa simples será equivalente a outra taxa simples quando, aplicada ao seu respectivo período, ambas produzirem o mesmo montante final,

matematicamente:
$$\left. \begin{array}{l} FV = PV\,(1 + i_1\,n_1) \\ FV = PV\,(1 + i_1\,n_2) \end{array} \right\} \Rightarrow PV\,(1 + i_1\,n_1) = PV\,(1 + i_2\,n_2)$$

$$1 + i_1\,n_1 = 1 + n_2\,i_2$$
$$\boxed{i_1\,n_1 = i_2\,n_2}$$

R2.6 Determinar as taxas mensais simples equivalentes a:
  a) 5% a.b.   b) 20% a.a.   c) 1,5% a.d.   d) 18% a.s.

Resolução:

a)
bimestral   mensal
$i_1 \downarrow . n_1 =$ $i_2 \downarrow . n_2$
5% . 1 =   i . 2
$\frac{5\%}{2} = i \Leftrightarrow i = 2{,}5\%$ a.m.

b)
anual   mensal
$i_1 \downarrow . n_1 =$ $i_2 \downarrow . n_2$
20% . 1 =   i . 12
$\frac{20\%}{12} = i \Leftrightarrow i \cong 1{,}67\%$ a.m.

diária	mensal	semestral	mensal

c) $i_1 . n_1 = i_2 . n_2$ d) $i_1 . n_1 = i_2 . n_2$

$1,5\% . 1 = i . \frac{1}{30}$ $18\% . 1 = i . 6$

$\dfrac{1,5\%}{\frac{1}{30}} = i \Leftrightarrow i = 45\%$ a.m. $\dfrac{18\%}{6} = i \Leftrightarrow i = 3\%$ a.m.

Observação: foram utilizadas certas equivalências para a montagem das regras de 3.

a) 1 bimestre = 2 meses   b) 1 ano = 12 meses

c) 30 dias = 1 mês   d) 1 semestre = 6 meses

R2.7 Certa instituição financeira faz empréstimos cobrando 7% a.m. de juros simples pagos antecipadamente pelo tomador. Calcular a taxa efetiva simples que o tomador pagou pelo empréstimo de R$ 600,00 por 4 meses.

Resolução: valor efetivamente emprestado:

$600 - 7\% \, 600 = 600 - 42 = 558$

$$FV = PV (1 + i.n) \qquad \text{igualando}$$

efetivo $\Rightarrow FV = 558 (1 + i.4)$

aparente $\Rightarrow FV = 600 (1 + 7\% . 4)$ $\Bigg\} \Rightarrow$ $558 (1+i.4) = 600 (1+7\% . 4)$

$558 (1+4i) = 600 (1+0,07 . 4)$

$1 + 4i = \dfrac{600}{558} . 1,28 \Leftrightarrow 1 + 4i \cong 1,3763 \Leftrightarrow \boxed{i = 9,4\% \text{ a.m.}}$

Observação: passados 4 meses, o tomador desembolsa

$FV = 600 (1 + 7\% . 4) = R\$ 768,00$

2.5 Equivalência de capitais

Dois capitais distintos podem produzir os mesmos montantes finais quando as taxas simples e períodos empregados forem compatíveis e produzirem o mesmo montante final (ou valor futuro).

Matematicamente: igualando

$FV = PV_1 (1 + i_1 n_1)$

$FV = PV_2 (1 + i_1 n_2)$ $\Bigg\} \Rightarrow$ $\boxed{PV_1 (1 + i_1 . n_1) = PV_2 (1 + i_2 . n_2)}$

R2.8 A terça parte de um capital aplicada à taxa simples de 7,2% a.m. produziu o mesmo montante final do restante do capital aplicado à taxa simples de 3% a.m. Determinar em quanto tempo isso ocorre?

Resolução: $FV = PV (1 + i \cdot n)$ igualando

$$\text{terça parte} \Rightarrow FV = \frac{1}{3} \cdot PV(1 + 7,2\% \cdot n)$$

$$\text{restante} \Rightarrow FV = \frac{2}{3} PV(1 + 3\% \cdot n)$$

$$\Biggr\} \Rightarrow \frac{1}{3} PV(1 + 7,2\% \cdot n) = \frac{2}{3} PV(1 + 3\% \cdot n)$$

assim:

$$\frac{1}{3} \cdot 1 + \frac{7,2\%}{3} n = \frac{2}{3} \cdot 1 + \frac{2}{3} \cdot 3\% \, n \Leftrightarrow \frac{1}{3} + 2,4\% \, n =$$

$$\frac{2}{3} + 2\% \, n \Leftrightarrow 2,4\% \, n - 2\% \, n = \frac{2}{3} - \frac{1}{3} \Leftrightarrow 0,4\% \, n = \frac{1}{3} \Leftrightarrow$$

$$n \cong 83,33 \text{ meses}$$

2.6 Desconto comercial simples

Quando se faz necessário resgatar o valor do título de aplicação antes de seu vencimento, e ainda se o "contrato" assim o permitir, se tem um valor de resgate menor ao valor nominal daquele título.

Matematicamente: $\boxed{d_c = N \cdot i \cdot n}$
onde, d_c = desconto comercial, N = valor nominal do título com $N = FV$, i = taxa, n = período que falta para a data do título.

Assim o valor a ser resgatado é dado por $A_c = N - dc$

$$\text{se } \begin{array}{l} d_c = N \cdot i \cdot n \\ A_c = N = d_c \end{array} \Biggr\} \Rightarrow A_c = N = Nin \Leftrightarrow \boxed{A_c = N(1 - in)} \text{ onde}$$

A_c = valor atual de resgate

R2.9 Um título de R$ 120,00 para 21/06 precisou ser resgatado em 01/06 do mesmo ano, à uma taxa simples de 3% a.m. Pede-se:
a) o valor do desconto comercial;
b) o valor de resgate desse título.

c) se esse valor de resgate em 01/06 fosse aplicado à taxa simples de 3% a.m., qual seria o montante final em 21/06 daquele mesmo ano?

Resolução:

a) $d_c = N \cdot i.n$

$d_c = 120 \cdot 3\% \cdot (\frac{21-1}{30})$

$d_c = 120 \cdot 0,03 \cdot \frac{20}{30} \Leftrightarrow$

$d_c = R\$ 2,40$

b) $A_c = N (1 - in)$ ou $A_c = N - d_c$

$\therefore A_c = 120 - 2,40$

$A_c = R\$ 117,60$

c) $FV = PV (1 + in)$

$FV = 117,60 (1 + 3\% \cdot \frac{20}{30}) \Leftrightarrow FV = 117,60 (1 + 0,03 \cdot \frac{20}{30}) \Leftrightarrow$

$\Leftrightarrow \boxed{FV \cong R\$ 119,95}$

Observação: como 119,95 < 120,00 não seria vantajoso resgatar aquele título para aplicar na mesma taxa e período previamente fixados.

R2.10 Mariana investe R\$ 300,00 em letras de câmbio com vencimento para 120 dias, com uma rentabilidade fixada em 4% a.m. de juros simples. Calcular:
a) o valor nominal do título;
b) se esse título for resgatado por Mariana daqui a 30 dias quanto Mariana receberia? Faça um diagrama de fluxo de caixa também;
c) se esse valor de resgate após 30 dias fosse também aplicado à taxa simples de 4% a.m., qual seria o montante final após 90 dias?

Resolução:

a) $N = FV$ $\quad n = 120$ dias $= \frac{120}{30}$ meses

$FV = PV (1 + i.n) \Rightarrow FV = 300 (1 + 4\% \cdot \frac{120}{30}) \Leftrightarrow FV = 300 (1 + 4\% \cdot 4)$

$FV = 348 \therefore \boxed{N = R\$ 348,00}$

b) 30 dias A_c

$A_c = N (1 = im)$

$A_c = 348 (1 - 4\% \cdot 3)$

$\boxed{A_c = 306,24}$

$\therefore$ Mariana receberia R\$ 306,24

c) $FV = PV (i + i.n) \Rightarrow FV = 306,24 (1 + 4\% . 3) \Leftrightarrow \boxed{FV \cong R\$ 342,99}$

2.7 Desconto racional simples

O desconto racional simples é diferente do desconto comercial simples por apresentar uma base de cálculo diferente. Além disso, ele apresenta o fato de que capitalizando o valor resgatado A_r tem-se o valor futuro coincidindo com o valor nominal.

Matematicamente: $\boxed{d_r = A_r . i . n}$ onde

d_r = desconto racional, i = taxa, n = período
A_r = valor atualizado (ou de resgate)
sendo uma equação com 2 incógnitas, então:

$\begin{matrix} d_r = A_r . i . n \\ A_r = N - d_r \end{matrix} \Big\} \Rightarrow d_r = (N - d_r) in \Leftrightarrow d_r = N in - d_r . i . n \Leftrightarrow$

$\Leftrightarrow d_r + d_r . i . n = N in \Leftrightarrow d_r (1 + i.n) = N i.n \Leftrightarrow \boxed{d_r = \dfrac{N in}{1+in}}$

N = valor nominal
i = taxa
n = período

Para se obter uma expressão do valor de resgate:

$\begin{matrix} A_r = N - d_r \\ d_r = \frac{N . in}{1+in} \end{matrix} \Big\} \Rightarrow A_r = N - \dfrac{N in}{1+in} \Leftrightarrow A_r = \dfrac{N(1+in) - Nin}{1+in} \Leftrightarrow A_r = \dfrac{N+Nin-Nin}{1+in} \Leftrightarrow$

$\Leftrightarrow \boxed{A_r = \dfrac{N}{1+in}}$, A_r = valor atualizado de resgate

R2.11 Um título de R\$ 120,00 para 21/06 precisou ser resgatado em 01/06 do mesmo ano, a uma taxa simples de 3% a.m. Pede-se:
a) o valor do desconto racional;
b) o valor de resgate desse título;
c) se esse valor de resgate em 01/06 fosse aplicado à taxa simples de 3% a.m., qual seria o montante final em 21/06 daquele mesmo ano?

Resolução:

a) $d_r = \dfrac{N in}{1+in}$

$$d_r = \frac{120 . 3\% . \frac{20}{30}}{1+3\% . \frac{20}{30}}$$

$d_r = R\$ 2,36.$

b) $A_r = N - dr$
$A_r = 120 - 2,36$
$A_r = R\$ 117,64$

c) $FV = PV(1+in)$
$FV = 117,64 (1 + 3\% . \frac{20}{30})$
$FV \cong R\$ 119,99$

Observação: o valor de FV obtido em C só não é igual ao valor de N devido a propagação dos erros nos cálculos aproximados realizados.

R2.12 Mariana investe R\$ 300,00 em letras de câmbio com vencimento para 120 dias, com uma rentabilidade fixada em 4% a.m. de juros simples. Calcular:
a) o valor nominal do título;
b) se esse título for resgatado por Mariana daqui a 30 dias, quanto Mariana receberia? Faça um diagrama de fluxo de caixa também;
c) se esse valor de resgate após 30 dias fosse também aplicado à taxa simples de 4% a.m., qual seria o montante final após 90 dias?

Resolução:

a)
$FV = PV (1 + i.n) \Rightarrow FV = 300 (1 + 4\% . \frac{120}{30}) \Leftrightarrow FV = 300 (1 + 4\% . 4)$

$FV = 348$, se $N = FV$ então, $\boxed{N = R\$ 348,00}$

b)

$$A_r = \frac{N}{1+in}$$

$$A_r = \frac{348}{1+4\% . 3} \Leftrightarrow$$

$$\Leftrightarrow \boxed{A_r \cong R\$ 310,71}$$

c) $FV = PV (1 + i.n) \Rightarrow$

$FV \cong 310,71 (1 + 4\% . 3) \Leftrightarrow FV \cong R\$ 310,71 . 1,12$

$\boxed{FV \cong 348,00}$ coincidindo com o valor nominal N.

2.8 Comparando os descontos racionais e comerciais na capitalização simples

vimos que:

$$\left.\begin{array}{l} d_c = N . i \, n \\ d_r = Ar . i . n \\ A_r < N \end{array}\right\rbrace \Leftrightarrow d_r < d_c \Rightarrow A_r > A_c$$
$$\text{sendo } A_r = N - d_r \text{ e } A_c = N - dc$$

Por isso comparando, numericamente os resultados encontrados nos exercícios R2.11 e R2.9, e também nos exercícios R2.10 e R2.11, pudemos constatar que $d_r \le d_c$ e ainda $A_r \ge A_c$.

No mercado financeiro os resgates mais utilizados são os de desconto comercial por serem mais difundidos ou conhecidos.

2.9 Exercícios propostos

P2.1 Para um capital de R\$ 180,00 aplicado a uma taxa simples de 36% a.a. durante 45 dias, calcular:
a) os juros comerciais obtidos;
b) os juros exatos obtidos.

Observação: ano comercial = 360 dias, ano exato = 365 dias, por convenção.

P2.2 Aplicando-se um capital de R\$ 360,00 a uma taxa simples de 24% a.a. de 15/03 até 15/05 do mesmo ano, pede-se:
a) os juros comerciais;
b) os juros exatos.

P2.3 Um capital de R\$ 75,00 esteve aplicado durante 3 meses e rendeu R\$ 15,00. A que taxa simples esteve empregado?

P2.4 Durante quanto tempo deve ser colocado um capital, à taxa simples de 2,8% a.m., para que os seus juros se igualem ao capital inicial?

P2.5 Determinar os juros simples correspondentes a uma aplicação de R$ 360,00 a uma taxa simples de 60% a.s. durante 30 meses.

P2.6 Um investimento de R$ 2.400,00 foi aplicado parte a juros simples de 1,8% a.m. e a parte restante a juros simples de 3% a.m. Se o total de juros aferidos foi de R$ 48,00 após 1 mês de aplicação, quais as parcelas correspondentes desse investimento?

Sugestão: $J = PV \cdot i \cdot n = PV_1 \cdot i_1 \cdot n_1 + PV_2 \cdot i_2 \cdot n_2$, onde
$$PV = PV_1 + PV_2$$

P2.7 Dois capitais que diferem de R$ 352,50 são colocados a juros simples: o 1º a 6% a.a. durante 7 meses, e o 2º a 8% a.a. durante 9 meses. Sendo iguais os juros obtidos de cada um, calcular ambos os capitais.

P2.8 Para que taxa simples um capital de R$ 224,00 rendeu R$ 4,68 de juros durante 2 meses.

P2.9 Determinar o período em que R$ 128,00 aplicados à taxa simples de 5% a.m. rendeu R$ 35,20 de juros.

P2.10 Se uma pessoa aplica somente 2/5 de seu capital em letras de câmbio durante 90 dias à taxa simples de 2,5% a.m., recebendo R$ 96,00 de juros, então calcule todo o seu capital.

P2.11 Para quadruplicar um capital em 3 anos a juros simples, a que taxa devemos empregá-lo?

P2.12 Para um empréstimo de R$ 600,00, um tomador assina uma promissória de R$ 681,60 que vence em 300 dias. Qual é a taxa de juros simples que ele (tomador) se compromete a pagar?

P2.13 Uma loja vende um televisor orçado em R$ 1.050,00 com uma entrada de R$ 400,00 e mais um pagamento de R$ 750,00 em 60 dias. Qual a taxa mensal simples cobrada pela loja?

P2.14 Qual o capital aplicado a taxa simples de 120% a.a., e durante 7 meses deu um retorno de R$ 1.638,80?

P2.15 Um certo banco A faz empréstimos e cobra 10% de juros simples que devem ser pagos antecipadamente pelo tomador. Qual a taxa efetiva paga por um empréstimo de R$ 800,00 por 4 meses?

P2.16 Um título de R$ 248,00 foi resgatado 15 dias antes de seu vencimento à taxa de 3,2% a.m. de desconto comercial simples:
a) qual o desconto e qual o valor recebido pelo seu portador?
b) se ao invés de resgatar o título, a pessoa tomar um empréstimo do mesmo valor de resgate para pagar após 15 dias à taxa de juros simples de 3,2% a.m. de quanto seria esse pagamento final?

P2.17 Um título de R$ 1.200,00 foi resgatado 80 dias antes de seu vencimento à taxa simples de 3% a.m. de desconto comercial:
a) calcular o desconto dado e o valor recebido pelo seu portador;
b) se ao invés de resgatar o título, a pessoa tomar um empréstimo do mesmo valor de resgate para pagar após 80 dias à taxa de juros simples de 3% a.m. de quanto seria esse pagamento final?

P2.18 Um título de R$ 750,00 foi resgatado 40 dias antes de seu vencimento, com taxa de 2,7% a.m. de desconto racional simples:
a) qual o desconto e qual o valor recebido?
b) se ao invés de resgatar o título, a pessoa tomar um empréstimo do mesmo valor de resgate para pagar após 40 dias à taxa de juros simples de 2,7% a.m., de quanto seria esse pagamento final?

P2.19 Um título de R$ 620,00 foi resgatado 50 dias antes de seu vencimento, com taxa de 2,4% a.m. de desconto racional simples:
a) qual o desconto e qual o valor recebido?
b) se ao invés de resgatar o título, a pessoa tomar um empréstimo do mesmo valor de resgate para pagar após 50 dias à taxa de juros simples de 2,4% a.m., de quanto seria esse pagamento final?

P2.20 O portador de um título de R$ 350,00 para 60 dias trocou por outro de R$ 300,00 para 15 dias. Pede-se:
a) a taxa mensal de desconto simples comercial utilizada;
b) o valor atual de cada título no instante inicial.

P2.21 Recebi de um banco a quantia de R$ 640,00, que me resgatou antes do vencimento 2 letras de câmbio, de valores iguais e vencíveis a 30 e 45 dias respectivamente. Se a taxa de desconto comercial simples foi de 3,5% a.m., qual o valor nominal de cada letra?

P2.22 Um título de R$ 240,00 para 45 dias foi trocado por outro de R$ 210,00 para 12 dias. Determinar:
a) a taxa mensal de desconto racional simples utilizada;
b) o valor atual de cada título no instante inicial.

P2.23 Adriana recebeu de um banco a quantia de R$ 580,00 proveniente do resgate de 2 letras de câmbio, de valores iguais, antes do vencimento e variáveis a 60 e 75 dias respectivamente. Se a taxa de desconto racional simples foi de 3,2% a.m., qual o valor nominal de cada letra?

P2.24 Carolina deseja antecipar seus débitos de R$ 500,00 e R$ 800,00 com vencimentos respectivamente para 4 e 6 meses em um único débito para 3 meses, à taxa simples de 2,8% a.m. Calcule esse único débito quando:
a) o valor atual é obtido pelo desconto comercial simples;
b) o valor atual é obtido pelo desconto racional simples.

P2.25 Antônio Carlos deseja antecipar seus débitos de R$ 600,00 e R$ 720,00 com vencimentos respectivamente para 6 e 8 meses, em um único débito para 4 meses, à taxa simples de 2,9% a.m. Calcule esse débito quando:
a) o valor atual é obtido pelo desconto comercial simples;
b) o valor atual é obtido pelo desconto racional simples.

P2.26 Um título com vencimento para 45 dias deveria ser descontado racionalmente à taxa simples de 2,6% a.m., mas na hora de fazer o desconto o funcionário, novo no serviço, enganou-se e aplicou a fórmula do desconto comercial simples lesando o portador do título em R$ 70,00. Qual era o valor nominal do título?

P2.27 Dois título de valores nominais R$ 240,00 e R$ 320,00, com vencimentos fixados para 60 e 120 dias, respectivamente, produziram valor líquido de R$ 450,00, quando descontados e somados. Determinar a taxa mensal simples quando:
a) o regime for de desconto comercial;
b) o regime for de desconto racional.

P2.28 João foi a uma instituição financeira com um título ao portador de R$ 302,40 para 90 dias e trocou-o por outro de R$ 280,00 para 15 dias. Determinar:
a) a taxa mensal de desconto comercial simples;
b) a taxa mensal se a troca fosse feita com juros simples.

P2.29 Adriana possuía dois títulos de mesmo valor nominal e vencíveis na mesma data. Precisou de dinheiro e descontou um deles 24 dias antes do vencimento e recebeu R$ 480,00 por ele. Está novamente precisando de dinheiro e resgata o outro, agora que faltam 9 dias para o vencimento. Quanto irá receber pelo 2º título se:
a) a taxa é de 2,5% a.m. de desconto comercial simples;
b) a taxa é de 2,5% a.m. de desconto racional.

P2.30 Luiz Antônio gostaria de descontar um título antes do vencimento. O agente financeiro I faz desconto comercial de 130% a.a. e o agente financeiro II faz desconto com taxa de juros simples de 190% a.a. Pergunta-se:
a) em qual agente é mais vantajoso descontar um título com vencimento a 60 dias;
b) e um título para 240 dias;
c) o prazo onde seria indiferente o agente financeiro.

P2.31 A Nossa Caixa Nosso Banco desconta cheques pré-datados à taxa simples de 6% a.m., utilizando desconto comercial. Sendo um cheque de R$ 720,00 para 30/04/2002 resgatado em 20/04/2002, representará um valor (já antecipado) de:
a) R$ 705,00;   b) R$ 705,20;   c) R$ 705,40;   d) R$ 705,60;
e) R$ 705,80.

Sugestões: $d_c = N.i.n$, $A_c = N - d_c$.

P2.32 Certo Banco cobra 5% a.m. de juros na antecipação de cheques pré-datados. Um cheque de R$ 600,00 para 28/10/2002 será resgatado por R$ 594,00 para XX/10/2002, utilizando desconto comercial simples. A data da antecipação desse cheque será:
a) 20/10/2002; b) 22/10/2002; c) 24/10/2002; d) 26/10/2002;
e) 28/10/2002.

P2.33 Um eletrodoméstico custa à vista R$ 400,00. A loja financia esse eletrodoméstico segundo o plano: 20% à vista e R$ 350,00 após 60 dias. A taxa de juros simples desse financiamento é aproximadamente, de:
a) 14,29% a.m.   b) 4,69% a. m.   c) 9,38% a.m.
d) 4,38% a .m.   e) 10% a.m.

Sugestões: o saldo a ser financiado é PV = 400 – 20% . 400, onde FV = PV (1 + i.n).

P2.34 Anna Christina resgatou um título bancário de R$ 1.200,00 para 29/04/2000 utilizando desconto racional simples, à taxa de 5,5% a.m.. O valor antecipado (ou resgatado) em 23/04/2000 será aproximadamente, de:
a) R$13,06;   b) R$ 13,85;   c) R$ 1.186,15;   d) R$ 1.186,94;
e) R$ 1.186,80.

Sugestões: $d_r = \dfrac{N.i.n}{1 + n.i}$; $A_r = \dfrac{N}{1 + n.i}$ é o desconto e o valor atualizado.

2.10 Respostas dos exercícios propostos

P2.1 a) J = PV . i . n
J = 180 . 36% . 45/360 $\Leftrightarrow$ J = R$ 8,10
b) J = PV . i . n
J = 180 . 36% . 45/365 $\Leftrightarrow$ J $\cong$ R$ 7,99

P2.2 a) J = PV . i . n
J = 360 . 24% . 61/360 $\Leftrightarrow$ J = R$ 14,64
b) J = PV . i . n
J = 360 . 24% . 61/365 $\Leftrightarrow$ J $\cong$ R$ 14,44

P2.3 $J = PV \cdot i \cdot n$
$15 = 75 \cdot i \cdot 3 \Leftrightarrow i \cong 6{,}67\%$ a.m.

P2.4 $J = PV \cdot i \cdot n$
$PV = PV \cdot 2.8\% \cdot n \Leftrightarrow n \cong 35{,}71$ meses

P2.5 $J = PV \cdot i \cdot n$
$J = 360 \cdot 60\% \cdot \dfrac{30}{6} \Leftrightarrow J = R\$ 1.080,00.$

P2.6 $J = PV_1 \cdot i_1 \cdot n_1 + PV_2 \cdot i_2 \cdot n_2$
$48 = c \cdot 1{,}8\% \cdot 1 + (2400 - c) \cdot 3\% \cdot 1 \Leftrightarrow c = R\$ 2.000,00$
1ª parcela = R\$ 2.000,00; 2ª parcela = R\$ 400,00

P2.7 $PV_1 - PV_2 = 352{,}50 \Leftrightarrow PV_1 = 352{,}50 + PV_2$
$(352{,}50 + PV_2) \cdot 6\% \cdot \dfrac{7}{12} = PV_2 \cdot 8\% \cdot \dfrac{9}{12}$
$PV_2 = R\$ 493.50 \ ; \ PV_1 = R\$ 846,00$

P2.8 $J = PV \cdot i \cdot n$
$4{,}68 = 224 \cdot i \cdot 2 \Leftrightarrow i = 1{,}04\%$ a. m.

P2.9 $J = PV \cdot i \cdot n$
$35{,}2 = 128 \cdot 5\% \cdot n \Leftrightarrow n \cong 5{,}5$ meses

P2.10 $J = PV \ i \cdot n$
$96 = \dfrac{2}{5} \ PV \cdot 2{,}5\% \cdot 3 \Leftrightarrow PV = R\$ 3.200,00$

P2.11 $J = PV \cdot i \cdot n$
$4\,PV = PV \cdot i \cdot 3 \Leftrightarrow i \cong 133{,}33\%$ a.a.

P2.12 $FV = PV\,(1 + in)$
$681{,}60 = 600\,(1 + i \cdot \dfrac{300}{30}) \Leftrightarrow i = 1{,}36\%$ a.m.

P2.13 $FV = PV\,(1 + in)$
$750 = (1050 - 400)\,(1 + i \cdot \dfrac{30}{60}) \Leftrightarrow i \cong 7{,}7\%$ a.m.

P2.14 $FV = PV\,(1 + in)$
$1638{,}80 = PV\,(1 + 120\% \cdot \dfrac{7}{12}) \Leftrightarrow PV = R\$ 964,00$

P2.15 $FV = PV(1 + in)$

aparente $\Rightarrow FV = 800(1 + 10\% \cdot 4)$

efetiva $\Rightarrow FV = (800 - 10\% \cdot 800)(1 + i \cdot 4)$ $\Big\} \Rightarrow i \cong 13,89\%$ a.m.

P2.16 a) $d_c = N \cdot i \cdot n = 248 \cdot 3,2\% \cdot \dfrac{15}{30}$

$d_c = R\$ 3,97 \Rightarrow A_c = N - d_c$

$A_c = R\$ 244,03$

b) $FV = PV(1 + in)$

$FV = 244,03(1 + 3,2\% \cdot 0,5) \therefore FV = R\$ 247,93$

P2.17 a) $d_c = R\$ 96,00$; $A_c = R\$ 1104$ b) $FV = 1192,32$

P2.18 a) $d_r = \dfrac{N.i.n}{1 + i.n} \Rightarrow d_r = \dfrac{750 \cdot 2,7\% \cdot \frac{40}{30}}{1 + 2,7\% \cdot \frac{40}{30}}$ $\therefore d_r \cong R\$ 26,06$

$A_r = N - dr$

$A_r \cong R\$ 723,94$

b) $FV = PV(1 + in) \Rightarrow FV = 723,94(1 + 2,7\% \cdot \frac{40}{30})$

$\therefore FV \cong R\$ 750,00$

P2.19 a) $d_r \cong R\$ 23,85$; $A_r \cong R\$ 596,15$

b) $FV \cong R\$ 620,00$

P2.20 a) $A_c = N(i - in) \Rightarrow A_1 = A_2$ "TROCA"

$350(1 - i \cdot \frac{60}{30}) = 300(1 + i \cdot \frac{15}{30}) \Leftrightarrow i \cong 9,1\%$ a.m.

b) $A_1 = A_2 \cong R\$ 286,36$

P2.21

$A_1 + A_2 = 640 \Rightarrow N(1 = 3,5\% \cdot \frac{30}{30}) + N(1 - 3,5\% \cdot \frac{45}{30}) = 640 \Leftrightarrow$

$N \cong R\$ 344,64$

P2.22

a) $A_1 = A_2 \Rightarrow \dfrac{N}{1 + i_1 \cdot n_1} = \dfrac{N}{1 + i_2 \cdot n_2} \Rightarrow \dfrac{240}{1 + i \cdot \frac{45}{30}} = \dfrac{210}{1 + i \cdot \frac{12}{30}} \Leftrightarrow$

$i = 13,7\%$ a.m.

b) $A_1 = A_2 \cong R\$ 199,08$

P2.23

$$580 = A_1 + A_2 \Rightarrow 580 = \frac{N}{1+ 3,2\% \cdot \frac{60}{30}} + \frac{N}{1+ 3,2\% \cdot \frac{75}{30}} \Leftrightarrow N \cong R\$ 310,87$$

P2.24

a) $A_c = A_1 + A_2 \Rightarrow A_c = 500 (1 - 2,8\% \cdot 1) + 800 (1 = 2,8\% \cdot 3)$

   $A_c = R\$ 1.218,80$

b) $A_r = A_1 + A_2 \Rightarrow A_r = \frac{500}{1+ 2,8\%.1} + \frac{800}{1+ 2,8\%.3} \Leftrightarrow A_r \cong R\$ 1.224,39$

P2.25

a) $A_c = A_1 + A_2 \Rightarrow A_c = 600 (1 - 2,9\% \cdot 1) + 720 (1 = 2,9\% \cdot 4)$

   $A_c = R\$ 1.201,68$

b) $A_r = A_1 + A_2 \Rightarrow A_r = \frac{600}{1+ 2,9\%.2} + \frac{720}{1+ 2,9\%.4} \Leftrightarrow A_r = R\$ 1.212,27$

P2.26

$$A_r = A_c + 70 \Rightarrow \frac{N}{1+ 2,6\% \cdot \frac{45}{30}} = N (1 - 2,6\% \cdot \frac{45}{30}) + 70 \Leftrightarrow$$

$\Leftrightarrow 0,9625 \, N \cong 0,961 \, N + 70$

$N \cong R\$ 46.666,67$

P2.27

a) $450 = 240 (1 - i \cdot \frac{60}{30}) + 320 (1 - i \cdot \frac{120}{30}) \, i = 6,25\%$ a.m.

b) $450 = \frac{240}{1+ i \cdot \frac{60}{30}} + \frac{320}{1+ i \cdot \frac{120}{30}}$

   $i = 7,08\%$ a.m.

P2.28

a) $A_1 = A_2$ na data, focal $n = 1/2$

   $280 = 302,40 (1 - i \cdot 2,5) \Leftrightarrow i \cong 2,96\%$ a.m.

b) $FV = PV (1 + in) \Rightarrow 302,40 = 280 (1 + i \cdot 2,5) \Leftrightarrow i = 3,2\%$ a.m.

P2.29

a) $1°$ título $\Rightarrow 480 = N (1 - 2,5\% \cdot \frac{24}{30}) \Leftrightarrow N \cong 489,80$

$2°$ título $\Rightarrow Ac = 489,80 (1 - 2,5\% \cdot \frac{9}{30}) \Leftrightarrow A_c \cong R\$ 486,13$

b) $1°$ título $\Rightarrow 480 = \dfrac{N}{1 + 2,5\% \cdot \frac{24}{30}} \Leftrightarrow N = 489,60$

$2°$ título $\Rightarrow A_r = \dfrac{489,60}{1 + 2,5\% \cdot \frac{9}{30}} \Leftrightarrow A_r \cong R\$ 485,96$

P2.30

a)

I) $A_c - N(1 - i.n) \Rightarrow A_c = N (1 - 130\% \cdot \frac{60}{360}) \therefore A_c \cong 0,783 N$

II) $FV = PV(1 + in) \Rightarrow N = PV (1 + 190\% \cdot \frac{60}{360}) \therefore PV \cong 0,759 N$

$\left.\right\} \Rightarrow I > II$ I é mais vantajoso

b)

I) $A_c - N(1 - i.n) \Rightarrow A_c = N (1 - 130\% \cdot \frac{240}{360}) \therefore A_c \cong 0,133 N$

II) $FV = PV (1 + in) \Rightarrow N = PV (1 + 190\% \cdot \frac{240}{360}) \therefore PV \cong 0,441 N$

$\left.\right\} \Rightarrow I < II$ II é mais vantajoso

c)

I) $A_c - N(1 - i.n) \Rightarrow A_c = N (1 - 130\% n)$

II) $FV = PV(1 + in) \Rightarrow N = PV(1 + 190\% n) \Leftrightarrow$

$\Leftrightarrow \dfrac{1}{1 + 190\% \cdot n} N = PV \left.\right\} \begin{array}{l} A_c = PV \\ (1 - 130 \% n) = \dfrac{1}{1 + 190\% \cdot n} \end{array}$

logo $(1 = 1,3n) (1 + 1,9n) = 1 \Leftrightarrow 0,6 n - 2,47n^2 = 0 \Leftrightarrow n \cong 0,24$ anos

P2.31 $A_c = N(1 - ni) \Rightarrow A_c = 720 (1 - \frac{10}{30}6\%); Ac = 705,6 \therefore$ alternativa **D.**

P2.32 $d_c = Nin \Leftrightarrow 600 - 594 = 600.6\%.n \therefore n = 0,2$ meses $= 6$ dias, alternativa **B.**

P2.33 $FV = PV(1 + in) \Rightarrow 350 = 320 (1 + i.2) \therefore i = 0,046875$, alternativa **B.**

P2.34 $A_r = \dfrac{N}{1 + ni} = \dfrac{1200}{1 + \frac{6}{30} \cdot 5,5\%} \Rightarrow A_r = 1186,94362 \therefore$ alternativa **D.**

Capítulo 3

CAPITALIZAÇÃO COMPOSTA

3.1 Juros compostos

Juros compostos são aqueles dividendos calculados sobre o valor junto ao período imediatamente anterior.

Matematicamente: $\quad n = 1$
$$J_1 = PV \cdot i \cdot n \quad \Rightarrow \quad \boxed{J_1 = PV \cdot i}$$

$$n = 1 \Rightarrow J_1 = PV \cdot i$$
$$n = 2 \Rightarrow J_2 = FV_1 \cdot i$$
$$n = 3 \Rightarrow J_3 = FV_2 \cdot i$$
$$n = 4 \Rightarrow J_4 = FV_3 \cdot i$$
$$\vdots$$

num instante n temos: $\boxed{J_n = FV_{n-1} \cdot i}$

R3.1 Calcular somente os juros aferidos pela aplicação de um capital de R\$ 100,00, durante 3 meses a uma taxa de 2% a.m.

Resolução:

$$n = 1 : J_1 \, PV \cdot i \Rightarrow J_1 = 100 \cdot 2\% \therefore J_1 = R\$ \, 2,00$$
$$n = 2 : FV_2 = FV_1 + J_1 \Rightarrow FV_2 = 100 + 2 \therefore FV_2 = 102$$
$$J_2 = 102 \cdot 2\% \therefore J_2 = R\$ \, 2,04$$
$$n = 3 : FV_3 = FV_2 + J_2 \Rightarrow FV_3 = 102 + 2,04 \therefore FV_3 = 104,04$$
$$J_3 = 104,02 \cdot 2\% \therefore J_3 = R\$ \, 2,08$$

3.2 Cálculo do montante

O montante final (ou valor futuro) na capitalização composta é calculado e os juros aferidos são adicionados sobre o valor anterior e esses juros são calculados da mesma forma, isto é, os juros são obtidos a partir do valor imediatamente anterior.

Matematicamente:

$n = 0 \Rightarrow FV = PV$

$n = 1 \Rightarrow FV_1 = PV + J_1$

$\qquad FV_1 = PV + PVi \Leftrightarrow FV_1 = PV (1 + i)$

$n = 2 \Rightarrow FV_2 = FV_1 + J2$

$\qquad FV_2 = PV (1 + i) + PV (1 + i) \cdot i \Leftrightarrow$

$\qquad \Leftrightarrow FV_2 = PV (1 + i) (1 + i) \Leftrightarrow FV_2 = PV (1 + i)^2$

$n = 3 \Rightarrow FV_3 = FV_2 + J3$

$\qquad FV_3 = PV (1 + i)^2 + PV (1 + i)^2 \cdot i \Leftrightarrow$

$\qquad \Leftrightarrow FV_3 = PV (1 + i)^2 (1 + i)^1 \Leftrightarrow FV_3 = PV (1 + i)^3$

$n = 4 \Rightarrow FV_4 = FV_3 + J4$

$\qquad FV_4 = PV (1 + i)^3 + PV (1 + i)^3 \cdot i \Leftrightarrow$

$\qquad \Leftrightarrow FV_4 = PV (1 + i)^3 (1 + i) \Leftrightarrow FV_4 = PV (1 + i)^4$

$\qquad \vdots$

num instante n, por indução, $\boxed{FV = PV (1 + i)^n}$

onde: FV = valor futuro (ou montante final, PV = valor presente (ou capital inicial), n = período, i = taxa.

Observação: quando diante do enunciado de um problema prático, não se menciona o tipo de capitalização utilizada ou não aparece a expressão juros simples, teremos por convenção, a **capitalização COMPOSTA.**

R3.2 Determinar o valor encontrado pela aplicação de R$ 280,00 durante 4 meses à taxa de 3% a.m.

Resolução:

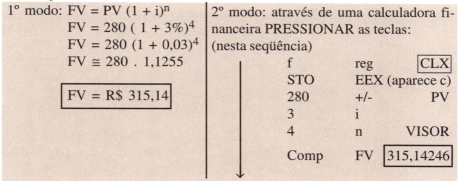

Observação: Nas calculadoras do padrão CASSIO, SHARP, DISMAC, a tecla COMP (ou compute) indica que a partir dos dados será obtida a resposta final. Em outras calculadoras como por exemplo a Hew lett Packad (HP), não existe a tecla comp e se pressiona ao final a tecla do parâmetro desejado. A tecla MOD FIN indica entrada no módulo financeiro e a tecla CLEAR ALL indica zerar todas as memórias anteriores. As taxas são pressionadas sem o símbolo % e existem máquinas (por exemplo a HP 10 B) em que a taxa a ser inserida deve ser anual e assim 3% a.m. = 36% a.a. (pressionando assim 36 e em seguida I/YEAR), pois 3% a.m. = 3% x 12 a.a.

R3.3 Calcular o capital inicial que empregado a 75 dias para a taxa de 2,7% a.m. rendeu R$ 117,58.

Resolução:

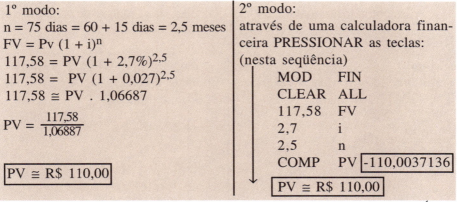

Observação: é somente na alimentação do PV que se troca o sinal +/-. É por isso que no resultado do R3.3 aparece no visor um valor negativo. Isso indica apenas que no fluxo de caixa PV possui uma orientação contrária de FV (simulando entradas e saídas no diagrama de fluxo de caixa).

R3.4 Uma aplicação de R$ 240,00 à taxa de 2,8% a.m. rendeu R$ 248,77. Calcular o período para esse investimento.

Resolução:

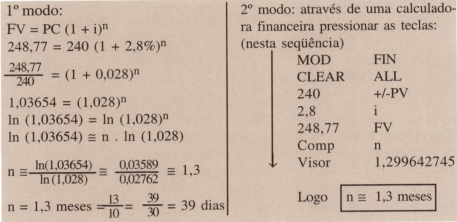

Observação: no procedimento matemático a utilização da função ln indica logaritmo neperiano em ambos os lados da igualdade, onde através de uma propriedade dos logaritmos, o expoente n leva "um tombo" e passa à frente de um dos logaritmos, facilitando o cálculo final.
Na calculadora HP 12C obtém-se n = 2, pois o arredondamento é automático.

R3.5 Antônio foi a uma instituição financeira e aplicou R$ 280,00 por 45 dias obtendo ao final R$ 290,57. Calcular a taxa mensal de rendimento.

Resolução:

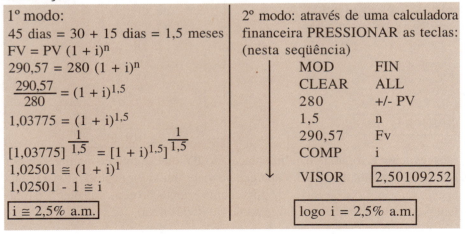

Observação: no procedimento matemático, ao elevar ambos os lados da igualdade por $\frac{1}{1,5}$, utiliza-se a função y^x na calculadora, pois se $\frac{1}{1,5} = 0,6666....$, então $[1,03775]^{\frac{1}{15}} = (1,03775)^{0,6666...} \cong 1,02501$. Deve-se, sempre, observar a compatibilidade entre os parâmetros n e i.

3.3 Gráfico da função montante final

$FV = PV (1 + i)^n$

I) $PV > 0$ e $(1 + i)^n > 0$ então $FV > 0$

II) $\left. \begin{array}{l} PV > 0 \\ (1 + i)^n > 1 \end{array} \right\}$ FV é estritamente crescente

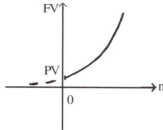

R3.6 Isabel foi a um agente financeiro e aplicou R$ 300,00 a uma taxa de 3,2% a.m. de acordo com a fórmula $FV = PV (1 + i)^n$. Determinar:
a) o montante inicial;
b) o montante encontrado após 3 meses;
c) o gráfico da função montante.

Resolução:
a) $FV = PV (1 + i)^n$
   $FV = 300 (1 + 3,2\%)^0$
   $FV = R\$ 300,00$

b) $FV = PV (1 + i)^n$
   $FV = 300 (1 + 3,2\%)^3$
   $FV \cong R\$ 329,73$

c) $FV = PV (1 + i)^n \Rightarrow FV\ 300 (1 + 3,2\%)^n$
   $FV = 300 (1,032)^n$

3.4 Taxas equivalentes compostas

Uma certa taxa a um dado período será equivalente a outra taxa e seu respectivo período se ambas apresentarem o mesmo montante final ou valor futuro.

Matematicamente:

$FV = PV (1 + i_1)^{n1}$ igualando

$FV = PV (1 + i_2)^{n2} \Rightarrow PV (1 + i_1)^{n1} = PV (1 + i_2)^{n2} \Leftrightarrow$

$$\boxed{(1 + i_1)^{n1} = (1 + i_2)^{n2}}$$

R3.7 Determinar as taxas equivalentes mensais para:
- a) 20% a.a;
- b) 5% a.b;
- c) 12% a.s;
- d) 0,04% a.d.

Resolução:

a) 1 ano = 12 meses

$$\underset{anual}{(1 + i_1)}^{n1} = \underset{mensal}{(1 + i_2)}^{n2}$$

$(1 + 20\%)^1 = (1 + i)^{12}$

$1,2 = (1 + i)^{12} \Leftrightarrow [1,2]^{\frac{1}{12}} = [(1 + i12]^{\frac{1}{12}} \Leftrightarrow 1,0153 = (1 + i)^1 \Leftrightarrow$

$$\boxed{i \cong 1,5\% \text{ a.m.}}$$

b) 1 bimestre = 2 meses

$$\underset{bimestral}{(1 + i_1)}^{n1} = \underset{mensal}{(1 + i_2)}^{n2}$$

$(1 + 5\%)^1 = (1 + i)^2$

$1,05 = (1 + i)^2 \Rightarrow \sqrt{1,05} = \sqrt{(1 + i)^2} \Leftrightarrow 1,02470 = (1 + i)$

$\Leftrightarrow \boxed{i \cong 2,47\% \text{ a.m.}}$

c) 1 semestre = 6 meses

semestral   mensal

$$(1 + i_1)^{n1} = (1 + i_2)^{n2}$$
$$(1 + 12\%)^1 = (1 + i)^6$$
$$1,12 = (1 + i)^6 \Rightarrow [1,12]^{\frac{1}{6}} = [(1 + i)^6]^{\frac{1}{6}} \Leftrightarrow 1,019707\ (1 + i)^1 \Leftrightarrow$$

$$\boxed{i = 1,9\%\ \text{a.m.}}$$

d) 30 dias = 1 mês

1 dia = $\dfrac{\ }{\ }$ mês

diária   mensal

$$(1 + i_1)^{n1} = (1 + i_2)^{n2}$$
$$(1 + 0,04\%)^1 = (1 + i)^{\frac{1}{30}}$$
$$1,0004 = (1 + i)^{\frac{1}{30}} \Leftrightarrow [1,0004]^{30} = [(1 + i)^{\frac{1}{30}}]^{30} \Leftrightarrow$$
$$\Leftrightarrow 1,01207 \cong (1 + i)^1 \Leftrightarrow \boxed{i \cong 1,2\%\ \text{a.m.}}$$

3.5 Equivalência de capitais

Dois capitais distintos podem produzir os mesmos montantes finais quando as taxas e períodos forem compatíveis e produzirem o mesmo montante final (ou valor futuro).

Matematicamente:

$$FV = PV_1\ (1 + i_1)^{n1}$$
$$FV = PV_2\ (1 + i_2)^{n2}$$

igualando

$$\Rightarrow \boxed{PV_1\ (1 + i_1)^{n1} = PV_2\ (1 + i_2)^{n2}}$$

R3.8 A quarta parte de um capital aplicada à taxa de 6,5% a.m. produziu o mesmo montante final do restante do capital aplicado à taxa de 2,5% a.m. Determinar em quanto tempo isso ocorre.

Resolução:

$$FV = PV\ (1 + i)^n$$
$$4^a\ \text{parte} \Rightarrow FV = \frac{1}{4} PV\ (1 + 6,5\%)^n$$
$$\text{restante} \Rightarrow FV = \frac{3}{4} PV\ (1 + 2,5\%)^n$$

igualando

$$\Rightarrow \frac{1}{4} PV (1 + 6,5\%)^n = \frac{3}{4} PV (1 + 2,5\%)^n$$

$(1,065)^n = 3 . (1,025)^n \Rightarrow \ln (1,065)^n = \ln (3 . (1,0025)^n) \Leftrightarrow$
$\Leftrightarrow n \ln (1,065) = \ln 3 + n \ln (1,025) \Leftrightarrow$
$\Leftrightarrow 0,06297 \, n \cong 1,09861 + 0,0247 \, n \Leftrightarrow \boxed{n \cong 28,7 \text{ meses}}$

3.6 Desconto comercial composto

É uma técnica utilizada para se depreciar o valor de um título num período antes de seu vencimento.

Matematicamente:

$d_c = N - A_c \Leftrightarrow \boxed{A_c = N - d_c \text{ onde}}$ A_c = valor atualizado
N = valor nominal
d_c = desconto comercial

sendo $J = PV . i \Rightarrow d_c = N . 1$ dependendo do valor imediatamente anterior.

$n = 1 \Rightarrow A_1 = N - d_1 \Leftrightarrow A_1 = N - N_1 \Leftrightarrow A_1 = N (1 - i)$
$n = 2 \Rightarrow A_2 = A_1 - d_2 \Leftrightarrow A_2 = N(1 - i) - N(1 - i) i \Leftrightarrow A_2 = N(1 - i) \Leftrightarrow A_2 = N(1 - i)^2$
$n = 3 \Rightarrow A_3 = A_2 - d_3 \Leftrightarrow A_3 = N(1 - i)^2 - N(1 = i)^2 i \Leftrightarrow A_3 = N(1 - i)^2 (1 - i) \Leftrightarrow A_3 = N(1 - i)^3$
$n = 4 \Rightarrow A_4 = A_3 - d_4 \Leftrightarrow A_4 = N(1 - i)^3 - N(1 - i)^3 . i \Leftrightarrow A_4 = N(1 - i) \Leftrightarrow A_4 = N(1 - i)^4$

para um período n temos: $\boxed{A_c = N (1 - i)^n}$

onde A = valor atualizado (ou de resgate) , N = valor nominal, i = Taxa, n = Período.
Sendo:
$d_c = N - A_c$ $\Rightarrow d_c = N - N (1 - i)^n \Leftrightarrow \boxed{d_c = N[1-(1 - i)^n]}$
$A_c = N(1 - i)^n$ onde d_c = desconto comercial composto

R3.9 Um título de R$ 180,00 com vencimento para 45 dias será resgatado daqui a 30 dias, a uma taxa de 2,8% a.m. Determinar:
a) o valor de resgate do título;

b) o desconto comercial efetuado;

c) se da posse do valor de resgate, aplicando por 15 dias a mesma taxa de 2,8% a.m., qual seria o valor futuro.

Resolução:

a)

$$A_c = N (1 - i)^n$$

$$A_c = 180 (1 - 2,8\%)^{0,5} \Leftrightarrow A_c = 180 . 0,9859$$

$$\boxed{A_c = R\$ 177,46}$$

b) $A_c = N - d_c \Rightarrow 177,46 = 180 - d_c \Leftrightarrow \boxed{d_c = R\$ 2,54}$

c) $FV = PV (1 + i)^n \Rightarrow FV = 177,46 (1 + 2,8\%)^{0,5} \Leftrightarrow FV = 177,46 . 1,04$

$$\boxed{FV = R\$ 179,93}$$

R3.10 Precisando de dinheiro, Alessandra resgatará um título de R$ 256,00, 10 dias antes de seu vencimento recebendo assim R$ 253,85. Pede-se:

a) a taxa de juros mensal empregada nessa transação comercial;

b) o desconto comercial total.

Resolução:

a) $A_c = 253,85$

$$A_c = N (1 - i)^n$$

$$253,85 = 256 (1 - i)^{\frac{10}{30}}$$

$$\frac{253,85}{256} = (1 - i)^{\frac{1}{3}}$$

$$0,9916 = (1 - i)^{\frac{1}{3}} \Rightarrow [0,9916]^3 = [(1 - i)^{\frac{1}{3}}]^3 \Leftrightarrow 0,9750 = (1 - i)^1 \Leftrightarrow$$

$$\boxed{i \cong 2,5\% \text{ a.m.}}$$

b) $d_c = N - A_c \Rightarrow d_c = 256 - 253,85 \therefore \boxed{d_c = R\$ 2,15}$

R3.11 Adilson compareceu a uma agência bancária resgatando um título de R$ 324,00 por R$ 321,47, a uma taxa de 2,9% a.m. Calcular o nº de dias para essa operação.

Resolução:

$$A_c = N (1 - i)^n \Rightarrow 321,47 = 324 (1 - 2,9\%)^n \Leftrightarrow$$

$$\Leftrightarrow \frac{321,47}{324} = (1 - 0,029)^n \Leftrightarrow 0,9922 = (0,971)^n \Leftrightarrow$$

$$\Leftrightarrow \ln (0,9922) = \ln (0,971)^n \Leftrightarrow (0,9922) = n\ln (0,971) \Leftrightarrow$$

$$\Leftrightarrow n \cong \frac{\ln (0,9922)}{\ln (0,971)} = \frac{-0,00783}{-0,029} \Leftrightarrow n \cong 0,2661 \text{ meses}$$

$$1 \text{ mês} \Leftrightarrow 30 \text{ dias} \Leftrightarrow \frac{1}{0,2661} = \frac{30}{x} \Leftrightarrow x \cong 7,98 \text{ dias}$$

$$\therefore \quad \boxed{x \cong 8 \text{ dias}}$$

3.7 Desconto racional composto

O desconto racional composto é aquele calculado sobre o valor atual do título. Cada desconto é calculado sobre o valor imediatamente anterior. Da mesma forma o valor atualizado (ou de resgate) é também obtido sobre o valor imediatamente anterior. Esse desconto é mais utilizado para a equivalência de capitais na capitalização composta.

Matematicamente:

$$n = 1 \Rightarrow A = \frac{N}{1 + i}$$

$$n = 2 \Rightarrow A_2 = \frac{A1}{1 + i} = \frac{\frac{N}{1 + i}}{1 + i} \quad \therefore A_2 = \frac{N}{(1 + i)^2}$$

$$n = 3 \Rightarrow A_3 = \frac{A2}{1 + i} = \frac{\frac{N}{(1 + i)^2}}{1 + i} \quad \therefore A_3 = \frac{N}{(1 + i)^3}$$

$$n = 4 \Rightarrow A_4 = \frac{A3}{1 + i} = \frac{\frac{N}{(1 + i)^2}}{1 + i} \quad \therefore A_4 = \frac{N}{(1 + i)^4}$$

$$\vdots$$

para um período n temos:

$$\boxed{A_r = \frac{N}{(1 + i)^n}}$$

Onde: A_r = valor atualizado
N = valor nominal
i = taxa, n = período

sendo $\quad d_r = N - A_r$

$$A_r = \frac{N}{(1+i)^n} \Rightarrow d_r = N - \frac{N}{(1+i)^n} \Leftrightarrow d_r = N\left[1 - \frac{1}{(1+i)^n}\right] \Leftrightarrow$$

$$\Leftrightarrow \boxed{d_r = N \cdot \left[\frac{(1+i)^n - 1}{(1+i)^n}\right]} \text{ onde } d_r = \text{desconto racional composto}$$

R3.12 Um título para daqui a 75 dias de R$ 250,00 deve ser resgatado racionalmente daqui a 2 meses a uma taxa de 3% a.m. Determinar:
a) o valor de resgate;
b) o valor do desconto racional utilizado;
c) se aplicarmos o valor de resgate por 15 dias também à taxa de 3% a.m., qual será o montante final encontrado?

Resolução:

a) 75 dias = 60 + 15 dias = 2,5 meses $\therefore$ n = 2,5 - 2 = 0,5 mês

$A_r = \frac{N}{(1+i)^n} \Rightarrow A_r = \frac{250}{(1+3\%)^{2,5}} \Leftrightarrow \boxed{A_r \cong R\$ \ 246,33}$

b) $d_r = N - Ar \Rightarrow d_r = 250 - 232,19 \Leftrightarrow \boxed{d_r = R\$ \ 3,67}$

c) $FV = PV(1+i)^n \Rightarrow FV = 246,33(1+3\%)^{0,5} \Leftrightarrow \boxed{FV \cong R\$ \ 250,00} = N$

R3.13 Um título para daqui a 90 dias de R$ 128,00 foi descontado x dias antes de seu vencimento a uma taxa de 2,6% a.m. por R$ 120,35. Pede-se:
a) o valor de x supondo que seja aplicado o desconto racional;
b) o valor do desconto racional efetuado.

Resolução:

a) $A_r = \frac{N}{(1+i)^n} \Rightarrow 120,35 = \frac{128}{(1+2,6\%)^n} \Leftrightarrow 120,35 \ (1+2,6\%)^n = 128$

$\Leftrightarrow (1+0,026)^n = \frac{128}{120,35} \Leftrightarrow (1,026)^n \cong 1,0636 \Leftrightarrow \ln(1,026)^n = \ln(1,0636)$

$\Leftrightarrow n \ln(1,026) = \ln(1,0636) \Leftrightarrow n \cong \frac{\ln(1,0636)}{\ln(1,026)} \cong \frac{0,0616}{0,0257} \cong 2,4 \text{ meses}$

2º modo:

$A_r = \frac{N}{(1+i)^n} \Leftrightarrow N = A_r \ (1+i)^n$

$\qquad\qquad FV = PV \ (1+i)^n \Leftrightarrow$

$\Leftrightarrow 128 = 120,35(1+2,6\%)^n$

$n \cong 2,4 \text{ meses}$

Na calculadora:

MOD	FIN
CLEAR	ALL
128	Fv
120,35	+/- Pv
	2,6 i
COMP n	2,400916

assim:

$$\left.\begin{array}{l} 1 \text{ mês} \Leftrightarrow 30 \text{ dias} \\ 2{,}4 \text{ meses} \Leftrightarrow x \text{ dias} \end{array}\right\} \Leftrightarrow \frac{1}{2{,}4} = \frac{30}{x} \Leftrightarrow 1 \cdot x = 2{,}4 \cdot 30 \Leftrightarrow \boxed{x = 72 \text{ dias}}$$

b) $d_r = N - A_r \Rightarrow d_r = 128{,}00 - 120{,}35 \Leftrightarrow \boxed{d_r = 7{,}65}$

R3.14 Um título de R$ 180,00 para 120 dias foi resgatado por outro título de R$ 172,70 para daqui a 75 dias. Pede-se:
a) a taxa empregada supondo um desconto racional;
b) o valor atual desse título.

Resolução: 1º modo

a) $\left.\begin{array}{l} 120 \text{ dias} = 4 \cdot 30 \text{ dias} = 4 \text{ meses} \\ 75 \text{ dias} = 60 + 15 \text{ dias} = 2{,}5 \text{ meses} \end{array}\right\} n = 4 - 2{,}5 = 1{,}5$

$$A_r = \frac{N}{(1+i)^n} \Rightarrow 172{,}70 = \frac{180}{(1+i)^{1{,}5}} \Leftrightarrow 172{,}70 \, (1+i)^{1{,}5} = 180 \Leftrightarrow$$

$$(1+i)^{1{,}5} = \frac{180}{172{,}70} \Leftrightarrow (1+i)^{1{,}5} \cong 1{,}045296 \Leftrightarrow [(1+i)^{1{,}5}]^{\frac{1}{1{,}5}} \cong$$

$$[1{,}045296]^{\frac{1}{1{,}5}} \Leftrightarrow [1+i]^1 \cong [1{,}0423]^{0{,}667}$$

$$\Leftrightarrow 1 + i \cong 1{,}280 \Leftrightarrow i = 0{,}028 \Leftrightarrow \boxed{i = 2{,}8\% \text{ a.m.}}$$

b)
$$A_r = \frac{N}{(1+i)^n} \Rightarrow A_r = \frac{180}{(1+2{,}8\%)^4} \Leftrightarrow \boxed{A_r = R\$ \ 161{,}18} \ \text{para } n = 0$$

2º modo $\quad A_r = \frac{N}{(1+i)^n} \Leftrightarrow 180 = 172{,}70 \, (1+i)^{1{,}5}$

$180 = 172{,}70 \, (1+i)^{1{,}5}$
MOD   FIN
CLEAR   ALL
180   FV
172,70   +/- PV
1,5   n
COMP   i $\boxed{2{,}798500172}$

R3.15 Dois títulos somam hoje R$ 381,95. O 1º título possui vencimento para 90 dias e o 2ª título com vencimento para daqui 150 dias. Para uma taxa de 3% a.m. e admitindo um desconto racional, determinar o valor de cada título, se a soma de ambos for R$ 430,00 daqui a 150 dias.

Resolução:

90 dias = 3 . 30 dias = 3 meses
150 dias = 5 . 30 dias = 5 meses

$A_1 + A_2 = 381,95$

```
 0      1      2      3      4      5
```

$$A_1 + A_2 = 381,95 \Rightarrow \frac{N}{(1+3\%)^3} + \frac{430-N}{(1+3\%)^5} = 381,95 \Leftrightarrow$$

$$\Leftrightarrow \frac{N}{(1+0,03)^3} + \frac{430-N}{(1+0,03)^5} = 381,95 \Leftrightarrow$$

$$\Leftrightarrow 0,9151N + (430 - N)\,0,8626 = 381,95 \Leftrightarrow 0,0525\,N \cong 11,032 \Leftrightarrow$$

$$\boxed{N \cong 210,13}$$

$\therefore$ | 1º título = N = R\$ 210,13
2º título = 430 - N = R\$ 219,87

3.8 Exercícios propostos

P3.1 Calcular o tempo decorrido para que o capital inicial se iguale aos juros para uma taxa de 3,2% a.m.

P3.2 O Sr. Eduardo foi a uma instituição financeira e aplicou R\$ 400,00 a uma taxa de 3% a.m. Determinar:
  a) uma expressão para os juros obtidos em função do período n;
  b) somente os juros ganhos pelo Sr. Eduardo após 3 meses de aplicação;
  c) o gráfico da função juros onde n é a variável.

P3.3 Obter o montante final da aplicação de R\$ 200,00 por 5 meses, a uma taxa de 2,8% a.m.

P3.4 Determinar o capital que aplicado à taxa de 2,5% a.m. por 4 meses resultou em R\$ 156,19.

P3.5 Achar o período onde R\$ 314,70 aplicados à taxa de 2,7% a.m. resultou em R\$ 369,25.

P3.6 A que taxa um capital de R\$ 1.500,00 por 5 meses, se converteu em R\$ 1.824,98?

P3.7 Dois títulos soman R$ 1.200,00. Depois de 20 meses colocados a juros compostos de 3% e 4% produziram montantes iguais. Determinar os valores desses títulos.

P3.8 Após quanto tempo um capital aplicado à taxa de 2,9% a.m. dobra de valor?

P3.9 Certo capital aplicado por 37,17 meses irá triplicar o seu valor. Determinar, então, a taxa de aplicação.

P3.10 Certo capital esteve empregado durante um ano, a juros compostos, da seguinte maneira: 2,5% nos primeiros 6 meses, 2,8% nos 3 meses subseqüentes e 3% nos últimos 3 meses. Pergunta-se:
a) a que taxa anual equivalente esteve empregado este capital?
b) a taxa mensal equivalente.

P3.11 Certo capital é aplicado por um ano à taxa de 30% a.a. Obter as seguintes taxas equivalentes:
a) mensal; b) trimestral; c) semestral; d) diária.

P3.12 Qual o capital, em que aplicado a taxa de 28% a.a. e durante 7 meses, deu um retorno de R$ 163,88?

P3.13 Faça a representação num diagrama de fluxo de caixa dos juros encontrados pela aplicação de R$ 300,00 pelo prazo de 48 dias à taxa de 36% a.a.

P3.14 Coloquei R$ 210,00 numa instituição financeira a 2,4% a.m., e numa outra instituição apliquei R$ 250,00 à taxa de 2,2% a.m. Depois de quanto tempo os montantes serão iguais?

P3.15 Calcule o aumento relativo do meu capital (PV) daqui a 2 anos aplicados a juros compostos à taxa de 3% a.m.

Sugestão:
$$\text{aumento relativo} = \frac{FV_f - Fv_i}{FV_i}$$, onde FV_f = montante final
FV_i = montante inicial

P3.16 Geraldo aplicou num agente financeiro I R$ 200,00 durante 75 dias. Ao mesmo tempo aplicou R$ 187,76 durante 120 dias num agente financeiro II. Sabendo que os montantes finais são iguais, determinar a taxa mensal de aplicação.

P3.17 Maria Angélica fez dois investimentos: o 1º de R$ 2.000,00 aplicado à taxa de 3% a.m., e o 2º de R$ 1.500,00 aplicado à taxa de 5% a.m. Pede-se:
a) as expressões para cada montante final em função do período n;
b) os gráficos de ambos os montantes num mesmo sistema de eixos;
c) faça um comentário sobre qual o melhor investimento.

P3.18 Um título de R$ 720,00 foi resgatado 105 dias antes de seu vencimento à taxa de 3% a.m. de desconto comercial. Pede-se:
a) o desconto e o valor recebido pelo seu portador;
b) se ao invés de resgatar o título, a pessoa tomar um empréstimo do mesmo valor de resgate para pagar após 105 dias à taxa de 3% a.m., qual seria esse montante final?

P3.19 Mariana foi ao banco A resgatar um título de R$ 270,00, 15 dias antes de seu vencimento a uma taxa de 2,6% a.m. Para uma operação utilizando desconto comercial composto, pede-se:
a) qual o desconto obtido?
b) qual o valor recebido por Mariana?

P3.20 Edson compareceu a um agente financeiro e resgatou um título 10 dias antes de seu vencimento a uma taxa de 2,9% a.m., recebendo R$ 182,20. Determinar o valor nominal desse título, utilizando desconto comercial.

P3.21 Helena precisou de dinheiro e em certo agente financeiro resgatou um título de R$ 350,00 por R$ 326,84 a 40 dias de seu vencimento. Determinar a taxa de desconto comercial utilizada.

P3.22 Um título de R$ 125,00 foi resgatado por R$ 122,66 à taxa de 2,8% a.m. de desconto comercial composto. Determinar a quantos dias do vencimento do título foi efetuado esse desconto.

P3.23 O portador de um título de R\$ 240,00 para 45 dias trocou-o por outro título de R\$ 232,89 para 12 dias. Determinar:
a) a taxa mensal de desconto comercial utilizada;
b) o valor atual de cada título no instante inicial.

P3.24 Sergio irá descontar um título de R\$ 236,00. Indo ao banco A foi informado que será utilizada a taxa de 3% a.m. para esse resgate que é de 100 dias antes de seu vencimento. Determinar:
a) o valor recebido, admitindo um desconto racional;
b) se Sergio aplicasse esse valor de resgate por 100 dias, também à taxa de 3% a.m., qual seria o montante final?

P3.25 Recebi R\$ 188,05 do resgate de um título, 45 dias antes de seu vencimento a uma taxa de 2,8% a.m. Qual era o valor nominal desse título, admitindo um desconto racional?

P3.26 Necessitando de dinheiro, Andrea descontou um título de R\$ 330,00 uma semana antes de seu vencimento, recebendo R\$ 327,95. Determinar a taxa de desconto racional que foi utilizada.

P3.27 Certo título de R\$ 410,00 foi resgatado por R\$ 405,81 para uma taxa de 2,6% a.m. Determinar a quantos dias do vencimento se deu essa operação, para um desconto racional.

P3.28 Carolina deseja antecipar seus débitos de R\$ 500,00 e R\$ 800,00 com vencimentos respectivamente para 4 e 6 meses em um único débito para 3 meses. Para uma taxa de 3,2% a.m. calcule esse único débito quando:
a) o valor atual é obtido pelo desconto comercial;
b) o valor atual é obtido pelo desconto racional.

P3.29 Recebi de um banco a quantia de R\$ 480,00 que me resgatou antes de seu vencimento 2 letras de câmbio, de valores iguais e vencíveis a 60 e 75 dias, respectivamente. Se a taxa de desconto racional foi de 3% a.m., qual o valor nominal de cada letra?

P3.30 João Pedro deseja trocar uma letra de câmbio de R\$ 616,80 para 45 dias por outra letra de câmbio com vencimento para daqui a 15 dias. Para uma taxa de 2,8% de desconto racional, qual será o valor nominal desse $2°$ título?

P3.31 Aplicando-se R$ 267,40 por 43 dias gerou um montante final de R$ 272,32. Determinar:
a) o diagrama fluxo de caixa ilustrando esse problema;
b) a taxa de juros transacionada;
c) o valor dos juros obtidos nessa operação;
d) mostre os passos da resolução para o cálculo da taxa de juros através da planilha eletrônica Excel da Microsoft.

P3.32 Ao descontar um título de 22/08/2002 em 16/08/2002, Rosana obteve R$ 678,20 para uma taxa de 1,38% a.m., e utilizando desconto comercial, pede-se:
a) o valor nominal do título;
b) o valor do desconto efetuado;
c) poderia ser utilizada a função **Calendário** da HP 12 C nesse problema?

P3.33 Roberto resgatou R$ 1.576,23 na antecipação de um título bancário de R$ 1.650,00, para uma taxa de 1,28% a.m., e utilizando desconto racional, pede-se:
a) a quantos dias de vencimento ocorreu essa operação?
Sugestão: se você resolver através da calculadora financeira HP 12 C, achar a taxa diária através da expressão:
$$(1 + i_1)^{n1} = (1 + i_2)^{n2}.$$
b) se o título vencesse em 25/09/2002, em que data se deu esse resgate;
c) qual foi o desconto total obtido?

$$\mathrm{Ar} = \frac{N}{(1 + i)^n} \Leftrightarrow FV = PV\,(1+i)^n$$
$$N = Ar(1+i)^n$$

P3.34 Para a antecipação de um título bancário de R$ 850,00 para daqui 40 dias cujo valor de resgate se dá por R$ 836,77 para daqui à 15 dias. Determinar a taxa de juros transacionada para:
a) desconto racional;   b) desconto comercial.

P3.35 Isabel aplica R$ 1.200,00 em dois investimentos I e II conforme o gráfico ao lado. Os investimentos **I** e **II** são de capitalização composta e simples, respectivamente, com ambos à taxa de 1,4% a.m.. Pede-se:

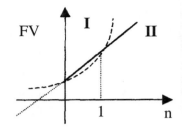

a) as expressões I e II para o montante final (FV em função de n);
b) faça um comentário sobre esses investimentos dizendo qual é o melhor?

P3.36 Um terno é vendido em uma loja por R$ 80,00 de entrada, e mais uma parcela de R$ 40,00 após 1 mês. O comprador propõe dar R$ 20,00 de entrada. Nessas condições, para uma taxa de 3,1% a.m., pede-se:
  a) qual é o valor da <u>nova</u> parcela mensal que esse comprador deverá efetuar;
  b) o diagrama de fluxo de caixa para ambas as formas de pagamento em 2 diagramas distintos.

Sugestão: $FV = PV(1+i)^n$ na parte financiada, onde PV = valor presente para ambas as modalidades, e o valor do terno = entrada + PV em n = 0.

P3.37 Uma duplicata descontada "por dentro" (ou racional) à taxa de 18% a.a., à 22 dias de seu vencimento, resultou um valor líquido de R$ 25.398,20. Pede-se:
  a) o valor nominal do título;
  b) o desconto total obtido;
  c) o diagrama fluxo de caixa para esse problema.

Sugestões: $A_r = \dfrac{N}{(1+i)^n}$; $d_r = N - A_r$.

3.9 Respostas dos exercícios propostos

P3.1

$\left.\begin{array}{l}PV = J \\ FV = PV + J\end{array}\right\} \Rightarrow \begin{array}{l}FV = PV + PV \\ FV = 2\, PV \\ \text{mas } FV = PV\,(1+i)^n\end{array}\right\} \Rightarrow \begin{array}{l}2\,\cancel{PV} = \cancel{PV}\,(1+i)^n \\ 2 = (1+3{,}2\%)^n \Leftrightarrow 2 = (1{,}032)^n\end{array}$

$\ln 2 = \ln(1{,}032)^n \Leftrightarrow \ln 2 = n \ln(1{,}032) \Leftrightarrow \boxed{n \cong 22 \text{ meses}}$

P3.2

a)

$\left.\begin{array}{l}FV = PV + J \\ FV = PV\,(1+i)^n\end{array}\right\} \Rightarrow PV + J = PV\,(1+i)^n \Leftrightarrow J = -PV + PV(1+i)^n$

$J = -400 + 400(1 + 3\%)^n$

$\boxed{J = -400 + 400 \cdot (1{,}03)^n}$

b) $n = 3 \Rightarrow J = -400 + 400\,(1{,}03)^3 \Leftrightarrow \boxed{J \cong R\$\ 37{,}09}$

c)

• $J = -400 + \underset{>0}{\underline{400\,(1{,}03)^n}} \therefore J > -400$ "assíntota horizontal"

• $1{,}03 > 1$ "base maior que 1"
• $400 \cdot (1{,}03)^n$ "mantém o comportamento" $\Big\} \Rightarrow$ Exponencial crescente
• $n = 0 \Rightarrow J = -400 + 400\,(1{,}03)^0 = -400 + 400 = 0$

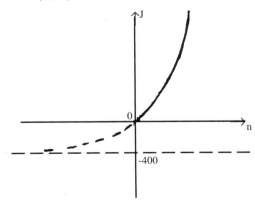

P3.3 $FV = PV\,(1+i)^n \Rightarrow FV = 20(1 + 2{,}8\%)^5 \Rightarrow \boxed{FV = R\$\ 229{,}61}$

P3.4 $FV = PV (1 + i)^n \Rightarrow 156,19 = PV (1 + 2,5\%)^4 \Rightarrow$

$$\boxed{PV = R\$ 141,50}$$

P3.5 $FV = PV (1 + i)^n \Rightarrow 369,25 = 314,70 (1 + 2,7\%)^n \Rightarrow$

$$\boxed{n = 6 \text{ meses}}$$

P3.6 $FV = PV (1 + i)^n \Rightarrow 1.824,98 = 1500 (1 + i)^5 \Rightarrow$

$$\boxed{i = 4\% \text{ a.m.}}$$

P3.7

$PV_1 + PV_2 = 1200 \Leftrightarrow PV_1 = 1200 - PV_2$

$FV_1 = FV_2 \Rightarrow PV_1 (1 + i1)^{n1} = PV_2 (1 + i2)^{n2}$

$\qquad\qquad (1200-PV_2)(1+3\%)^{20}=PV_2(1+4\%)^{20} \Leftrightarrow (1200-PV_2)1,8061 \cong PV_2 \cdot 2,1911$

$\Leftrightarrow 2167,32 \cong 3,9972 \, PV_2 \Leftrightarrow \boxed{PV_2 \cong R\$ 542,21} \therefore \boxed{PV_1 = R\$ 657,79}$

P3.8

$FV = PV (1 + i)^n \Rightarrow 2PV = PV(1 + 2,9\%)^n \Leftrightarrow 2 = (1,029)^n \Leftrightarrow$

$\Leftrightarrow \ln 2 = \ln (1,029)^n \Leftrightarrow \boxed{n \cong 24,25 \text{ meses}}$

P3.9 $FV = PV(1 + i)^n \Rightarrow 3 \, PV = PV (1 + i)^{37,17} \Leftrightarrow$

$\qquad \Leftrightarrow 3 = (1 + i)^{37,17} \Leftrightarrow [3]^{\frac{1}{37,17}} - [(1 + i)^{37,17}]^{\frac{1}{37,17}} \Leftrightarrow$

$\qquad \Leftrightarrow 1,03 \cong (1 + i)^1 \Leftrightarrow \boxed{i \cong 3\% \text{ a.m.}}$

P3.10

a) $FV_1 = PV (1 + i1)^{n1} \Rightarrow FV_1 = PV (1 + 2,5\%)^6 \Leftrightarrow$
$\qquad \Leftrightarrow FV_1 \cong 1,16PV \text{ "1ºs 6 meses"}$

$FV_2 = FV_1 (1 + i2)^{n2} \Rightarrow FV_2 = 1,16PV (1 + 2,8\%)^3 \Leftrightarrow$
$\Leftrightarrow FV_2 = 1,26PV \text{ "3 meses subseqüentes"}$

$FV_3 = FV_2 (1 + i3)^{n3} \Rightarrow FV_3 = 1,26PV (1 + 3\%)^3 \Leftrightarrow$
$\Leftrightarrow FV_3 = 1,38 \, PV \text{ "últimos 3 meses"}$

anual $\Rightarrow FV = PV (1 + i)^n$

$\therefore 1,38 \, PV \cong PV(1 + i)^1 \Leftrightarrow \boxed{i \cong 38\% \text{ a.a.}}$

b) mensal $\Rightarrow$ FV = PV $(1 + i)^n$

$\therefore$ 1,38 PV = PV $(1 + i)^{12}$ $\Leftrightarrow$

$\Leftrightarrow [1,38]^{\frac{1}{12}} = [(1 + i)^{12}]^{\frac{1}{12}} \Leftrightarrow 1,\text{-}27 = (1 + i)^1 \Leftrightarrow$

$\Leftrightarrow \boxed{\text{i = 2,7\% a.m.}}$

P3.11

a) 1 ano = 12 meses

$(1 + i1)^{n1} = (1 + i2)^{n2}$

$(1 + 30\%)^1 = (1 + i)^{12} \Leftrightarrow [1,3]^{\frac{1}{12}} = [(1 + i)^{12}]^{\frac{1}{12}}$

   anual   mensal $1,022 \cong (1 + i)^1 \Leftrightarrow$

$\boxed{\text{i = 2,2\%a.m.}}$

b) 1 ano = 4 trimestres

$(1 + i1)^{n1} = (1 + i2)^{n2}$

$(1 + 30\%)^1 = (1 + i)^4$

anual   trimestral

$[1,3]^{\frac{1}{4}} = [(1 + i)^4]^{\frac{1}{4}}$

$1,068 = (1 + i)^1 \Leftrightarrow \qquad \boxed{\text{i = 6,8\% a.t.}}$

c) 1 ano = 2 semestres

$(1 + i1)^{n1} = (1 + i2)^{n2}$

$(1 + 30\%)^1 = (1 + i)^2 \Leftrightarrow [1,3]^{\frac{1}{2}} = [(1 + i)^2]^{\frac{1}{2}}$

   anual   semestral $1,14 = (1 + i)^1 \Leftrightarrow$ i = 14\% a.s.

d) 1 ano = 360 dias

$(1 + i1)^{n1} = (1 + i2)^{n2}$

$(1 + 30\%)^1 = (1 + i)360$

  anual   diária

$[1,3]^{\frac{1}{360}} = [(1 + i)^{360}]^{\frac{1}{360}} \Leftrightarrow \qquad \boxed{\text{i = 0,07\% a.d.}}$

P3.12   FV = PV $(1 + i)^n \Rightarrow 163,88 = $ PV $(1 + 28\%)^{\frac{7}{12}}$

$\Leftrightarrow \boxed{\text{PV} \cong \text{R\$ 141,90}}$

P3.13 $FV = PV(1+i)^n \Rightarrow FV = 300(1+360\%)^{\frac{48}{360}} \Leftrightarrow$

$\Leftrightarrow \boxed{FV \cong 312,55}$

sendo $FV = PV + J \Rightarrow 312,55 \cong 300 + J \Leftrightarrow J = R\$ 12,55$

Observação: os juros representam um ganho real, pois após 48 dias haveria um retorno de R\$ 312,55

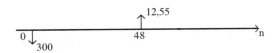

P3.14 $FV = PV(1+i)^n$

$\left. \begin{array}{l} FV = PV_1(1+i1)^{n1} \Rightarrow FV = 210(1+2,4\%)^n \\ FV = PV_2(1+i2)^{n2} \Rightarrow FV = 250(1+2,2\%)^n \end{array} \right\} \Rightarrow 210(1+2,4\%)^n = 250(1+2,2\%)^n$

$\dfrac{(1+2,4\%)^n}{(1+2,2\%)^n} = \dfrac{250}{210} \Rightarrow \left(\dfrac{1,024}{1,022}\right)^n \cong 1,1905$

$(1,002)^n = 1,1905 \Rightarrow n \ln(1,002) = \ln(1,1905) \Leftrightarrow \boxed{n = 89,19 \text{ meses}}$

P3.15
$FV = PV(1+i)^n$, 2 anos = 24 meses

$\left. \begin{array}{l} \text{final} \Rightarrow FV_f = PV(1+3\%)^{24} \Leftrightarrow FV_f = 2,0328\ PV \\ \text{inicial} \Rightarrow FV_i = PV(1+3\%)^0 \Leftrightarrow FV_i = PV \end{array} \right\} \Rightarrow \text{aumento rel.} = \dfrac{FV_f - FV_i}{FV_i}$

aum. rel. $\cong \dfrac{2,0328\ PV - PV}{PV} \cong \dfrac{PV(2,038 - 1)}{PV} \cong 1,0328$

$\cong \boxed{103,28\% \text{ a.m.}}$

P3.16
75 dias = 60 + 15 dias = 2,5 meses; 1
20 dias = 4.30 dias = 4 meses

$\left. \begin{array}{l} I \Rightarrow FV = PV_1(1+i1)^{n1} \Rightarrow FV = 200(1+i)^{2,5} \\ II \Rightarrow FV = PV_2(1+i2)^{n2} \Rightarrow FV = 187,76(1+i)^4 \end{array} \right\} \Rightarrow 200(1+i)^{2,5} = 187,76(1+i)^4$

$\dfrac{200}{187,76} = \dfrac{(1+i)^4}{(1+i)^{2,5}} \Leftrightarrow [1,065] \cong [(1+i)^{1,5}]^{\frac{1}{1,5}} \quad [(1+i)^{1,5}]^{\frac{1}{1,5}} \Leftrightarrow$

$\Leftrightarrow 1,043 = (1+i)^1 \Leftrightarrow \boxed{i = 4,3\% \text{ a.m.}}$

P3.17
a) $FV = PV(1+i)^n$
1º invest $\Rightarrow FV = 2000(1+3\%)^n \Leftrightarrow FV = 2000(1,03)^n$ (I)
2º invest. $\Rightarrow FV = 1500(1+5\%)^n \Leftrightarrow FV = 1500(1,05)^n$ (II)

b) ambas as curvas representam funções exponenciais crescentes
$I = II \Rightarrow 2000(1,03)^n = 1500(1,05)^n$

$\frac{2000}{1500} = \frac{(1,05)^n}{(1,03)^n} \Leftrightarrow 1,33 \cong (1,0194)^n$

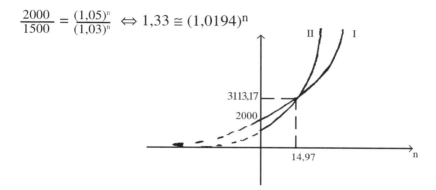

$\Leftrightarrow \ln 1,33 \cong \ln(1,0194)^n \Leftrightarrow n \cong 14,97$ meses
$n = 14,97 \Rightarrow FV = 2000(1,03)^{14,97} = 3113,17$

c) sendo n o nº de meses temos:
  $0 < n < 14,97 \Rightarrow I > II \therefore$ 1º invest. é melhor
  $n = 14,97 \Rightarrow I = II \therefore$ se equivalem
  $n > 14,95 \Rightarrow II > I \therefore$ 2º invest. é melhor

P3.18
105 dias = 90 + 15 dias = 3,5 meses
a) $A_c = N(1-i)^n \Rightarrow A_c = 720(1-3\%)^{3,5} \Leftrightarrow$
  $\boxed{A_c \cong R\$\ 647,19}$ "valor recebido"
  $d_c = N - A_c \Rightarrow d_c = 720 - 647,19 \therefore \boxed{d_c = R\$\ 72,81}$

b) $FV = PV(1+i)^n \Rightarrow FV = 647,19(1+3\%)^{3,5}$
  $\therefore \boxed{FV\ R\$\ 717,73}$ logo $FV < N$

P3.19   15 dias = 0,5 mês

a) $d_c = N[1 - (1 + i)^n] \Rightarrow d_c = 270 [1 - (1 - 2,6\%)^{0,5}] \Leftrightarrow \boxed{d_c = R\$ 3,53}$

b) $A_c = N - d_c \Rightarrow A_c = 270 - 3,53 \Leftrightarrow \boxed{A_c = R\$ 266,47}$

P3.20   10 dias = $\frac{10}{30}$ meses $\cong 0,33$ meses

$A_c = N(1 - i)^n \Rightarrow 182,20 = N(1 - 2,9\%)^{0,33} \Leftrightarrow 182,20 \cong N \cdot 0,9902 \Leftrightarrow$

$\boxed{N \cong 184,00}$

P3.21   40 dias = $\frac{40}{30}$ meses = 1,333... meses

$A_c = N (1 - i)^n \Rightarrow 326,84 = 350 (1 - i)^{1,33} \Leftrightarrow$

$\Leftrightarrow [\frac{326,84}{350}]^{\frac{1}{1,333...}} = [(1 - i)^{1,33}]^{\frac{1}{1,333...}} \Leftrightarrow 0,95 \cong (1 - i)^1 \Leftrightarrow \boxed{i \cong 5\% \text{ a.m.}}$

P3.22 $A_c = N (1 - i)^n \Rightarrow 122,66 = 125(1 - 2,8\%)^n \Leftrightarrow$

$\Leftrightarrow \frac{122,66}{125} = (1 - 0,028)^n \Leftrightarrow 0,9813 \cong (0,972)^n \Leftrightarrow \ln (0,9813) \cong n \cdot \ln (0,972)$

$\Leftrightarrow - 0,0189 \cong n \cdot (-0,0283) \Leftrightarrow n \cong 0,66$ meses

$\therefore$ 1 mês $\Leftrightarrow$ 30 dias $\Big]\Leftrightarrow \frac{1}{0,66} = \frac{30}{x} \Leftrightarrow \boxed{x \cong 20 \text{ dias}}$
 0,66 meses $\Leftrightarrow$ x dias

P3.23

45 dias = 30 + 25 dias = 1,5 meses; 12 dias = $\frac{12}{30}$ meses = 0,4 meses

$ A_c = N (1 - i)^n$

$A_1 = A_2 \Rightarrow 240 (1 - i)^{1,5} = 232,89 (1 - i)^{0,4} \Leftrightarrow \frac{(1 - i)^{1,5}}{(1 - i)^{0,4}} =$

$\frac{232,89}{240} \Leftrightarrow (1 - i)^{1,1} = 0,9704 \Leftrightarrow [(1 - i)^{1,1}]^{\frac{1}{1,11}} = [0,9704]^{\frac{1}{1,11}}$

$\Leftrightarrow \boxed{i \cong 2,7\%}$ a.m.

P3.24

100 dias = 90 + 10 dias = 3 + $\frac{1}{3}$ meses $\cong 3,33$ meses

a) $A_r = \frac{N}{(1 + i)^n} \Rightarrow A_r \cong \frac{236}{(1+3\%)^{3,33}} \Leftrightarrow \boxed{A_r \cong R\$ 213,86}$

b) $FV = PV(1+i)^n \Rightarrow FV \cong 213,86(1+3\%)^{3,333} \Leftrightarrow$

$\boxed{FV \cong R\$ 236,00}$ ou seja $FV \cong N$

P3.25

$A_r = \dfrac{N}{(1+i)^n} \Rightarrow 188,05 = \dfrac{N}{(1+2,8\%)^{1,5}} \Leftrightarrow$
$\Leftrightarrow N = (1,028)^{1,5} \cdot 188,05$
45 dias = 30 + 15 dias = 1,5 meses $\quad\boxed{N \cong R\$ 196,00}$

P3.26

1 semana = 7 dias = $\dfrac{7}{30}$ meses $\cong 0,2333$ meses

$A_r = \dfrac{N}{(1+i)^n} \Rightarrow 327,95 = \dfrac{330}{(1+i)^{0,2333}} \Leftrightarrow (1+i)^{0,2333} = \dfrac{330}{327,95}$

$\Leftrightarrow [(1+i)^{0,2333}]^{\frac{1}{0,2333}} = [1,00625]^{\frac{1}{0,2333}} \Rightarrow (1+i)^1 \cong 1,027$

$\Leftrightarrow \boxed{i \cong 2,7\% \text{ a.m.}}$

P3.27

$A_r = \dfrac{N}{(1+i)^n} \Rightarrow 405,81 = \dfrac{410}{(1+2,6\%)^n} \Leftrightarrow (1,026)^n = \dfrac{410}{405,81} \Leftrightarrow$

$\Leftrightarrow (1,026)^n = 1,0103 \Leftrightarrow \ln(1,026)^n = \ln(1,0103) \Leftrightarrow \dfrac{\ln(1,0103)}{\ln(1,026)} \cong 0,4$ meses

1 mês $\Leftrightarrow$ 30 dias
0,4 meses $\Leftrightarrow$ x dias $\quad\Leftrightarrow \dfrac{1}{0,4} = \dfrac{30}{x} \Leftrightarrow \boxed{x = 12 \text{ dias}}$

P3.28

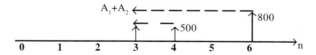

a) $A_c = N(1-i)^n \Rightarrow A_1 + A_2 = 500(1-3,2\%)^1 + 800(1-3,2\%)^3$

$\Leftrightarrow \boxed{A_1 + A_2 \cong R\$ 1.209,63}$

b) $A_r = \dfrac{N}{(1+i)^n} \Rightarrow A_1 + A_2 = \dfrac{500}{(1+3,2\%)^1} + \dfrac{800}{(1+3,2\%)^3} \Leftrightarrow$

$\Leftrightarrow \boxed{A_1 + A_2 = R\$ 1.212,36}$

P3.29
60 dias = 2.30 dias = 2 meses; 75 dias = 60 + 15 dias = 2,5 meses

$$480 = A_1 + A_2 \Rightarrow 480 = \frac{N}{(1 + 3\%)^2} + \frac{N}{(1 + 3\%)^{2,5}} \Leftrightarrow$$

$$\Leftrightarrow 480 \cong 0{,}9426N + 0{,}9288N \Leftrightarrow 480 \cong 1{,}8714N$$

$$\Leftrightarrow \boxed{N \cong 256{,}50}$$

P3.30
45 dias = 30 + 15 dias = 1,5 meses;
15 dias = $\frac{30}{2}$ dias = 0,5 mês

$$A_1 = A_2 \Rightarrow \frac{616{,}80}{(1 + 2{,}8\%)^{1,5}} = \frac{N}{(1 + 2{,}8\%)^{0,5}} \Leftrightarrow 591{,}77 \cong 0{,}9863N$$

$$\Leftrightarrow \boxed{N = R\$ \ 600{,}00}$$

P3.31

a) $n = \frac{43}{30}$ meses = 1,43... meses

b) $FV = PV(1+i)^n \Rightarrow 272 = 267{,}40(1+i)^{1,4333...}$
   $i \cong 1{,}1970089956\%$ a.m.

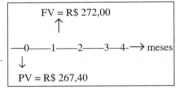

c) $FV = PV + J \Rightarrow 272 = 267{,}40 + J \therefore J = R\$ \ 4{,}60$

d) Roteiro: na Planilha do Excel; inserir função; opção Financeira, alocar os dados.

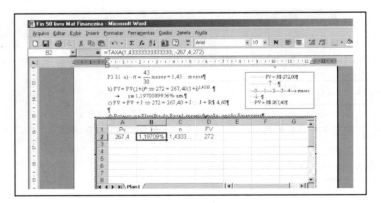

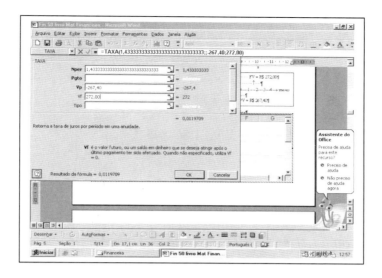

Numa das funções financeiras ⇒ opção TAXA; completar os dados do problema; PGTO ou PMT e tipo não devem ser completados porque são dados para outras fórmulas (Rendas).

P3.32 a) $A_c = N(1 - i)^n \Rightarrow 678,20 = N(1- 1,38\%)^{0,2} \therefore N \cong 680,0874894$; $N \cong 680,09$

b) $d_c = N - A_c \Rightarrow d_c = 680,09 - 678,20 \therefore d_c = R\$ 1,89$

c) sim, f reg $\boxed{\text{CLX}}$; g D.MY $\boxed{4}$; aparece no visor D.MY; 22.082002; enter; 16.082002; g Δ DYS $\boxed{\text{EEX}}$; aparecerá no visor $\boxed{-6,0000000}$ indicando que variou 6 dias.

P3.33 a) $FV = PV(1+I)^n \Rightarrow 1650 = 1576,23(1+1,28\%)^n \therefore n \cong 1,3410415$ meses $\cong 40,23124499$ dias $\therefore n \cong 41$ dias.

na HP 12 C $(1+i_1)^{ni} = (1+i_2)^{n2} \Rightarrow (1+i)^{30} = (1+1,28\%)^1$ $[(1 + i)^{30}]^{\frac{1}{30}}$

$= [1 + 1,28\%]^{\frac{1}{30}} \Leftrightarrow 1+i \cong [1,0128]^{0,03333...} \therefore i \cong 0,042404895\%$ a.d.
f reg $\boxed{\text{CLX}}$; Sto EEX aparece $\boxed{c}$ no visor; 272 FV; 267,40 CHS +/- PV; 0,042404895 i; n $\boxed{41,000000}$ dias no visor.

b) HP 12 C ⇒ f reg $\boxed{\text{CLX}}$; 4 g D.MY $\boxed{4}$; 25.09.2002; enter; 41 $\boxed{\text{CHS}}$ +/- g DATE $\boxed{\text{CHS}}$; visor aparecerá **15.082002 4**, isto é, 15/08/2002 4ª feira.

c) $d_c = N - A_c \Rightarrow d_c = 1650 - 1576,23 \therefore d_c = R\$ 73,77$.

P3.34

a) $A_r = \dfrac{N}{(1+i)^n} \Rightarrow 836{,}77 = \dfrac{850}{(1+i)^{\frac{25}{30}}} \therefore i \cong 1{,}900282767\%$ a.m.

b) $A_c = N(1-i)^n$ $836{,}77 = 850(1-i)^{0,8333\ldots}$ $\left(\dfrac{836{,}77}{850}\right)^{\frac{1}{0,8333\ldots}}$

$= [(1-i)\,0{,}8333\ldots]^{\frac{1}{0,8333\ldots}} \therefore i \cong 1{,}8648454\%$ a.m.

P3.35

a) I) $FV = 1200(1+0{,}014)^n$ II) $FV = 1200(1+0{,}014n)$ b) depende de n

$\begin{cases} se\ 0 < n < 1 \Rightarrow II\ \text{é a melhor opção} \\ n = 0\ ou\ n = 1 \Rightarrow I\ e\ II\ \text{se equivalem} \\ se\ n > 1 \Rightarrow I\ \text{é a melhor opção} \end{cases}$

P3.36

a) $FV = 80 + 40(1+3{,}1\%)^{-1} = R\$118{,}80$; $121{,}24 = PV(1+3{,}1\%)^1$;
$PV \cong 118{,}80$ em $n = 1 \Rightarrow FV \cong (118{,}80 - 20)(1+3{,}1\%)^1 \therefore$
$FV \cong \boxed{R\$\ 101{,}86}$ após 1 mês.

P3.37

a) $N \cong R\$\ 25656{,}40$;
b) $d_r = R\$\ 258{,}20$;
c)
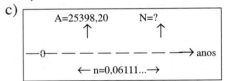

Capítulo 4
ASPECTOS COMPLEMENTARES DAS CAPITALIZAÇÕES SIMPLES E COMPOSTA

4.1 Comparando os montantes finais nas capitalizações simples e composta

simples $\Rightarrow FV = PV(1 + in)$ função linear (I)
composta $\Rightarrow FV = PV(1 + i)^n$ função exponencial (II)

$n = 0 \Rightarrow \left. \begin{array}{l} FV = PV(1 + i \cdot 0) \\ FV = PV(1 + i)^0 \end{array} \right\} \Rightarrow FV = PV$

$n = 1 \Rightarrow \left. \begin{array}{l} FV = PV(1 + i \cdot 1) \\ FV = PV(1 + i)^1 \end{array} \right\} \Rightarrow FV = PV(1 + i)$

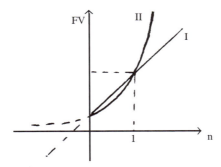

Pelo gráfico temos:
$0 \leq n < 1 \Rightarrow I > II \therefore$ cap. simples é mais vantajosa
$n = 1 \Rightarrow I = II \therefore$ se equivalem
$n > 1 \Rightarrow II > I \therefore$ cap. composta é mais vantajosa

R4.1 Marisa aplica 2 capitais de R$ 600,00 em 2 investimentos (I e II), à mesma taxa $i = 2,8\%$ a.m. As expressões dos montantes finais são:
$FV = PV(1 + i)^n$, $FV = PV(1 + in)$. Sendo n o nº de meses após o início dessa aplicação pede-se:
a) a identificação econômica das funções I e II;

b) o valor de cada montante após 1 mês de aplicação.
c) faça uma análise sobre qual a melhor opção de investimento.

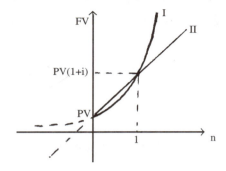

Resolução:
a) pelo gráfico temos: I é uma curva exponencial crescente
∴ I ⇒ FV = PV (1 + i)^n
II é uma reta crescente ∴ II ⇒ FV = PV (1 + in)

b) I: FV = PV (1 + i)^n II: FV = PV (1 + in)
FV = 600 (1 + 2,8%)^1 FV = 600 (1 + 2,8% . 1)
FV = R$ 616,80   FV = 616,80

c) pelo gráfico temos:

$0 \leq n < 1 \Rightarrow$ II > I ∴ (cap. simples) é melhor investimento
n = 1 ⇒ I = II ∴ se equivalem
n > 1 ⇒ I > II ∴ (cap. composta) é o melhor investimento

4.2 Comparando os descontos comerciais nas capitalizações simples e composta

Sendo $d_c = N - A_c \Leftrightarrow A_c = N - d_c$ onde d_c = desconto comercial, A_c = valor de resgate e N o valor nominal do título tem-se:

simples: $A_c = N (1 - in)$ reta decrescente (I)
composta: $A_c = N (1 + i)^n$ exponencial decrescente (II)

n = 0 ⇒ simples: $A_c = N (1 - i . 0) = N$
             composta: $A_c = N (1 - i)^0 = N$

n = 1 ⇒ simples: $A_c = N (1 - i . 1) = N (1 - i)$
             composta: $A_c = N (1 - i)^1 = N (1 - i)$

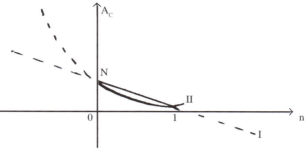

Pelo gráfico temos:

$0 < n < 1 \Rightarrow II > I \therefore$ valor atualizado na simples é maior

$n = 0$ ou $n = 1 \Rightarrow II = I \therefore$ valores atualizados iguais

$n > 1 \Rightarrow I > II \therefore$ valor atualizado na composta é maior

sendo $d_c = N - A_c$ temos:

$0 < n < 1 \Rightarrow II > I \therefore$ desconto na simples é menor

$n = 0$ ou $n = 1 \therefore$ descontos se equivalem

$n > 1 \Rightarrow I > II \therefore$ desconto na composta é menor

R4.2. Se houver uma "chance" para negociação com o agente financeiro, como devo propor o resgate de um título meu, antes do vencimento?

Resolução:

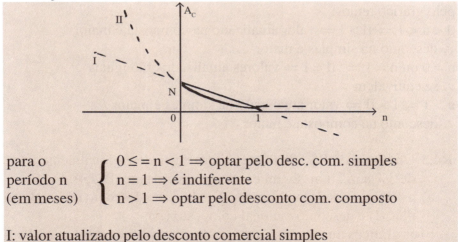

para o
período n
(em meses)
$\begin{cases} 0 \leq = n < 1 \Rightarrow \text{optar pelo desc. com. simples} \\ n = 1 \Rightarrow \text{é indiferente} \\ n > 1 \Rightarrow \text{optar pelo desconto com. composto} \end{cases}$

I: valor atualizado pelo desconto comercial simples
II: valor atualizado pelo desconto comercial composto

4.3 Comparando os descontos racionais nas capitalizações simples e composta

Sendo $d_r = N - A_r \Leftrightarrow A_r = N - d_r$ onde d_r = desconto racional, A_r = valor de resgate e N o valor nominal do título tem-se:

simples: $\quad A_r = \dfrac{N}{1 + in} \quad$ hiperbólica decrescente (I)

composta: $\quad A_c = \dfrac{N}{(1 + i)^n} \quad$ exponencial decrescente (II)

$n = 0 \Rightarrow A_r = \dfrac{N}{1 + i.0} = \dfrac{N}{(1 + i)^0} = N$

$n = 1 \Rightarrow A_r = \dfrac{N}{1 + i \cdot 1} = \dfrac{N}{(1 + i)^1} = \dfrac{N}{1 + i}$

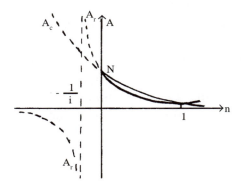

pelo gráfico temos:
$0 < n < 1 \Rightarrow II > I \Rightarrow$ valor atualizado na composta é maior
∴ desconto na simples é maior
$n = 0$ ou $n = 1 \Rightarrow II = I \Rightarrow$ valores atualizados são iguais
∴ se equivalem
$n > 1 \Rightarrow I > II \Rightarrow$ valor atualizado na simples é maior
∴ desconto na composta é maior.

R4.3 Um título de R$ 500,00 deve ser resgatado racionalmente à taxa de 3% a.m., n meses antes de seu vencimento. Pede-se:
a) as expressões dos valores atualizados para desconto racional simples (I) e desconto racional composto (II);
b) os gráficos num mesmo sistema de eixos para as expressões I e II;
c) qual a melhor opção de resgate para esse título?

Resolução:

a) I: $A_r = \frac{N}{1+in} \Rightarrow A_r = \frac{500}{1+3\%} \Leftrightarrow \boxed{A_r = \frac{500}{1+0,03n}}$

II: $A_r = \frac{N}{(1+i)^n} \Rightarrow A_r = \frac{500}{(1+3\%)^n} \Leftrightarrow \boxed{A_r = \frac{500}{(1,03)^n}}$

b) I : $A_r = \frac{500}{1+0,03n}$ é uma função hiperbólica ou racional de grau n = -1
$k = 500 > 0 \Rightarrow$ decrescente

II: $A_r = \frac{500}{(1,03)^n} \Leftrightarrow A_r = 500\,(1,03)^{-n}$ é uma função exponencial decrescente

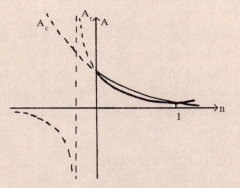

c)
$0 < n < 1 \Rightarrow I > II \Rightarrow \therefore$ resgatar pelo desconto racional simples
$n = 0$ ou $n = 1 \Rightarrow I = II \Rightarrow \therefore$ se equivalem
$n > 1 \Rightarrow II > I \Rightarrow \therefore$ resgatar pelo desconto racional composto.

4.4 Capitalização mista

A capitalização mista é uma maneira que mescla as expressões das capitalizações simples e composta no sentido de se produzir um valor final (ou montante final) maior possível.

Matematicamente: $\boxed{FV = PV\,(1+i)^{n1} \cdot (1+in_2)}$

com $\boxed{n = n_1 + n_2}$, e n_1 é o maior inteiro possível $0 \leq n2 < 1$, i = taxa, PV = capital inicial (ou valor presente), e FV = montante final (ou valor futuro).

Já sabemos que para períodos n < 1 temos que o montante final aferido na capitalização simples é maior em relação ao montante final encontrado junto à capitalização composta. Por isso:

$0 \leq n \leq 1 \Rightarrow$ cap. **mista** $\geq$ cap. **simples** $\geq$ cap. **composta**

$n > 1 \Rightarrow$ cap. **mista** $\geq$ cap. composta $\geq$ cap. **simples**

R4.4 Apliquei R$ 130,00 durante 100 dias à taxa de 3,1% a.m. Determinar o montante final utilizando:
a) capitalização MISTA
b) capitalização COMPOSTA
c) capitalização SIMPLES

Resolução:

a) 100 dias = 90 + 10 dias = $3 + \frac{10}{30}$ meses $\cong 3 + 0,33 \cong 3,33$

∴ n = 3 + 0,33   logo $n_1 = 3$ e $n_2 = 0,33$

$FV = PV (1 + i)^{n1} . (1 + in2)$

$FV = 130 (1 + 3,1\%)^3 . (1 + 3,1\% . 0,333) \Leftrightarrow$

$FV \cong 142,47 . 1,0102 \cong 143,9408390$

$\boxed{FV \cong R\$ 143,94}$

Observação: Na calculadora **HP12C**

130	+/- PV
3,1	i
3,333...	n
$\boxed{FV\ 143,94}$	"ela trabalha com capitalização mista"

b) $FV = PV (1 + i)^n$

$FV = 130 (1 + 3,1\%)^{3,333} \Leftrightarrow \boxed{FV \cong R\$ 143,93}$

c) $Fv = PV (1 + i.n)$

$FV = 130 (1 + 3,1\% . 3,333) \Leftrightarrow \boxed{FV \cong R\$ 143,43}$

Na calculadora HP12C

STO	
EEX	VISOR $\boxed{C}$
130	+/- PV
3,1	i
3,333...	n...
FV	$\boxed{143,9258832}$

R4.5 Sonia compareceu a um agente financeiro para aplicar R$ 260,00 por 20 dias à taxa de 3,2% a.m. Determinar o montante final utilizando:

a) capitalização MISTA
b) capitalização COMPOSTA
c) capitalização SIMPLES

Resolução:

a) 20 dias = $\frac{20}{30}$ meses = 0,666 ... meses $\cong$ 0,667 meses

$\therefore$ n $\cong$ 0 + 0,667

$FV = PV (1 + i)^{n1} . (1 + in2)$

$FV = 260 (1 + 3,2\%)^0 . (1 + 3,2\% . 0,667) \Leftrightarrow$

$\boxed{FV \cong R\$ 265,55}$

b) Na Calculadora:

MOD	FIN
CLEAR	ALL
260 +/-	PV
3,2	i
0,666...	n

$\boxed{FV\ 265,52}$

Observação: Na calculadora **HP12C**

início:	STO	
	EEX	VISOR $\boxed{C}$
	260 +/-	PV
	3,2	i
	0,666...	n

$\boxed{FV\ 265,52}$

b) $FV = PV (1 + i)^n$

$FV \cong 260 (1 + 3,2\%)^{0,667} \Leftrightarrow \boxed{FV = R\$ 265,52}$

c) $Fv = Pv (1 + in)$

$FV = 260 (1+3,2\% . 0,667) \Leftrightarrow \boxed{FV = R\$ 265,55}$

R4.6 Roberto resolveu aplicar R$ 320,00 à taxa de 2,8% por 60 dias. Achar o montante final para um cálculo usando:

a) capitalização MISTA
b) capitalização COMPOSTA
c) capitalização SIMPLES

Resolução:

a) 60 dias = 2 . 30 dias = 2 meses $\therefore$ n = 2 + 0   ou seja $n_1 = 2$ e $n_2 = 0$

$FV = PV (1 + i)^{n1} . (1 + in2)$

$FV = 320 (1 + 2,8\%)^2 . (1 + 2,8\% . 0) \Leftrightarrow$

$FV = 320 (1,028)^2 . 1 \Leftrightarrow \boxed{FV \cong R\$ 338,17}$

b) $FV = PV (1 + i)^n$
$FV = 320 (1 + 2,8\%)^2 \Leftrightarrow \boxed{FV \cong R\$ 338,17}$

c) $FV = PV (1 + in)$
$FV = 320 (1+2,8\% . 2) \Leftrightarrow \boxed{FV \cong R\$ 337,92}$

4.5 Capitalização contínua

A Capitalização contínua é uma forma para apurar o montante final que utiliza períodos de capitalizações (ou cálculo de juros) cada vez menores.

Matematicamente utiliza-se a expressão: $FV = PV (1 + \dfrac{i}{k})^k$

Ensaio: Calcular o montante final para aplicações de R\$ 100,00 (PV) aplicados durante 1 ano (n) à 12% a.a. (i), com juros capitalizados: a) anualmente; b) trimestralmente; c) mensalmente; d) diariamente; e) de hora em hora.

Resolução:

a) anualmente k = 1 (uma capitalização no período) $FV = PV (1 + \dfrac{i}{k})^k$ então

$$FV = 100 (1 + \frac{12\%}{1})^1 = 100.1,2 = 112$$

b) trimestralmente k = 4 (4 trimestres num ano) $FV = PV (1 + \dfrac{i}{k})^k$ então

$$FV = 100 (1 + \frac{12\%}{4})^4 = 100.1,03^4 \cong 112,550881$$

c) mensalmente k = 12 (12 meses num ano) $FV = PV (1 + \dfrac{i}{k})^k$ então

$$FV = 100 (1 + \frac{12\%}{12})^{12} = 100.1,01^{12} \cong 112,682503$$

d) diariamente k = 360 (1 ano = 360 dias) $FV = PV (1 + \dfrac{i}{k})^k$ então

$$FV = 100 (1 + \frac{12\%}{360})^{360} = 100.(1,000333...)^{360} \cong 112,7474306$$

e) horária k = 24×360 = 8640 (1 dia = 24 horas) $FV = PV(1 + \frac{i}{k})^k$
então

$$FV = 100\,(1 + \frac{12\%}{8640})^{8640} = 100.(1{,}000013888...)^{8640} \cong 112{,}7495825$$

com o valor do $\displaystyle\lim_{n\to+\infty} (1 + \frac{1}{n})^n = e$, então $\boxed{FV = PV\,.\,e^{ni}}$, onde $e \cong 2{,}718$

é o n° de Neper, e utilizando essa expressão temos $FV = 100\,.\,e^{1.12\%} \cong 100\,.\,e^{0{,}12}$ logo $FV \cong 100\,.\,1{,}127496852 \therefore FV \cong 112{,}7496852$.

Esse montante calculado para o período de capitalização (ou cálculo do juros) não "cresce" de maneira infinita.

Assim $\boxed{FV = PV\,.\,e^{ni}}$ é a expressão da capitalização contínua. Onde: FV = montante final, PV = capital inicial; n = período de aplicação; e i = taxa de juros (sempre compatível ao período n).

R4.7 José Luiz foi ao banco onde é correntista e pediu para aplicar R\$ 270,00 na capitalização contínua. Qual será o montante final e a taxa contratada que o gerente daquela agência bancária irá oferecer, de modo que seja equivalente à taxa de 3% a.m. durante 2 meses.

Resolução:

cap. composta: $FV = PV(1 + i)^n$
$$FV = 270(1 + 3\%)^2 \Leftrightarrow \boxed{FV \cong R\$\,286{,}44}$$
é o montante final

cap. contínua: $FV = PV\,.\,e^{ni}$
$$286{,}44 \cong 270\,e^{2i} \Leftrightarrow \frac{286{,}44}{270} = e^{2i} \Leftrightarrow 1{,}0609 = e^{0{,}1667i}$$
$$\ln(1{,}0609) = \ln e^{2i} \Leftrightarrow \ln(1{,}0609) = 2i\,\ln e$$
$$\boxed{i \cong 0{,}029558802\ \text{contínua}} \Leftrightarrow i = 2{,}9558802\%\ \text{a.m.}$$

R4.8 Aplicando R\$ 180,00 à taxa contínua i = 0,07 a.a., qual será o montante final aferido após 3 meses?

Resolução:

$$FV = PV\,.\,e^{ni}$$
$$FV = 180\,.\,e^{\frac{3}{12}\,.\,0{,}07} \Leftrightarrow FV \cong 180\,.\,1{,}0177 \Leftrightarrow \boxed{FV \cong R\$\,183{,}18}$$

Observação: essa fórmula (FV = [PV * 2,71 ^ n * i]) pode ser inserida numa calculadora programável (por exemplo HP 19B) e daí o resultado final é igual.

4.6 Taxas aparentes e taxas reais

Estudaremos, agora, o relacionamento entre as taxas: aparente de aumento, taxa real de aumento e a taxa de inflação naquele período. Chegaremos a resultados (ou fórmulas) através de cálculos já efetuados na capitalização composta.

Matematicamente:

sendo i_r = taxa real de aumento, i_i = taxa de inflação no período, i_a = taxa aparente de aumento, FV = montante final (ou valor futuro), PV = capital inicial (valor presente).

$FV = PV (1 + i_r)^1 + PV (1 + i_r)^1 i_i \Leftrightarrow FV = PV (1 + i_r) (1 + i_i)$

para 1 período, n=1, temos que: $FV = PV (1 + i_a)^1$

igualando

$\Leftrightarrow \cancel{PV} (1 + i_r) (1 + i_i) = \cancel{PV} (1 + i_a)$

$(1 + i_r)(1 + i_i) = 1 + i_a \Leftrightarrow 1 + i_r = \dfrac{1 + i_a}{1 + i_i} \Leftrightarrow \boxed{i_r = \dfrac{1 + i_a}{1 + i_i} - 1}$

R4.9 Certo produto passou de R$ 3,10 para R$ 3,70 num período em que a inflação foi calculada em 3%. Calcular:
a) a taxa aparente de aumento;
b) a taxa real de aumento naquele período.

Resolução:

a) $FV = PV (1 + i)^n$

$3,70 = 3,10 (1 + i_a)^1 \Leftrightarrow \dfrac{3,70}{3,10} = 1 + i_a \Leftrightarrow$

$\Leftrightarrow 1,1935 \cong 1 + i_a \Leftrightarrow i_a = 0,1935$

$\boxed{\therefore i_a = 19,35\%}$

b) $i_r = \dfrac{1 + i_a}{1 + i_i} - 1$

$i_r \cong \dfrac{1 + 19,35\%}{1 + 3\%} - 1 \Leftrightarrow i_r \cong \dfrac{1 + 0,1935}{1 + 0,03} - 1 \Leftrightarrow i_r \cong 0,1587 \Leftrightarrow \boxed{i_r = 15,87\%}$

R4.10 Durante o ano de 1993, certa empresa vendeu em serviços US$ 2730 em 01/01/93 e US$ 3263 em 31/12/93. Para uma inflação anual estimada em 4000% a.a., pede-se:
a) a taxa real de aumento;
b) a taxa aparente de aumento.

Resolução:

a) se considerarmos a inexistência da inflação em dólar, temos:

$$FV = PV (1 + i)^n$$

$$3263 = 2730 (1 + i_r)^1 \Leftrightarrow \frac{3263}{2730} = 1 + i_r \Leftrightarrow i_r \cong 0,1952 \Leftrightarrow$$

$$\Leftrightarrow \boxed{i_r = 19,52\% \text{ a.a.}}$$

b) $i_r = \dfrac{1+i_a}{1+i_i} - 1 \Rightarrow 19,52\% \cong \dfrac{1+i_a}{1+4000\%} - 1 \Leftrightarrow$

$$\Leftrightarrow 0,1952 \cong \frac{1+i_a}{1+40} - 1 \Leftrightarrow 0,1952 + 1 \cong \frac{1+i_a}{41} \Leftrightarrow$$

$$\Leftrightarrow 1 + i_a \cong 41 \cdot 1,1952 \Leftrightarrow i_a \cong 48,0032 \text{ a.a.} \Leftrightarrow$$

$$\Leftrightarrow \boxed{i_a \cong 4800,32\%} \text{ a.a.}$$

4.7 Taxas equivalentes nas capitalizações simples e composta

Uma taxa simples será equivalente a uma taxa composta quando aplicado por respectivo período apresentar o mesmo valor para o montante final. Matematicamente:

igualando

simples $FV = PV (1 + i_1 n_1) \Rightarrow \cancel{PV} (1 + i_1 n_1) = \cancel{PV} (1 + i_2)^{n2}$

composta $FV = PV (1 + i_2)^{n2}$

$$\boxed{1 + i_1 n_1 = (1 + i_2)^{n2}}$$

simples composta

R4.11 Calcular a taxa mensal simples equivalente a 4% a.m. na capitalização composta durante 3 meses.

Resolução:

simples   composta

$1 + i \, n_1 = (1 + i_2)^{n2}$

$1 + i \cdot 3 = (1 + 4\%)^3 \Leftrightarrow 1 + 3i = (1 + 0,04)^3 \Leftrightarrow 1 + 3i \cong 1,24864 \Leftrightarrow 3i = 0,1249 \Leftrightarrow$

$\Leftrightarrow i \cong 0,0416 \Leftrightarrow \boxed{i \cong 4,16\% \text{ a.m.}}$

R4.12 Obter a taxa mensal composta equivalente a 3,5% a.m. na capitalização simples durante 75 dias.

Resolução: 75 dias = 60 + 15 dias = 2,5 meses

$$\begin{array}{cc} \text{simples} & \text{composta} \\ 1 + i_1 n_1 & = & (1 + i_2)^{n2} \end{array}$$

$1 + 3,5\% \cdot 2,5 = (1 + i)^{2,5} \Leftrightarrow 1 + 0,035 \cdot 2,5 = (1 + i)^{2,5} \Leftrightarrow$

$\Leftrightarrow 1,0875 = (1 + i)^{2,5} \Leftrightarrow$

$\Leftrightarrow [1,0875]^{\frac{1}{2,5}} = [(1 + i)^{2,5}]^{\frac{1}{2,5}} \Leftrightarrow 1.03412 \cong (1 + i)^1 \Leftrightarrow$

$\Leftrightarrow i \cong 0,03412$ a.m.

$\boxed{\Leftrightarrow i = 3,41\% \text{ a.m.}}$

4.8 Exercícios propostos

P4.1 Adriana foi a uma instituição financeira e aplicou um capital (C) de R\$ 1.200,00 num investimento I (de capitalização simples onde $M = C(1 + in)$), e outro capital (C) de R\$ 1.200,00 num investimento II (de capitalização composta onde $M = M = C(1 + i)^n$), à taxa i de 3% e o período (n) em meses após 29/09/2002. Pede-se:
a) as 2 expressões para o montante M;
b) os gráficos num mesmo sistema de eixos;
c) faça um comentário sobre esses investimentos, analisando qual o melhor.

P4.2 Carlos Roberto dispunha de R\$ 1.000,00 e aplicou $\frac{1}{4}$ dele num agente financeiro I à taxa de 6% a.m. O restante do dinheiro foi aplicado num outro agente financeiro II à taxa de 4,5% a.m. Pede-se:
a) as expressões para os montantes finais I e II em função do período n;
b) após quanto tempo de aplicação teremos montantes iguais;
c) faça os gráficos num mesmo sistema de eixos;
d) após 30 meses, qual é a aplicação mais vantajosa?

P4.3 Eduardo resolveu aplicar 2 capitais de R\$ 350,00 em modalidades diferentes: o 1° capital à taxa simples de 3,2% a.m., e o 2° capital à taxa composta de 3,2% a.m. Pede-se:

a) as expressões para os montantes finais em função do período n;
b) os gráficos num mesmo sistema de eixos;
c) é possível estabelecer quanto Eduardo DOBRA o seu capital?

P4.4 Para que período de resgate o desconto comercial simples é equivalente ao desconto comercial composto?

P4.5 Sob que condições o desconto racional simples é equivalente ao desconto comercial simples?

P4.6 Ao descontar um título de R$ 200,00 a 20 dias de seu vencimento, é preferível desconto comercial simples ou composto, na ótica do portador do título à uma taxa de 3% a.m.

P4.7 Ao resgatar um título de R$ 200,00 a 40 dias de seu vencimento, para uma taxa de 3% a.m. é preferível desconto comercial simples ou composto, na ótica do portador do título? Faça um gráfico com os valores atuais num mesmo sistema de eixos.

P4.8 Para se descontar um título de R$ 300,00 a 20 dias de seu vencimento, para uma taxa de 3,2% a.m. é preferível desconto racional simples ou desconto racional composto? Faça um gráfico com os valores atuais num mesmo sistema de eixos.

P4.9 Para o desconto de um título de R$ 300,00 a 40 dias de seu vencimento, sendo a taxa usada de 3,2% a.m. é preferível usar desconto racional simples ou desconto racional composto?

P4.10 Sob que condições o desconto racional composto é equivalente ao desconto comercial composto?

P4.11 Roberto resolveu aplicar R$ 240,00 por 105 dias à taxa de 3,6% a.m.. Obter o montante final, calculando-o através da:
a) capitalização mista
b) capitalização composta
c) capitalização simples

P4.12 Adriana foi a uma instituição financeira para aplicar a quantia de R$ 280,00 a uma taxa de 2,9% a.m. Qual seria o montante final após 4 meses, utilizando:

a) capitalização simples
b) capitalização composta
c) capitalização mista

P4.13 Marcos Roberto resolveu investir R$ 340,00 por 21 dias num agente financeiro à taxa de 3,1% a.m.. Determinar o montante final usando:
a) capitalização mista
b) capitalização composta
c) capitalização simples

P4.14 Alessandra investiu um capital por 40 dias à taxa de 2,7% a.m. e recebeu R$ 372,98 ao final. Determinar o capital inicial se nesse investimento foi utilizado:
a) capitalização mista
b) capitalização composta
c) capitalização simples

P4.15 Estabelecer as condições matemáticas envolvendo os parâmetros; FV, PV, i, n, para que a capitalização MISTA seja equivalente a:
a) capitalização composta
b) capitalização simples

P4.16 Rubens aplicou R$ 420,00 à taxa contínua de 6% a.a. Obter o valor de resgate após 75 dias da aplicação.

P4.17 Certo agente financeiro empresta dinheiro à taxa de 5% a.m. de capitalização. Se Maria Luiza deseja tomar um empréstimo de R$ 250,00 por 65 dias na forma de capitalização contínua, qual será a taxa equivalente contínua que lhe será oferecida?

P4.18 Determinar uma expressão matemática fornecendo a taxa contínua equivalente à taxa da capitalização composta num mesmo período n.

P4.19 Achar uma expressão matemática fornecendo a taxa contínua equivalente à taxa de capitalização simples num mesmo período n.

P4.20 Ana Maria aplicou R$ 361,47 por 17 dias numa aplicação de capitalização contínua e recebeu R$ 380,00 ao final. Achar a taxa contínua empregada.

P4.21 Fiz uma aplicação de capitalização contínua por 3 semanas, à taxa contínua anual de 7%. Recebendo R$ 268,13 ao final, quanto havia investido inicialmente?

P4.22 O salário de João Pedro passou de R$ 480,00 para R$ 530,00. Calcular:
a) a taxa aparente de aumento, desprezando a inflação no período;
b) a taxa real de aumento, para uma inflação de 6% naquele período.

P4.23 Em 2002, certa confecção vendeu 82.000 peças que fabrica a um preço unitário de US$ 8,00. No ano seguinte vendeu 84.000 peças da mesma mercadoria, a um preço unitário de US$ 9,00. Naquele ano houve uma inflação de 2800% (i = 2,8). Determinar a taxa real de crescimento nas vendas:
a) considerando as quantidades vendidas de mercadoria;
b) considerando o valor total obtido nas vendas.

P4.24 Certo tipo de impressora para computador era cotada a US$ 4394 em 08/94 e passou a US$ 4973 em 12/94. Calcular:
a) a taxa aparente de aumento nesse período;
b) a taxa real de aumento, se a taxa mensal de inflação foi de 2,5% a.m.

P4.25 As taxas de compra do dólar americano de 01/92 a 07/92 é dada pela tabela abaixo:

período	01/01	01/02	01/03	01/04	01/05	01/06	01/07
cotação em R$	1068,70	1319,40	1647,45	2007,00	2396,00	2874,40	3475,80

a) se a atualização monetária de um investimento foi a variação do "Dólar", qual a taxa de atualização monetária de 02/92, e de 06/92?
b) qual taxa acumulada de atualização monetária no período de 01/92 a 07/92?

Sugestão: utilizar $FV = PV \, (1 + i)^n$

P4.26 Qual é a taxa simples equivalente à taxa 2,8% a.m. num período de 4 meses?

P4.27 Qual é a taxa composta equivalente à taxa simples de 3,2% a.m. num período de 100 dias?

P4.28 Determinar a taxa composta equivalente a um título de capitalização que rendeu em 3 meses: 2,8% no 1º mês; 3,2% no 2º mês; e 3,5% no 3º mês.

P4.29 Determinar a taxa simples equivalente à taxa composta, que em 22,52 meses triplica o capital empregado.

P4.30 É possível achar a taxa na capitalização mista, que em 16,09 meses quadriplica o capital empregado na capitalização composta?

P4.31 Na antecipação de títulos bancários (cheques pré-datados), o Sr. Fernando possui duas opções:
$A_c = N(1 - in)$ "antecipação comercial simples **(I)**" e $A_c = N(1 - i)^n$ "antecipação comercial composta **(II)**", cujos gráficos estão esboçados abaixo:

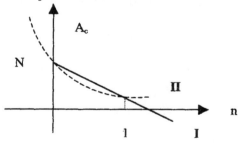

a) essas opções de antecipação são sempre equivalentes;
b) a opção I é sempre mais interessante;
c) a opção II é sempre mais interessante;
d) para períodos de aplicação maiores que 1 é preferível a opção II;
e) os dados não permitem uma tomada de decisão.

P4.32 Um empresário faz um empréstimo de R$ 100.000,00 num Banco, a ser pago em 7 meses à taxa de 36% a.a.. Para calcular a amortização desse empréstimo, o gerente efetuou o seguinte cálculo: $100.000,00 (1 + \frac{0,36}{12})^7$. Pode-se afirmar que:

a) o gerente calculou juros efetivos;
b) o empréstimo está sendo efetuado à juros simples;
c) o gerente se enganou no cálculo;
d) foram considerados juros nominais;
e) esta taxa é denominada juro real por considerar juros compostos.

Sugestões: $FV = PV(1+in)$ "simples" e $FV = PV(1+i)^n$ "composta".

P4.33 Assinalar alternativa <u>correta</u>:
a) 1% a.m. é equivalente a 12% a.a. em juros compostos;
b) o montante final para a capitalização mista é sempre maior ou igual que o montante da capitalização composta, para os mesmos parâmetros iniciais (PV, i, e n);
c) o montante final da capitação composta é sempre maior que o montante final da capitalização simples, para os mesmos parâmetros iniciais (PV, i, e n);
d) 10% de 10% é equivalente à 0,1%;
e) os juros compostos são aqueles calculados sempre sobre o valor inicial do investimento.

P4.34 Aplicando-se um capital de R$ 2.000,00 à taxa de 1,48% a.m., por 67 dias, obtém-se certo montante final. Calculá-lo para capitalização:
a) composta;   b) mista;   c) contínua.

P4.35 Aplicando certo capital à taxa de 1,65% a.m. por 84 dias, gera R$ 2.800,00 como montante final. Calcular esse capital inicial utilizando capitação:
a) contínua;   b) composta;   c) mista.

P4.36 Certo produto passou de R$ 246,00 para R$ 280,00 num período que a inflação foi estimada em 8,94%. Calcular a taxa de aumento real obtida.

Sugestões: Utilizar $\boxed{i_r = \dfrac{1 + i_a}{1 + i_i}}$, onde i_r é a taxa real, i_a é a taxa aparente, e i_i é a taxa de inflação, com a taxa aparente (i_a) obtida por $FV = PV(1+i)^n$, $n = 1$.

4.9 Respostas dos exercícios propostos

P4.1
a) a) I : M = 1200 (1 + 3%n) ⇔ M = 1200 + 36 n
b) II: M = 1200 (1 + 3%)^n ⇔ M = 1200 (1,03)^n

b) n = 0 ⇒ I : M = 1200 + 36 . 0 = 1200
II : M + 1200 (1,03)^0 = 1200

n = 1 ⇒ I : M = 1200 + 36 . 1 = 1236
II : M + 1200 (1,03)^1 = 1236

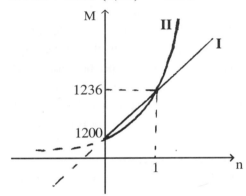

c) 0 ≤ n < 1 ⇒ I > II
∴ I é o melhor investimento antes de 29.10.94
n = 1 ⇒ I = II
∴ se equivalem em 29.10.94
N > 1 ⇒ I < II
∴ II é o melhor investimento após 29.10.94

P4.2
a) FV = PV (1 + i)^n

I : FV = $\frac{1}{4}$. 1000 (1 + 6%)^n ⇔ FV = 250 (1,06)^n
II: FV = $\frac{3}{4}$. 1000 (1 + 4,5%)^n ⇔ FV = 7500 (1,045)^n

b) 250 (1,06)^n = 750 (1,045)^n ⇔ $\left(\frac{1,06}{1,045}\right)^n = \frac{750}{250}$ ⇔ (1,0144)^n = 3 ⇔

⇔ nln (1,0144) ≅ ln 3 ⇔ $\boxed{n \cong 76,84 \text{ meses}}$

c) $FV = 250\,(1{,}06)^n$ (I) exponencial crescente
$FV = 750\,(1{,}045)^n$ (II) exponencial crescente

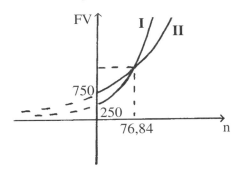

d) $0 < n < 76{,}84 \Rightarrow II > I$ ⎫ a aplicação II
   $\therefore$ para $n = 30$ meses ⎭ é mais vantajosa

P4.3
a)   I: $FV = PV(1 + in) \Rightarrow FV = 350\,(1 + 3{,}2\%n) \Leftrightarrow \boxed{FV = 350 + 11{,}2n}$

II: $FV = PV(1 + i)^n \Rightarrow FV = 350\,(1 + 3{,}2\%)^n \Leftrightarrow \boxed{FV = 350\,(1{,}032)^n}$

b)   I: $FV = 350 + 11{,}2n$ reta crescente
II: $FV = 350\,(1{,}032)^n$ exponencial crescente

$n = 0 \Rightarrow$ I: $FV = 350 + 11{,}2 \cdot 0 = 350$
II: $FV = 350 \cdot (1{,}032)^0$

$n = 1 \Rightarrow$ I: $FV = 350 + 11{,}2 \cdot 1 = 361{,}2$
II: $FV = 350\,(1{,}032)^1 = 361{,}2$

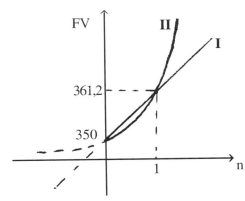

c) sim pois $FV_I + FV_{II} = 2.700 \Rightarrow (350 + 11,2n) + 350\,(1,032)^n = 1400$

$\boxed{11,2n + 350\,(1,032)^n = 1050}$ que não é uma equação elementar!

por tentativa temos:

$n = 1 \Rightarrow \quad \begin{array}{l} 1º\,M = 11,2 \cdot 1 + 350\,(1,032)^1 = 372,4 \\ 2º\,M = 1050 \end{array} \Big\} \Rightarrow \begin{array}{l} 1º\,M < 2º\,M \\ n > 1 \end{array}$

$n = 10 \Rightarrow \quad \begin{array}{l} 1º\,M = 11,2 \cdot 10 + 350(1,032)^{10} \cong 591,58 \\ 2º\,M = 1050 \end{array} \Big\} \Rightarrow \begin{array}{l} 1º\,M < 2º\,M \\ n > 10 \end{array}$

$n = 20 \Rightarrow \quad \begin{array}{l} 1º\,M = 11,2 \cdot 20 + 350\,(1,032)^{20} \cong 881,15 \\ 2º\,M = 1050 \end{array} \Big\} \Rightarrow \begin{array}{l} 1º\,M < 2º\,M \\ n > 20 \end{array}$

$n = 40 \Rightarrow \quad \begin{array}{l} 1º\,M = 11,2 \cdot 40 + 350\,(1,032)^{40} \cong 1681,83 \\ 2º\,M = 1050 \end{array} \Big\} \Rightarrow \begin{array}{l} 1º\,M > 2º\,M \\ n < 40 \end{array}$

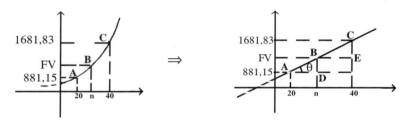

INTERPOLAÇÃO: aproximar os 3 pontos da curva exponencial para 1 reta

reta: $Tg\theta = \dfrac{\Delta y}{\Delta x} \Rightarrow Tg\theta = \dfrac{FV - 881,15}{n - 20} = \dfrac{1681,83 - FV}{40 - n}$ ($\Delta ABD \sim \Delta BCE$)

$(FV - 881,15)(40 - n) = (1681,83 - FV)(n - 20)$
$40FV - FVn - 35240 + 881,15n = 1681,83n - 33636,6 - FVn + 20\,FV$
$40\,FV + 881,15n - 1681,83n - 20FV = -33636,6 + 35240$

$\boxed{20FV - 800,68n = 1603,40}$

se $FV = 1400 \Rightarrow \quad 20 \cdot 1400 - 800,68n = 1603,40$
$\qquad\qquad\qquad 2800 - 1603,40 = 800,68\,n$
$\qquad\qquad\qquad n \cong 32,967727432 \Leftrightarrow n = 32,97$ meses

P4.4

simples: $d_c = N - A_c = N - N\,(1 - in) \Leftrightarrow d_c = N \cdot i \cdot n$ $\Big\}$ igualando
composta: $d_c = N - A_c = N - N\,(1 - i)^n \Leftrightarrow d_c = N\,[1 - (1 - i)^n]$ $N\,in = N\,[1-(1-i)^n]$

$\boxed{n = 1 \Rightarrow i = i}$

Observação: é mais simples ao visualizar o gráfico do item 4.2 teórico.

P4.5

simples: $d_r = N - A_r \Rightarrow d_r = N - \dfrac{N}{1+in}$

composto: $d_r = N - A_r \Rightarrow d_r = N - \dfrac{N}{(1+i)^n}$

igualando

$\cancel{N} - \dfrac{N}{1+in} = \cancel{N} - \dfrac{N}{(1+i)^n}$

$\boxed{n=1} \Rightarrow \dfrac{N}{1+in} = \dfrac{N}{(1+i)^n}$

$n = 1 \Leftrightarrow i = i$

P4.6

II: valor de resgate no desc. composto
I: valor de resgate no desc. simples

$n = 20$ dias $= \dfrac{20}{30} \cong 0{,}67$

$I > II$

deve optar pelo desc. com. SIMPLES

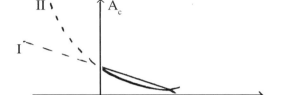

P4.7

(I) simples:
$A_c = N(1-in) \Rightarrow A_c = 200\,(1 - 3\% \cdot \dfrac{40}{30}) \Leftrightarrow A_c = R\$\,192{,}00$

(II) composto:
$A_c = N(1-i)^n \Rightarrow A_c = 200\,(1-3\%)^{\frac{30}{40}} \Leftrightarrow A_c = R\$\,192{,}04$

composto é maior o valor de resgate

$\boxed{\text{deve optar pelo desconto composto}}$

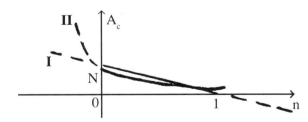

P4.8

(I) simples:
$A_r = \dfrac{N}{1+in} \Rightarrow A_r = \dfrac{300}{1+3{,}2\% \cdot \dfrac{20}{30}} \Leftrightarrow A_r \cong 293{,}73$

(II) composto:

$A_r = \dfrac{N}{(1+i)^n} \Rightarrow A_r = \dfrac{300}{(1+3{,}2\%)^{\frac{20}{30}}} \Leftrightarrow A_r \cong 293{,}77$

sendo $d_r = N - A_r \Rightarrow \begin{cases} \text{simples } d_r = R\$\ 6{,}27 \\ \text{composto } d_r = R\$\ 6{,}23 \end{cases}$

∴ é preferível o desconto racional composto

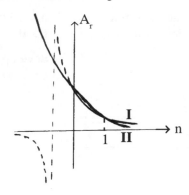

P4.9

(I) simples

$A_r = \dfrac{N}{1+in} \Rightarrow A_r = \dfrac{300}{1+3{,}2\% \cdot \frac{40}{30}} \Leftrightarrow A_r = 287{,}72$

(II) composto

$A_r = \dfrac{N}{(1+i)^n} \Rightarrow A_r = \dfrac{300}{(1+3{,}2\%) \cdot \frac{40}{30}} \Leftrightarrow A_r \cong R\$\ 287{,}66$

sendo $d_r = N - A_r \Rightarrow \begin{cases} \text{simples } d_r = R\$\ 12{,}28 \\ \text{composto } d_r = R\$\ 12{,}34 \end{cases}$

∴ é preferível o desconto racional simples

P4.10

$d_r = N - A_r \Rightarrow d_r = N - \dfrac{N}{(1+i)^n}$

$d_c = N - A_c \Rightarrow d_c = N - N(1-i)^n$

igualando

$\Rightarrow \cancel{N} - \dfrac{N}{(1+i)^n} = \cancel{N} - N(1-i)^n \Leftrightarrow$

$\Leftrightarrow \dfrac{\cancel{N}}{(1+i)^n} = -\cancel{N} \cdot (1-i)^n \Leftrightarrow \dfrac{N}{(1+i)^n} = (1-i)^n \Leftrightarrow (1+i)^n (1-i)^n = 1 \Leftrightarrow$

$\Leftrightarrow [(1+i)(1-i)]^n = 1 \Leftrightarrow [1-i^2]^n = 1 \Rightarrow i = 0 \text{ ou } n = 0$

P4.11

105 dias = 90 + 15 dias = 3,5 meses $\therefore$ n = 3 + 0,5

a) $FV = PV \, (1+i)^{n1} \cdot (1+in_2)$

$\quad FV = 240 \, (1+3,6\%)^3 \cdot (1+3,6\% \cdot 0,5)$

$$\boxed{FV \cong R\$ \, 271,67}$$

Observação: Na calculadora **HP12C** o resultado aparece em:

sem $\boxed{C}$ no visor

b) $FV = PV(1 + i)^n$

$\quad FV = 240(1 + 3,6\%)^{3,5}$

$$\boxed{FV \cong R\$ \, 271,63}$$

240	+/-	PV
3,6	i	
3,5	n	

c) $FV = PV \, (1+ in)$

$\quad FV = 240(1+3,6\% \cdot 3,5)$

$$\boxed{FV \cong R\$ \, 270,24}$$

$$\boxed{FV \quad 271,67}$$

P4.12

a) $FV = P \, (1 + in)$

$\quad FV = 280(1+2,9\% \cdot 4)$

$$\boxed{FV = R\$ \, 312,48}$$

b) $FV = PV(1 + i)^n$

$\quad FV = 280(1+2,9\%)^4$

$$\boxed{FV = R\$ \, 313,92}$$

c) $FV = PV(1+i)^{n1} \cdot (1+in2)$

$\quad FV=280(1+2,9\%4) \cdot (1+2,9\% \cdot 0)$

$$\boxed{FV = R\$ \, 313,92}$$

P4.13

21 dias = $\dfrac{21}{30}$ meses = 0,7 meses

a) $FV = PV(1+i)^{n1} \cdot (1 + in_2)$

$\quad FV = 340(1+3,1\%)^0 \cdot (1+3,1\% \cdot 0,7)$

$$\boxed{FV = R\$ \, 347,38}$$

b) $FV = PV(1 + i)^n$

$\quad FV = 340(1 + 3,1\%)^{0,7}$

$$\boxed{FV = R\$ \, 347,34}$$

c) $FV = PV(1+in)$

$\quad FV = 340(1+3,1\% \cdot 0,7)$

$$\boxed{FV \cong R\$ \, 347,38}$$

P4.14

40 dias = $\dfrac{40}{30}$ meses $\cong$ 1 + 0,33 meses $\cong$ 1,33 meses

a) $FV = PV (1 + i)^{n1} \cdot (1 + in_2)$

$372,98 \cong PV(1+2,7\%)^1 \cdot (1+2,7\% \cdot 0,33)$

$\boxed{PV \cong R\$ 359,93}$

b) $FV = PV (1 + i)^n$

$372,98 \cong PV(1 + 2,7\%)^{1,33}$

$\boxed{PV \cong R\$ 359,96}$

c) $FV = PV(1+in)$

$372,98 = PV(1+2,7\% \cdot 1,33)$

$\boxed{PV \cong R\$ 360,02}$

P4.15

$\left. \begin{array}{l} FV = PV (1 + i)^{n1} (1 + in_2) \\ \text{a) } FV = PV (1 + i)^n \end{array} \right\} \Rightarrow$ $PV (1 + i)^{n1} (1 + in_2) = PV (1 + i)^n$

$(1 + i)^{n1} \cdot (1 + in_2) = (1 + i)^n$

$n = n_1 + n_2 \Rightarrow n = n_1$ ou seja

$\boxed{\text{quando n é INTEIRO}}$

$\left. \begin{array}{l} \text{b) } FV = PV (1 + i)^{n1} \cdot (1 + 1n_2) \\ FV = PV (1 + in) \end{array} \right\} \Rightarrow$ $PV (1 + i)^{n1} \cdot (1 + in_2) = PV (1 + in)$

$(1 + i)^{n1} \cdot (1 + in_2) = (1 + in)$

$n = n_1 + n_2 \Rightarrow n_1 = 0$ ou seja

$\boxed{\text{quando } 0 < n < 1}$

P4.16

$FV = PV \cdot e^{ni} \Rightarrow FV = 420 \cdot e^{\frac{75}{360} \cdot 0,06} \Leftrightarrow FV \cong R\$ 425,28$

P4.17

$FV = PV (1 + i)^n \Rightarrow FV = 250 (1 + 5\%)^{\frac{65}{30}} \Leftrightarrow FV \cong 277,88$ "cap. contínua"

$FV = PV \cdot e^{ni}$ "cap. contínua"

$277,88 = 250 \cdot e^{\frac{65 \, i}{360}} \Leftrightarrow \frac{277,88}{250} = e^{0,181i} \Leftrightarrow 1,1112 \cong e^{0,181i} \Leftrightarrow \ln (1,1112) \cong \ln e^{0,181i}$

$\Leftrightarrow 0,1057 \cong 0,181i \cdot 1 \Leftrightarrow 0,1057 \cong i \cdot 0,181 \therefore \boxed{i \cong 0,5854 \text{ a.a.}} \Leftrightarrow \boxed{i = 58,54\% \text{ a.a.}}$

P4.18

$\left. \begin{array}{l} FV = PV (1 + i)^n \\ FV = PV \cdot e^{ni} \end{array} \right\} \Rightarrow$

$PV (1 + i)^n = PV \cdot e^i$

$\boxed{(1 + i)^n = e^{ni}}$

$\uparrow \qquad \uparrow$

composta contínua

P4.19

$\left. \begin{array}{l} FV = PV (1 + in) \\ FV = PV \cdot e^{ni} \end{array} \right\} \Rightarrow$

$PV(1 + in) = PV \cdot e^{ni}$

$\boxed{1 + in = e^{ni}}$

$\uparrow \qquad \uparrow$

simples contínua

P4.20

$$FV=PV\ e^{ni} \Rightarrow 380=361,47 \cdot e^{\frac{17\ i}{360}} \Leftrightarrow \frac{380}{361,47} = e^{0,05i} \Leftrightarrow 1,0513 \cong e^{0,05i} \Leftrightarrow$$

$$\Leftrightarrow \ln(1,0513) \cong \ln e^{0,05i} \Leftrightarrow 0,05 \cong 0,05i \Leftrightarrow 0,049992102 \cong i \cdot 0,0472222$$

$$\Leftrightarrow i \cong 1,0586584 \text{ contínua}$$

$\boxed{i = 105,87\% \text{ a.a.}}$ contínua

P4.21

$$FV = PV \cdot e^{ni} \Rightarrow 268,13 = PV \cdot e^{\frac{3 \cdot 0,07}{52}} \Leftrightarrow 268,13 \cong PV \cdot 1,0040 \Leftrightarrow$$

$$\Leftrightarrow PV = R\$\ 267,05$$

P4.22

a)

$$FV = PV\ (1 + i_a)^1 \Rightarrow 530 = 480\ (1 + i_a) \Leftrightarrow \frac{530}{480} = 1 + i_a \Leftrightarrow i_a \cong 10,42\%$$

b) $ir = \dfrac{1+i_a}{1+i_i} - 1 \Rightarrow i_r \cong \dfrac{1+10,42\%}{1+6\%} - 1 \Leftrightarrow \boxed{i_r \cong 4,17\%}$

P4.23

a)

$$FV = PV\ (1 + i_a)^1 \Rightarrow 84000 = 82000\ (1 + i_a)^1 \Leftrightarrow i_a = 2,44\%$$

$$i_r = \frac{1+i_a}{1+i_i} - 1 \Rightarrow i_r = \frac{1+2,44\%}{1+2800\%} - 1 \Leftrightarrow i_r = -96,47\%$$

b)

$$FV = PV\ (1 + i_a)^1 \Rightarrow 84000 \cdot 9 = 82000 \cdot 8\ (1 + i_a)^1 \Rightarrow i_a \cong 15,24\%$$

$$i_r = \frac{1+i_a}{1+i_i} - 1 \Rightarrow i_r \cong \frac{1+15,24\%}{1+2800\%} - 1 \Leftrightarrow i_r = -0,9603$$

Observação:

a) $i_r \cong -96,47\%$

b) $i_r \cong -96,03\%$ sendo taxas negativas indicam não haver crescimento real nas vendas

P4.24

a)

$$FV = PV\ (1 + i_a)^1 \Rightarrow 4973 = 4394\ (1 + i_a)^1 \Leftrightarrow i_a \cong 13,18\%$$

b) $(1 + i_1)^{n1} = (1 + i_2)^{n2} \Rightarrow (1 + 2,5\%)^4 = (1 + i_i)^1$

    ↑   ↑

  mensal   período $i_i = 10,38\%$

$$i_r = \frac{1+i_a}{1+i_i} - 1 \Rightarrow i_r = \frac{1+13,18\%}{1+10,38\%} - 1 \Leftrightarrow i_r \cong 2,54\%$$

P4.25
a)
$$FV = PV (1+i)^n \Rightarrow 2874,40 = 1319,40 (1+i)^1 \Leftrightarrow i \cong 117,86$$

b)
$$FV = PV (1+i)^n \Rightarrow 3475,80 = 1068,0 (1+i)^1 \Leftrightarrow i \cong 225,24\%$$

P4.26
$$1 + i_1 n_1 = (1 + 1_2)^{n2} \Rightarrow 1 + i \cdot 4 = (1 + 2,8\%)^4 \Leftrightarrow i \cong 2,92\% \text{ a.m.}$$
$\quad\quad\uparrow \quad\quad\quad\quad \uparrow$
simples $\quad$ composta
$$100 \text{ dias} = 90 + 10 \text{ dias} = 3 + \frac{10}{30} \text{ meses} \cong 3,33 \text{ meses}$$

P4.27
$$1 + i_1 n_1 = (1 + i_2)^{n2} \Rightarrow 1 + i \cdot 3,33 \cong (1 + 3,2\%)^{3,33} \Leftrightarrow \boxed{i = 3,32\% \text{ a.m.}}$$
$\quad\quad\uparrow \quad\quad\quad\quad \uparrow$
simples $\quad$ composta

P4.28
$$FV = PV (1 + 1,28\%) (1 + 3,2\%) (1 + 3,5\%) \Leftrightarrow \text{título}$$
$$\Rightarrow FV = PV (1 + 2,8\%)^1 + (1 + 3,2\%)(1 + 3,5\%) \Leftrightarrow FV \cong 1,09803 \text{ PV}$$

$FV = PV \cdot 1,09803$
$\cancel{PV} (1 + i)^3 = \cancel{PV} \cdot 1,09803$
$FV = PV (1 + i)^3 \quad \Big\} \Rightarrow [(1+i)^3]^{1/3} = [1,09803]^{1/3} \Leftrightarrow 1+i \cong 1,03167 \Leftrightarrow i \cong 3,17\% \text{ a.m.}$

P4.29
composta
$$\Rightarrow \begin{cases} FV = PV(1 + i)^n \Rightarrow 3\cancel{PV} = \cancel{PV}(1 + i)^{22,52} \Leftrightarrow [3]^{\frac{1}{22,52}} = [(1 + i)^{22,52}]^{\frac{1}{22,52}} \\ \Leftrightarrow (1 + i)^1 \cong 1,05 \Leftrightarrow i \cong 0,05 \Leftrightarrow i \cong 5\% \text{ a.m.} \end{cases}$$

simples $\quad$ composta
$\uparrow \quad\quad\quad \uparrow$
$$1 + i_1 n_1 = (1 + i_2)^{n2} \Rightarrow 1 + i \cdot 22,52 \cong (1 + 5\%)^{22,52} \Leftrightarrow \boxed{i \cong 8,89\%} \text{ a.m.}$$

P4.30
composta $FV = PV(1 + i)^n \Rightarrow 4PV = PV(1 + i)^{16,09} \Leftrightarrow [4]^{\frac{1}{16,09}} = [(1 + i)^{16,09}]^{\frac{1}{16,09}}$
$$\Leftrightarrow 1,0900 \cong (1 + i)^1 \Leftrightarrow i \cong 9\%$$

composta $\Rightarrow FV = PV(1+i)^n$

mista $\Rightarrow FV = PV(1+i)^{n1} \cdot (1+i \cdot n_2)$

$\left.\right\} \Rightarrow$ $PV(1+9\%)^{16,09} = PV(1+i)^{16} \cdot (1+i \cdot 0,09)$

$\boxed{4 \cong (1+i)^{16} (1+0,09i)}$ não é uma equação elementar!

por tentativa:

$i = 9\% \Rightarrow 1^\circ M = 4$

$\qquad 2^\circ M = (1+0,09)^{16} (1+0,09 \cdot 0,09) \cong 4,0025$ $\left.\right\} \Rightarrow$ $1^\circ M \cong 2^\circ M$

$\qquad\qquad\qquad i \cong 9\%$ a.m.

outro modo:

HP 12C $\Rightarrow$ f reg, sem c no visor; 4 FV; 1 +/- PV;

16,09 n; i = $\boxed{8,995827934\% \text{ a.m.}}$

P4.31 leitura do gráfico; opção **D**.

P4.32 o cálculo correto seria $FV = 100000 (1+0,36)^{\frac{7}{12}}$; opção **C**.

P4.33 $FV_{\text{mista}} \geq FV_{\text{composta}}$ ou $FV_{\text{mista}} \geq FV_{\text{simples}}$; opção **B**.

P4.34 $n = \dfrac{67}{30} = 2,2333...$ meses

a) $FV \cong R\$ 2066,71$;

b) $FV \cong R\$ 2066,75$;

c) $FV \cong R\$ 2067,21$

P4.35 $n = \dfrac{84}{30} = 2,8$ meses

a) $PV \cong R\$ 2673,58$

b) $PV \cong R\$ 2674,59$;

c) $PV \cong R\$ 2674,53$

P4.36 $FV = PV(1+i)^n \Rightarrow 280 = 264(1+i)^1 \therefore i_a = 6,060606...\%$ a.m.

$i_r = \dfrac{1+i_a}{1+i_i} - 1 = \dfrac{1+0,060606...}{1+0,0894} - 1 \therefore \boxed{i_r \cong -2,64\% \text{ a.m.}}$ (taxa negativa, ou seja, não houve aumento real).

Capítulo 5

TIPOS DE RENDA

5.1 Introdução: soma de uma série geométrica

Neste capítulo precisaremos de alguns subsídios de série geométrica quanto à lei de formação e uma expressão para a soma.

R5.1 A seqüência (3, 6, 12, 24, 48, ...) possui qual expressão genérica?

Resolução:

Percebe-se que cada n^o é o anterior multiplicado por 2.

Matematicamente:

$a_n + 1 = a_n \cdot 2$ ou seja: $a_2 = a_1 \cdot q \Rightarrow 6 = 3.2$;

$a_3 = a_2 \cdot q \Rightarrow 12 = 6.2$; $a_4 = a_3 \cdot q \Rightarrow 24 = 12 \cdot 2$; ... onde $q = 2$ (razão)

podemos ainda escrever: $\left. \begin{array}{l} a_2 = a_1 \cdot q \\ a_3 = a_2 \cdot q \end{array} \right\} \Rightarrow a_3 = a_1 \cdot q \cdot q \Leftrightarrow a_3 = a_1 \cdot q^2$

$\left. \begin{array}{l} a_3 = a_1 \cdot q^2 \\ a_4 = a_3 \cdot q \end{array} \right\} \Rightarrow a_4 \cdot a_1 \cdot q^2 \cdot q \Leftrightarrow a_4 = a_1 \cdot q^3$

$\left. \begin{array}{l} a_4 = a_1 \cdot q^3 \\ a_5 = a_4 \cdot q \end{array} \right\} \Rightarrow a_5 = a_1 \cdot a_3 \cdot a \Leftrightarrow a_5 = a_1 \cdot q^4$

$$\boxed{a_n = a_1 \cdot q^{n-1}} \text{ onde } n \in IN*$$

por isso: $a_n = 3.2^{n-1}$ nesse problema.

R5.2 A seqüência (3, 6, 12, 24, 48, ...) possui uma expressão genérica para a soma?

Resolução:

$S_1 = a_1 \therefore S_1 = 3$

$S_2 = a_1 + a_2 \therefore S_2 = 3 + 6 \Leftrightarrow S_2 = 9$

$S_3 = a_1 + a_2 + a_3 \therefore S_3 = 3 + 6 + 12 \Leftrightarrow S_3 = 21$

$\vdots$

$S_n = a_1 + a_2 + a_3 + ... + a_n \therefore Sn = ?$

deduzindo agora:

$$S_n = a_1 + a_2 + a_3 + ... + a_n - 1 + a_n$$

aplicando o termo geral para cada parcela

$S_n = a_1 + a_1q + a_1q^2 + ... + a_1q^{n-2} + a_1q^{n-1}$ (I)

$q \cdot S_n = a_1 \cdot q + a_1q^2 + a_1q^3 + ... + a_1q^{n-1} + a_1 \cdot q^n$ (II)   multiplicando todos os fatores por q

II - I:
$q S_n - S_n = (a_1q + a_1q^2 + a_1q^3 + ... + a_1q^{n-1} + a_1q^n) - (a_1 + a_1q + a_1q^2 + ... + a_1q^{n-1})$
$q S_n - S_n = a_1q^n = a_1$

$S_n = (q - 1) = a_1 (q^n - 1), q \neq 1 \Leftrightarrow \boxed{S_n = \dfrac{a_1(q^n - 1)}{q - 1}}$

se $q = 1 \Rightarrow S_n = a_1 + a_2 + ... + a_n$
$S_n = a_1 + a_1 + ... + a_1 \Leftrightarrow S_n = na_1$

nesse problema temos: $S_n = \dfrac{3(2^n - 1)}{2 - 1} \Leftrightarrow S_n = 3(2^n - 1)$

5.2 Valor presente de uma renda imediata

Vamos agora deduzir uma expressão para o cálculo de um capital inicial equivalente a n pagamentos (ou prestações) venáveis ou final de cada período.

num diagrama de fluxo de caixa temos:

pelo princípio da equivalência temos:

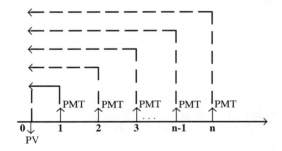

$PV = PV_1 + PV_2 + PV_3 + ... + PV_{n-1} + PV_n$

atualizando os valores para o instante n = 0

$PV = PMT(1+i)^{-1} + PMT(1+i)^{-2} + PMT(1+i)^{-3} + ... + PMT(1+i)^{-n+1} + PMT(1+i)^{-n}$

$PV = PMT \, [(1+i)^{-1} + (1+i)^{-2} + (1+i)^{-3} + ... + (1+i)^{-n-1} + (1+i)^{-n+1} + (1+i)^{-n}]$

$PV = PMT \cdot Sn$

$\left. PV = PMT \cdot \dfrac{a_1(q^n - 1)}{q - 1} \right\} \Rightarrow PV = PMT \cdot \dfrac{(1+i)^{-1} \, [((1+i)^{-1})^n - 1]}{(1+i)^{-1} - 1} \Leftrightarrow$

$\Leftrightarrow PV = PMT \cdot \dfrac{\dfrac{1}{1+i} \, [(1+i)^{-n} - 1]}{\dfrac{1}{1+i} - 1} \Leftrightarrow PV = PMT \cdot \dfrac{\dfrac{1}{1+i} \, [(1+i)^{-n} - 1]}{\dfrac{1-1-i}{1+i} - 1}$

$PV = PMT \cdot \dfrac{(1+i) \cdot \dfrac{1}{1+i} \, [(1+i)^{-n} - 1]}{\dfrac{1}{1+i} - 1} \Leftrightarrow PV = PMT \cdot \dfrac{1 \, [(1+i)^{-n} - 1]}{-i} \Leftrightarrow$

$\Leftrightarrow PV = PMT \cdot \dfrac{(-1) \, [(1+i)^{-n} - 1]}{(-1)(-i)} \Leftrightarrow PV = PMT \cdot \dfrac{-(1+i)^{-n} + 1}{i} \Leftrightarrow$

$\Leftrightarrow \boxed{PV = PMT \cdot \dfrac{1 - (1+i)^{-n}}{i}}$

onde PV = capital inicial (ou valor presente)
PMT = pagamentos (ou prestações)
n = nº de pagamentos
i = taxa empregada

R5.3 Certo eletrodoméstico é vendido em 5 pagamentos mensais e iguais de R$ 135,40 a uma taxa de 2,7% a.m. Pede-se:
a) o valor à vista desse bem;
b) se somente a taxa caísse em 0,5%, qual seria, agora, o valor à vista desse bem.

Resolução:

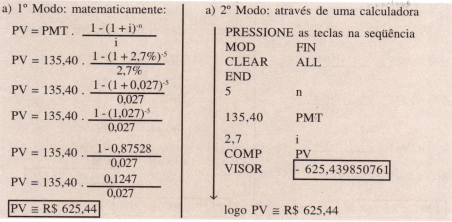

a) 1º Modo: matematicamente:

$PV = PMT \cdot \dfrac{1 - (1+i)^{-n}}{i}$

$PV = 135{,}40 \cdot \dfrac{1 - (1 + 2{,}7\%)^{-5}}{2{,}7\%}$

$PV = 135{,}40 \cdot \dfrac{1 - (1 + 0{,}027)^{-5}}{0{,}027}$

$PV = 135{,}40 \cdot \dfrac{1 - (1{,}027)^{-5}}{0{,}027}$

$PV = 135{,}40 \cdot \dfrac{1 - 0{,}87528}{0{,}027}$

$PV = 135{,}40 \cdot \dfrac{0{,}1247}{0{,}027}$

$\boxed{PV \cong R\$ \, 625{,}44}$

a) 2º Modo: através de uma calculadora

PRESSIONE as teclas na seqüência
MOD   FIN
CLEAR   ALL
END
5   n
135,40   PMT
2,7   i
COMP   PV
VISOR $\boxed{-625{,}439850761}$

logo PV ≅ R$ 625,44

Observação: Utilizando o módulo financeiro, o cálculo fica muito fácil. É necessário pressionar a tecla END para indicar que os pagamentos ocorrem ao final de cada período.

b) nova taxa: $i = 2{,}7\% - 0{,}5\% \Leftrightarrow i = 2{,}2\%$

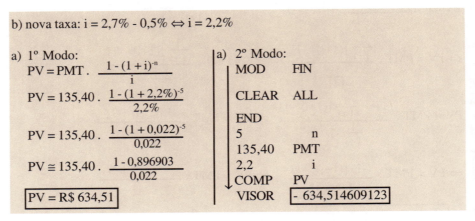

R5.4 Uma loja fixou em 4,5% a.m. os juros que cobra pela parcela financiada nas vendas à prestação. Qual o valor das prestações na venda de uma mercadoria cujo preço à vista é R$ 890,00 e que está oferecida com uma entrada de R$ 300,00 e mais 4 prestações imediatas mensais?

Resolução:

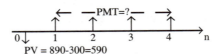

$PV = 890 - 300 = 590$

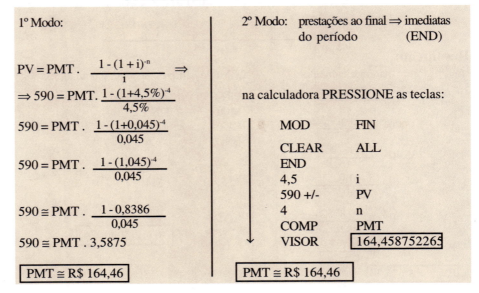

R5.5 Uma máquina de lavar roupas é oferecida por R$ 439,00 à vista, ou em parcelas mensais e iguais de R$ 158,79. Para uma taxa de 4,2% a.m., determinar o nº de prestações dessa venda a prazo.

Resolução:

a)

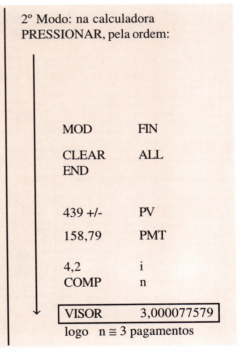

1º Modo: na omissão, considerar que as parcelas PMT vencem ao final de cada período (END, por convenção.)

$PV = PMT \cdot \dfrac{1 - (1+i)^{-n}}{i} \Rightarrow$

$\Rightarrow 439 = 158,79 \cdot \dfrac{1 - (1+4,2\%)^{-n}}{4,2\%}$

$439 = 158,79 \cdot \dfrac{1 - (1+0,042)^{-n}}{0,042} \Leftrightarrow$

$\Leftrightarrow \dfrac{439 \cdot 0,042}{158,79} = 1 - (1,042)^{-n}$

$\Leftrightarrow 0,1161 \cong 1 - (1,042)^{-n} \Leftrightarrow (1,042)^{-n} \cong$
$\cong 1 - 0,1161 \Leftrightarrow (1,042)^{-n} \cong 0,8839 \Leftrightarrow$
$\Leftrightarrow \ln (1,042)^{-n} \cong \ln 0,8839 \Leftrightarrow$
$\Leftrightarrow -n \cdot (0,0411) \cong -0,1234 \Leftrightarrow$

$\Leftrightarrow \boxed{n \cong 3 \text{ pagamentos}}$

R5.6 Um relógio cujo preço de etiqueta é R$ 214,90 foi comercializado em 3 pagamentos mensais e iguais de R$ 75,54. Pede-se:
a) um diagrama fluxo de caixa ilustrando essa situação;
b) o valor da taxa de juros empregada nessa operação.

Resolução:

a)

b)

1º Modo: $PV = PMT \cdot \dfrac{1-(1+i)^{-n}}{i} \Rightarrow 214{,}90 = 75{,}54 \cdot \dfrac{1-(1+i)^{-3}}{i} \Leftrightarrow$

$\Leftrightarrow \dfrac{214{,}90}{75{,}54} \, i = 1 - (1+i)^{-3} \Leftrightarrow \boxed{2{,}8449i \cong 1 - (1+i)^{-3}}$ não é uma equação elementar, pois não é possível isolar i

por tentativa:

$i = 2\% \Rightarrow$ 1º M ≅ 2,8449 . 2% ≅ 0,0569   1º M < 2º M
            2º M ≅ 1 - (1 + 2%)$^{-3}$ = 0,0576   i > 2%   } 2% < i < 3%

$i = 3\% \Rightarrow$ 1º M = 2,8449 . 3% ≅ 0,0853   1º M > 2ºM
            2º M = 1 - (1 + 3%)$^{-3}$ ≅ 0,0849   i < 3%

$i = 2{,}5\% \Rightarrow$ 1º M ≅ 2,8449 . 2,5% ≅ 0,0711   1º M > 2º M   ∴ 2,5% < i < 3%
            2º M ≅ 1 - (1 + 2,5%)$^{-3}$ = 0,0714   i > 2,5%

$i = 2{,}7\% \Rightarrow$ 1º M ≅ 2,8449 . 2,7% - 0,07681   1º M ≅ 2º M
            2º M ≅ 1 - (1 + 2,7%)$^{-3}$ = 0,07681 $\boxed{i \cong 2{,}7\%}$

2º Modo: através de uma calculadora financeira

Pressione as teclas pela ordem:

MOD	FIN
CLEAR	ALL
END	
214,90 +/-	PV
3	n
75,54	PMT
COMP	i
VISOR	$\boxed{2{,}702824939}$

logo $\boxed{i \cong 2{,}7\%}$

5.3 Valor presente de uma renda antecipada

Teremos, agora, uma expressão para o cálculo de um capital inicial (ou valor presente) equivalente a n pagamentos (ou prestações) vencíveis ao início de cada período.

Num diagrama de fluxo de caixa temos:

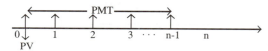

pelo princípio de equivalência temos:

$$PV = PV_0 + PV_1 + PV_2 + PV_3 + ... + PV_{n-1}$$

atualizando os valores para o instante n = 0

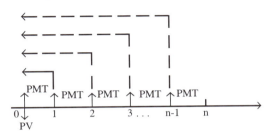

$PV = PMT + PMT (1 + i)^{-1} + PMT (1 + i)^{-2} + PMT (1 + i)^{-3} + ... + PMT (1 + i)^{-(n-1)}$
$PV = PMT [1 + (1 + i)^{-1} + (1 + i)^{-2} + (1 + i)^{-3} + ... + (1 + i)^{-n+1}]$

$PV = PMT \cdot S_n \Leftrightarrow PV = PMT \cdot \dfrac{a_1(q^n-1)}{q-1} \Leftrightarrow PV = PMT \cdot \dfrac{1[[(1+i)^{-1}]^n-1]}{(1+i)^{-1}-1}$

$\Leftrightarrow PV = PMT \cdot \dfrac{(1+i)^{-n}-1}{(1+i)^{-1}-1} \Leftrightarrow PV = PMT \cdot \dfrac{(1+i)^{-n}-1}{\dfrac{1}{1+i}-1} \Leftrightarrow$

$\Leftrightarrow PV = PMT \cdot \dfrac{(1+i)^{-n}-1}{\dfrac{1-1-i}{1+i}} \Leftrightarrow PV = PMT \cdot \dfrac{(1+i)^{-n}-1}{-i} (1+i) \Leftrightarrow$

$\Leftrightarrow PV = PMT \cdot \dfrac{(-1)[(1+i)^{-n}-1]}{(-1)(-i)} (1+i) \Leftrightarrow \boxed{PV = PMT \dfrac{1-(1+i)^{-n}}{i}(1+i)}$

PV = capital inicial
PMT = pagamentos
i = taxa
n = período

R5.7 Um grande magazine cobra 4,3% a.m. de juros sobre a parte financiada nas vendas a prestação. Qual é o preço à vista de um artigo que está sendo oferecido em (1 + 4) prestações de R$ 120,00?

Resolução: (1 + 4) prestações indica que: o 1º pagamento é efetuado no ato e os 4 demais a cada 30 dias, muito comum no sistema de crédito brasileiro.

no diagrama de fluxo de caixa:
início de cada ⇒ prestações antecipadas
período (BEGIN)

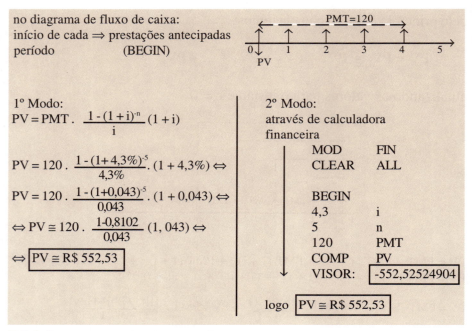

1º Modo:
$PV = PMT \cdot \frac{1-(1+i)^{-n}}{i}(1+i)$

$PV = 120 \cdot \frac{1-(1+4,3\%)^{-5}}{4,3\%} \cdot (1+4,3\%) \Leftrightarrow$

$PV = 120 \cdot \frac{1-(1+0,043)^{-5}}{0,043} \cdot (1+0,043) \Leftrightarrow$

$\Leftrightarrow PV \cong 120 \cdot \frac{1-0,8102}{0,043}(1,043) \Leftrightarrow$

$\Leftrightarrow \boxed{PV \cong R\$\ 552,53}$

2º Modo:
através de calculadora financeira

MOD	FIN
CLEAR	ALL
BEGIN	
4,3	i
5	n
120	PMT
COMP	PV
VISOR:	-552,52524904

logo $PV \cong R\$\ 552,53$

R5.8 Certo agente de viagens oferece um passeio de 7 dias de São Paulo para Recife com: passagem aérea (ida e volta), hotel (com café da manhã), city-tour e mais passeio, por R$ 699,00 à vista ou 7 X R$ 131,00, sendo a 1ª prestação no ato. Determinar a taxa de juros no pacote turístico a prazo:

Resolução:

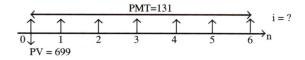

1º Modo:
$PV = PMT \cdot \frac{1-(1+i)^{-n}}{i}(1+i) \Rightarrow 699 = 131 \cdot \frac{1-(1+i)^{-7}}{i}(1+i) \Leftrightarrow$

$\Leftrightarrow \frac{699 \cdot i}{131(1+i)} = 1 - (1+i)^{-7} \Leftrightarrow \boxed{\frac{5,3359 i}{1+i} = 1 - (1+i)^{-7}}$ não é uma equação elementar

como é impossível isolar i, por TENTATIVA temos:

$i = 5\% \Rightarrow 1º M = \frac{5,3359 \cdot 5\%}{1+5\%} \cong 0,2541$ $\left.\begin{array}{l}\\ \\\end{array}\right\}$ 1º M < 2º M

$2º M = 1 - (1+5\%)^{-7} \cong 0,2893$ i > 5%

$$i = 10\% \Rightarrow \quad 1^\circ M = \frac{5{,}3359 \cdot 10\%}{1 + 10\%} \cong 0{,}485 \qquad \left.\begin{array}{l} 1^\circ M < 2^\circ M \end{array}\right.$$

$$2^\circ M = 1 - (1 + 10\%)^{-7} = 0{,}4868 \qquad \left.\begin{array}{l} i > 10\% \end{array}\right.$$

$$i = 11\% \Rightarrow \quad 1^\circ M = \frac{5{,}3359 \cdot 11\%}{1 + 11\%} \cong 0{,}5288 \qquad \left.\begin{array}{l} 1^\circ M > 2^\circ M \end{array}\right.$$

$$2^\circ M = 1 - (1 + 11\%)^{-7} \cong 0{,}5183 \qquad \left.\begin{array}{l} i < 11\% \end{array}\right.$$

$$i = 10{,}5\% \Rightarrow 1^\circ M = \frac{5{,}3359 \cdot 10{,}5\%}{1 + 10{,}5\%} \cong 0{,}5070 \qquad \left.\begin{array}{l} 1^\circ M > 2^\circ M \end{array}\right.$$

$$2^\circ M = 1 - (1 + 10{,}5\%)^{-7} \cong 0{,}5029 \qquad \left.\begin{array}{l} i < 10{,}5\% \end{array}\right.$$

$$i = 10{,}2\% \Rightarrow 1^\circ M = \frac{5{,}3359 - 10{,}2\%}{1 + 10{,}2\%} \cong 0{,}4939 \qquad \left.\begin{array}{l} 1^\circ M \cong 2^\circ M \end{array}\right.$$

$$2^\circ M = 1 - (1 + 10{,}2\%)^{-7} = 0{,}4933 \qquad \left.\begin{array}{l} i \cong 10{,}2\% \end{array}\right.$$

2° Modo: através de uma calculadora financeira

PRESSIONAR as teclas:

MOD	FIN
CLEAR	ALL
BEGIN	
699 +/- PV	
131	PMT
7	n
COMP	i
VISOR	$\boxed{10{,}152404196}$

logo: $\boxed{i \cong 10{,}2\%}$

3° Modo: através de uma interpolação linear

$$\underbrace{\frac{5{,}3339\, i}{1 + i}}_{1^\circ M} = \underbrace{1 - (1 + i)^{-7}}_{2^\circ M}$$

$$i = 5\% \Rightarrow \quad \begin{array}{l} 1^\circ M = \dfrac{5{,}3339 \cdot 5\%}{1 + 5\%} \cong 0{,}2541 \\[3mm] 2^\circ M = 1 - (1 + 5\%)^{-7} \cong 0{,}2893 \end{array} \qquad \left.\begin{array}{l} \therefore \ 1^\circ M < 2^\circ M \\ \quad\ i > 5\% \end{array}\right.$$

$$i = 10\% \Rightarrow \quad \begin{array}{l} 1^\circ M = \dfrac{5{,}3339 \cdot 10\%}{1 + 10\%} \cong 0{,}485 \\[3mm] 2^\circ M = 1 - (1 + 10\%)^{-7} \cong 0{,}4668 \end{array} \qquad \left.\begin{array}{l} \therefore \ 1^\circ M < 2^\circ M \\ \quad\ i > 10\% \end{array}\right.$$

$$i = 11\% \Rightarrow \begin{array}{l} 1º\ M = \dfrac{5{,}3339 \cdot 11\%}{1 + 11\%} \cong 0{,}5288 \\ 2º\ M = 1 - (1 + 11\%)^{-7} \cong 0{,}4868 \end{array} \Bigg\} \therefore \begin{array}{l} 1º\ M > 2º\ M \\ i < 11\% \end{array}$$

Logo $10\% < i < 11\%$

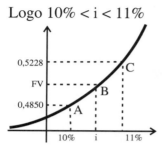 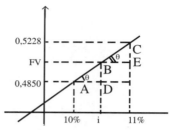

aproxima a curva pela reta temos $Tg\theta = \dfrac{\Delta y}{\Delta x} \Rightarrow \Delta ABD \sim \Delta BCE \Rightarrow$

$\Rightarrow Tg\theta = \dfrac{0{,}5288 - FV}{11\% - i} = \dfrac{FV - 0{,}4850}{i - 10\%} \Leftrightarrow (0{,}5288 - FV)(i - 10\%) =$

$= (FV - 0{,}4850)(11\% - i) \Leftrightarrow \dfrac{0{,}5288 - FV}{FV - 0{,}4850} = \dfrac{11\% - i}{i - 10\%}$

Se $FV = 0{,}49$ obtido em $i = 10\%$
onde ambas ficariam "próximas" $\Bigg\} \Rightarrow \dfrac{0{,}5288 - 0{,}49}{0{,}49 - 0{,}4850} = \dfrac{0{,}11 - i}{i - 0{,}10} \Leftrightarrow$

$\Leftrightarrow 7{,}76 = \dfrac{0{,}11 - i}{i - 0{,}10} \Leftrightarrow 7{,}76 (i - 0{,}10) = 0{,}11 - i \Leftrightarrow 7{,}76 i - 0{,}776 = 0{,}11 - i \Leftrightarrow$

$\Leftrightarrow 7{,}76 i + i = 0{,}11 + 0{,}776 \Leftrightarrow 8{,}76 i = 0{,}886 \Leftrightarrow i = 0{,}101141553 \Leftrightarrow i \cong 10{,}11\%$ a. m.

que é uma resposta próxima da "ideal"

5.4 Valor presente de uma renda imediata com carência

Calcularemos, agora, o capital inicial (ou valor presente) equivalente a n pagamentos vencíveis ao final de cada período, havendo uma carência m (um prazo m) para se efetuar o 1º pagamento.

Num diagrama de fluxo de caixa temos:

$PV' = PMT \cdot \dfrac{1 - (1 + i)^{-n}}{i}$, onde o início se dá em $n = 0$

para o início em n = m temos: $PV = PV'(1+i)^{-m}$

substituindo vem que: $\boxed{PV = PMT \cdot \dfrac{1-(1+i)^{-n}}{i}(1+i)^{-m}}$

PV = valor presente
i = taxa
n = n° de pagamentos
m = fator de carência

R5.9 Uma pessoa tomou emprestado R$ 1.200,00, obrigando-se a pagá-lo em 2 parcelas mensais e iguais, com juros de 3% a.m. De quanto serão esses pagamentos, se o primeiro vencer a 90 dias do empréstimo?

Resolução:

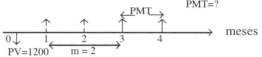

m = 2 ou 60 dias de carência (e não 90 dias)

1° Modo:
$PV = PMT \cdot \dfrac{1-(1+i)^{-n}}{i}(1+i)^{-m} \Rightarrow 1200 = PMT \cdot \dfrac{1-(1+3\%)^{-2}}{3\%}(1+3\%)^{-2} \Leftrightarrow$
$\Leftrightarrow 1200 = PMT \cdot 1{,}8036 \Leftrightarrow \boxed{PMT \cong R\$\ 665{,}33}$

Observação: Não é possível resolver esse problema nas calculadoras financeiras usuais, pela ausência da tecla m (carência). Somente nas calculadoras programáveis, como por exemplo a calculadora HP19B, isso é possível, imputando a sua fórmula no visor para no momento seguinte efetuar o cálculo. Também num microcomputador, por exemplo a planilha de cálculo EXCEL 5.0 for Windows, é imputada a fórmula e a seguir é efetuado o cálculo.

2° Modo: na calculadora HP 19 B II

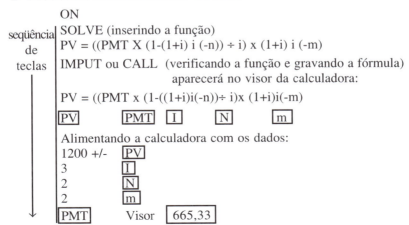

R5.10 Adriana contraiu um empréstimo de certo valor, onde desembolsará 4 prestações mensais e iguais de R$ 120,50 a uma taxa de 2,9% a.m.. Conseguida uma carência de 2 meses para o 1º pagamento, determinar o valor original do empréstimo:

Resolução:

1º Modo:

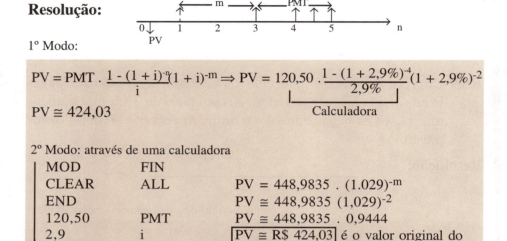

$PV = PMT \cdot \dfrac{1 - (1 + i)^{-n}}{i}(1 + i)^{-m} \Rightarrow PV = 120{,}50 \cdot \underbrace{\dfrac{1 - (1 + 2{,}9\%)^{-4}}{2{,}9\%}}_{\text{Calculadora}}(1 + 2{,}9\%)^{-2}$

$PV \cong 424{,}03$

2º Modo: através de uma calculadora

MOD	FIN	
CLEAR	ALL	$PV = 448{,}9835 \cdot (1{,}029)^{-m}$
END		$PV \cong 448{,}9835 \, (1{,}029)^{-2}$
120,50	PMT	$PV \cong 448{,}9835 \cdot 0{,}9444$
2,9	i	$\boxed{PV \cong R\$\ 424{,}03}$ é o valor original do
4	n	empréstimo
COMP PV	-448,983523	

Observação: na calculadora foi feito, apenas, o cálculo parcial pois não havendo a tecla m, não há um método direto. Uma outra saída seria capitalizar PV para o instante n = 2 e através desse PV' usar a calculadora com $PV' = PMT \cdot \dfrac{1 - (1+i)^{-n}}{i}$, $PV = PV'(1+i)^{-2}$

5.5 Valor presente de uma renda antecipada com carência

Iremos obter uma expressão para o capital inicial (ou valor presente) equivalente a n pagamentos vencíveis ao início de cada período, havendo uma carência m (um prazo m) para se efetuar o 1º pagamento.

Num diagrama de fluxo de caixa temos:

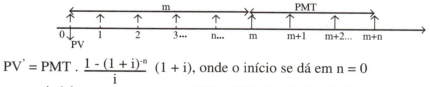

$PV' = PMT \cdot \dfrac{1 - (1 + i)^{-n}}{i}(1 + i)$, onde o início se dá em n = 0

para o início em n = m temos: $PV = PV' (1 + i)^{-m}$ substituindo vem que:

$\boxed{PV = PMT \cdot = \dfrac{1 - (1 + i)^{-n}}{i}(1 + i)(1 + i)^{-m}}$

PV = valor presente
i = taxa
n = n° de pagamentos
m = fator de carência

R5.11 Um empréstimo de R$ 3.600,00 será pago com juros de 3,8% a.m. em 5 parcelas mensais, antecipadas e iguais, vencendo a primeira após 120 dias da obtenção do empréstimo. De quanto serão as parcelas?

Resolução:

$$PV = PMT \cdot \frac{1 - (1 + i)^{-5}}{i} (1 + i) (1 + i)^{-4} \Rightarrow$$

$$\Rightarrow 3600 = PMT \cdot \frac{1 - (1 + 3,8\%)^{-5}}{3,8\%} (1 + 3,8\%) (1 + 3,8\%)^{-4} \Leftrightarrow$$

$$\Leftrightarrow 3600 = PMT \cdot \frac{1 - (1,038)^{-5}}{0,038} (1,038)(1,038)^{-4} \Leftrightarrow$$

$$\Leftrightarrow 3600 \cong PMT \cdot 4,0030 \Leftrightarrow \boxed{PMT \cong R\$ 899,32}$$

R5.12 Elizabete foi a uma loja para adquirir um conjunto de som System Pioneer de R$ 798,00. Havia um plano de pagamento de prestações de R$ 232,11 a uma taxa de 2,8% a.m., e com uma carência de 90 dias para a 1ª prestação que venceria no ato da transação. Qual o n° de pagamentos desse plano?

Resolução:

$$PV = PMT \cdot \frac{1 - (1 + i)^{-n}}{i} (1 + i) (1 + i)^{-m} \Rightarrow$$

$$\Rightarrow 798 = 232,11 \cdot \frac{1 - (1 + 2,8\%)^{-n}}{2,8\%} (1 + 2,8\%) (1 + 2,8\%)^{-3} \Leftrightarrow$$

$$\Leftrightarrow 798 = 232,11 \cdot \frac{1 - (1,028)^{-n}}{0,028} \cdot (1,028)^{1 + (-3)} \Leftrightarrow$$

$$\Leftrightarrow \frac{798 \cdot 0,028}{232,11 \cdot (1,028)^{-2}} = 1 - (1,028)^{-n} \Leftrightarrow 0,10173 \cong 1 - (1,-28)^{-n} \Leftrightarrow$$

$$\Leftrightarrow (1,028)^{-n} \cong 1 - 0,10173 \Leftrightarrow (1,028)^{-n} = 0,89827 \Leftrightarrow -n \cdot \ln (1,028) \cong \ln (0,89827) \Leftrightarrow$$

$$\Leftrightarrow -n (0,02762) \cong -0,10728 \Leftrightarrow n \cong 3,885028014$$

logo $\boxed{n \cong 4 \text{ pagamentos}}$

5.6 Valor futuro de uma renda imediata

Mostraremos aqui o montante final (ou valor futuro) equivalente a n pagamentos (ou prestações) vencíveis ao final de cada período.

Num diagrama de fluxo de caixa temos:

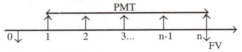

pelo princípio de equivalência temos:

$FV = FV_1 + FV_2 + FV_3 + ... + FV_{n-1} + FV_n$
$FV = PMT(1+i)^{n-1} + PMT(1+i)^{n-2} + PMT(1+i)^{n-3} + ... + PMT(1+i)^1 + PMT$
$FV = PMT[(1+i)^{n-1} + (1+i)^{n-2} + (1+i)^{n-3} + ... + (1+i) + 1]$

$FV = PMT \cdot S_n \Leftrightarrow FV = PMT \cdot \dfrac{a_1(q^n - 1)}{q - 1} \Leftrightarrow$

$\Leftrightarrow FV = PMT \cdot \dfrac{(1+i)^{n-1}[(1+i)-1)^n - 1]}{(1+i)^{-1} - 1}$

$\Leftrightarrow FV = PMT \cdot \dfrac{(1+i)^{n-1}[(1+i)-1)^n - 1]}{\dfrac{1-1}{1+i}} \Leftrightarrow$

$\Leftrightarrow FV = PMT \cdot \dfrac{(1+i)(1+i)^{-n}[(1+i)^{-n} - 1]}{-i} \Leftrightarrow$

$\Leftrightarrow FV = PMT \cdot \dfrac{1 - (1+i)^n}{-i} \Leftrightarrow FV = PMT \cdot \dfrac{(-1)[1-(1+i)^n]}{(-1)(-i)} \Leftrightarrow$

$\Leftrightarrow \boxed{FV = PMT \cdot \dfrac{(1+i)^n - 1}{i}}$

FV = valor futuro (ou montante final)
PMT = pagamentos (ou prestações)
n = n° de pagamentos
i = taxa

R5.13 O Sr. Nelson abriu uma caderneta de poupança para seu filho depositando R$ 90,00 ao fim de cada mês. Supondo um rendimento de 3,2% a.m. de juros, qual será o montante final após o 10° depósito?

Resolução:

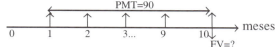

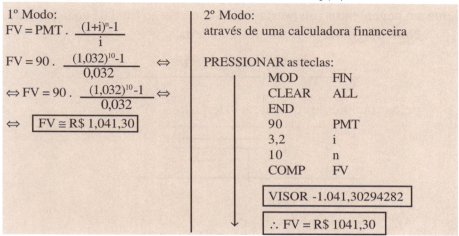

1º Modo:
$FV = PMT \cdot \dfrac{(1+i)^n - 1}{i}$

$FV = 90 \cdot \dfrac{(1,032)^{10} - 1}{0,032} \Leftrightarrow$

$\Leftrightarrow FV = 90 \cdot \dfrac{(1,032)^{10} - 1}{0,032} \Leftrightarrow$

$\Leftrightarrow \boxed{FV \cong R\$\ 1.041,30}$

2º Modo:
através de uma calculadora financeira

PRESSIONAR as teclas:

MOD	FIN
CLEAR	ALL
END	
90	PMT
3,2	i
10	n
COMP	FV

$\boxed{\text{VISOR } -1.041,30294282}$

$\boxed{\therefore FV = R\$\ 1041,30}$

Observação: a orientação contrária no fluxo de caixa entre FV e PMT justifica o sinal negativo de FV na calculadora.

R5.14 Desejando adquirir um novo televisor Sony 29" orçado em R$ 1.500,00, Maria Cecília depositará num banco R$ 282,53 ao final de cada mês a uma taxa de 3% a.m. Determinar o nº de depósitos necessários para atingir aquele montante final:

Resolução:

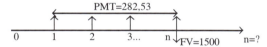

1º Modo:
$FV = PMT \cdot \dfrac{(1+i)^n - 1}{i} \Rightarrow$

$\Rightarrow 1500 = 282,53 \cdot \dfrac{(1+3\%)^n - 1}{3\%} \Leftrightarrow \dfrac{1500 \cdot 3\%}{282,53} =$

$(1+0,03)^n - 1 \Leftrightarrow 0.1593 + 1 \cong (1,03)^n \Leftrightarrow$
$\Leftrightarrow 1,1593 \cong (1,03)^n \Leftrightarrow \ln 1,1593 \cong \ln (1,03)^n \Leftrightarrow$
$\Leftrightarrow 0,1478 \cong n \cdot 0,02956 \Leftrightarrow$
$n \cong 5$ pagamentos

2º Modo:
através de uma calculadora financeira
PRESSIONAR as teclas:

MOD	FIN
CLEAR	ALL
END	
1500+/-	FV
282,53	PMT
3	i
COMP	n

VISOR 5,000030552

$\boxed{\text{logo } n \cong 5 \text{ pagamentos}}$

5.7 Valor futuro de uma renda antecipada

Calcularemos, agora, o montante final (ou valor futuro) equivalente a n pagamentos (ou prestações) vencíveis ao final de cada período.
Num diagrama de fluxo de caixa temos:

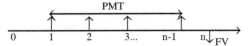

pelo princípio de equivalência temos:

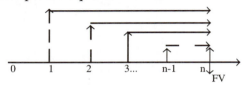

$FV = FV_0 + FV_1 + FV_2 + ... + FV_{n-1}$
$FV = PMT (1 + i)^n + PMT (1 + i)^{n-1} + ... + PMT (1 + i)^1$
$FV = PMT [(1 + i)^n + (1 + i)^{n-1} + (1 + i)^{n-2} + ... + (1 + i)^1] \Leftrightarrow FV = PMT \cdot S_n \Leftrightarrow$

$\Leftrightarrow FV = PMT \cdot \dfrac{a_1(q^n - 1)}{q - 1} \Leftrightarrow FV = PMT \cdot \dfrac{(1+i)^n [(1+i)^{-1})^n - 1]}{(1+i)^{-1} - 1} \Leftrightarrow$

$\Leftrightarrow FV = PMT \cdot \dfrac{(1+i)^n [(1+i)^{-n} - 1]}{\dfrac{1-1}{1+i}} \Leftrightarrow Fv = PMT \cdot \dfrac{1 - (1+i)^n}{\dfrac{1-1-i}{1+1}} \Leftrightarrow$

$\Leftrightarrow FV = PMT \cdot \dfrac{1 - (1+i)^n}{-i} (1 + i) \Leftrightarrow FV = PMT \cdot \dfrac{(-1)[1-(1+i)^n]}{(-1) \cdot -i} (1 + i) \Leftrightarrow$

$\Leftrightarrow \boxed{FV = PMT \cdot \dfrac{(1+i)^n - 1}{i} (1 + i)}$

FV = valor futuro (ou montante final)
PMT pagamentos (ou prestações)
n = nº de pagamentos
i = taxa

R5.15 Desejando adquirir um teclado musical CTK 1000 da Cassio, Edgar fará 4 depósitos mensais a partir de hoje, em certo agente financeiro, até atingir o montante final de R$ 880,00.
Determinar o valor de cada depósito mensal, para uma taxa de 3,5% a.m.

Resolução:

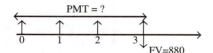

a partir ⇔ início de
de hoje   cada período
           (BEGIN)

1º Modo:
FV = PMT . $\frac{(1+i)^n-1}{i}$ (1 + i) $\Rightarrow$

$\Rightarrow$ 880 = PMT . $\frac{(1+3,5\%)^4-1}{3,5\%}$. (1 + 3,5%)

$\Leftrightarrow$ 880 = PMT . $\frac{(1,035)^4-1}{0,035}$. (1,035) $\Leftrightarrow$

$\Leftrightarrow$ 880 $\cong$ PMT . 4,36247 $\Leftrightarrow$

$\Leftrightarrow$ PMT = R$ 201,72

2º Modo:
através de uma calculadora financeira
PRESSIONAR as teclas:

MOD	FIN
CLEAR	ALL
3,5	ι
4	n
880 +/-	FV
COMP	PMT

VISOR 201,720775609

logo PMT = R$ 201,72

R5.16 Luciana tem o sonho de passar o carnaval no Hawaí, com passagem aérea a partir de São Paulo, translados e café da manhã. Para isso depositará (1 + 20) pagamentos de US$ 137, até atingir o preço deste pacote turístico que é de US$ 5858,17. Determinar a taxa mensal de juros nesse empreendimento.

Resolução:

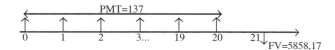

1º Modo:
FV = PMT . $\frac{(1+i)^n-1}{i}$ (1 + i) $\Rightarrow$ 5858,17 = 137 . $\frac{(1+i)^{21}-1}{i}$ (1 + i) $\Leftrightarrow$

$\Leftrightarrow \frac{588,17 i}{137(1+i)}$ (1 + i)^{21} - 1 $\Leftrightarrow$ $\boxed{\frac{42,7604 i}{1+i} \cong (1+i)^{21} - 1}$ equação não elementar

Resolvendo por tentativa temos:

$i = 5\% \Rightarrow$ 1º M = $\frac{42,7604 . 5\%}{1 + 5\%} \cong 2,0362$ ⎫
  2º M $(1 + 5\%)^{21} - 1 \cong 1,78596$ ⎬ 1º M > 2º M i > 5%

$i = 6\% \Rightarrow$ 1º M = $\frac{42,76 . 6\%}{1 + 6\%} \cong 2,4204$ ⎫
  2º M $(1 + 6\%)^{21} - 1 \cong 2,39996$ ⎬ 1º M > 2º M i > 6%

117

$i = 7\% \Rightarrow 1°M = \dfrac{42,76 \cdot 7\%}{1 + 7\%} \cong 2,7974$ $\left.\begin{array}{l} 1°M < 2°M \\ i < 7\% \end{array}\right\}$

$2°M \ (1 + 7\%)^{21} - 1 \cong 3,14066$

$i = 6,1\% \Rightarrow 1°M = \dfrac{42,76 \cdot 6,1\%}{1 + 6,1\%} \cong 2,4584$ $\left.\begin{array}{l} 1°M \cong 2°M \cong 2,5 \\ i = 6,1\% \text{ a.m.} \end{array}\right\}$

$2°M \ (1 + 6,1\%)^{21} - 1 \cong 2,4676$

2º Modo: através de uma calculadora financeira (que trabalha com sub-rotinas de zeros de funções)
PRESSIONAR as teclas, pela ordem:

```
MOD            FIN
CLEAR          ALL
BEGIN
21             n
137            PMT
5858,17 +/- FV
COMP           i
VISOR 6,069996378   ∴ i = 6,1% a.m.
```

5.8 Valor futuro de uma renda imediata com carência

Iremos calcular o montante final (ou valor futuro) equivalente a n pagamentos vencíveis ao final de cada período, havendo uma carência m (um prazo m) para se efetuar o 1º pagamento.
Num diagrama de fluxo de caixa temos:

$FV' = PMT \cdot \dfrac{(1+i)^n - 1}{i}$, onde o final ocorre em n

para o final em n + m temos: $FV = FV' (1 + i)^m$

substituindo vem que $\boxed{FV = PMT \dfrac{(1+i)^n - 1}{i} (1 + i)^m}$

FV = valor final
PMT = pagamentos
i = taxa
n = nº pagamentos
m = fator de carência

R5.17 Para adquirir um terreno no litoral, Cecília depositará R$ 200,00 ao final de cada mês, durante 2 anos a uma taxa de 3% a.m.. Se devido a outras dúvidas, iniciar a empreitada dentro de 90 dias, qual será o montante final obtido?

Resolução:

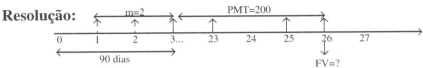

1º Modo:
$$FV = PMT \cdot \frac{(1+i)^n - 1}{i} (1+i)^m \Rightarrow$$

$$\Rightarrow FV = 200 \cdot \frac{(1+3\%)^{24} - 1}{3\%} (1+3\%)^2 \Leftrightarrow$$

$$\Leftrightarrow FV = 200 \cdot \frac{(1,03)^{24} - 1}{0,03} (1+0,03)^2 \Leftrightarrow$$

$$\Leftrightarrow FV \cong 6885,2940 \cdot (1,03)^2 \Leftrightarrow$$

$$\Leftrightarrow \boxed{FV \cong R\$ \ 7304,61}$$

2º Modo:
através de uma calculadora financeira (cálculo parcial)

PRESSIONAR as teclas:
MOD   FIN
CLEAR   ALL
END
200   PMT
3   i
24   n
COMP   FV
VISOR -6885,2940

Logo:
$FV = FV'(1+i)^m$
$FV = 6885,29(1+3\%)^2$

$\boxed{FV \cong 7304,61}$

R5.18 João Luiz aplicando R$ 150,00 ao final de cada mês em títulos de renda fixa a uma taxa de 3,2%, terá um montante final de R$ 1.386,34 com o início da aplicação contados 60 dias a partir de hoje. Determinar o nº de depósitos a serem efetuados por João Luiz.

Resolução:

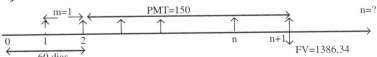

1º Modo:	2º Modo:
$FV = PMT \cdot \frac{(1+i)^n - 1}{i} (1+i)^m \Rightarrow$	através de uma calculadora financeira
$\Rightarrow 1386{,}34 = 150 \cdot \frac{(1+3{,}2\%)^n - 1}{3{,}2\%} (1+3{,}2\%)^1 \Leftrightarrow$	$FV = PMT \cdot \frac{(1+i)^n - 1}{i} (1+1)^m \Rightarrow$
$\Leftrightarrow \frac{1386{,}34 \cdot 3{,}2\%}{150 \cdot (1+0{,}032)^1} = (1+0{,}032)^n - 1 \Leftrightarrow$	$1386{,}34 = 150 \cdot \frac{(1+3{,}2\%)^n - 1}{3{,}2\%} (1+3{,}2\%)^1$

$\Leftrightarrow 0{,}2866 \cong (1{,}032)^n - 1 \Leftrightarrow 1{,}02866 \cong (1{,}032)^n$ $\Leftrightarrow \ln(1{,}02866) \cong \ln(1{,}032)^n \Leftrightarrow 0{,}2520 \cong n \cdot 0{,}0315$ $\Leftrightarrow n \cong 8 \text{ pagamentos}$	se m = 1 => MOD FIN
	begin CLEAR ALL
	       BEGIN
	       1386,13 +/- FV
	       150 PMT
	       3,2 i
	       COMP n
	VISOR 7,999989992 ∴ n ≅ 8

Observação: se m = 1 basta usar o módulo financeiro BEGIN	

5.9 Valor futuro de uma renda antecipada com carência

Mostraremos o cálculo do montante final (ou valor futuro) equivalente a n pagamentos vencíveis ao início de cada período, havendo uma carência m (um prazo m) para se efetuar o 1º pagamento.

Num diagrama de fluxo de caixa temos:

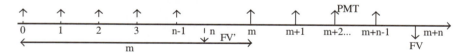

$FV' = PMT \cdot \frac{(1+i)^n - 1}{i} (1+i)$, onde o final se dá em n.

para o final em m + n temos: $FV = FV' (1+i)^m$

substituindo vem que $\boxed{FV = PMT \cdot \frac{(1+i)^n - 1}{i} (1+i)(1+i)^m}$

FV = valor futuro (ou montante final)
PMT = pagamentos (ou prestações)
n = nº de pagamentos
i = taxa
m = fator de carência

R5.19 Visando à aquisição de um automóvel usado e em bom estado de conservação, Adriana fará 10 depósitos no início de cada mês em títulos de renda fixa para uma taxa de 3,1% a.m. Se o valor a ser alcançado é R$ 9.000,00 e se os depósitos se iniciarem daqui a 60 dias, determinar o valor de cada depósito a ser efetuado:

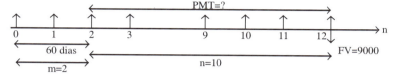

$$FV = PMT \cdot \frac{(1+i)^n - 1}{i} (1+i)(1+i)^m \Rightarrow 9000 = PMT \cdot \frac{(1+3,1\%)^{10} - 1}{3,1\%} (1+3,1\%)(1+3,1\%)^2 \Leftrightarrow$$

$$\Leftrightarrow 9000 = PMT \cdot \frac{(1,031)^{10}}{0,031} (1+0,031)(1+0,031)^2 \Leftrightarrow 9000 \cong PMT \cdot \frac{1,3570 - 1}{0,031} (1,031)^3 \Leftrightarrow$$

$$\Leftrightarrow 9000 = PMT \cdot 12{,}6214 \Leftrightarrow \boxed{PMT \cong R\$\ 713{,}07}$$

R5.20 José Antônio vai depositar em certo agente financeiro 12 parcelas de R$ 1596,76 no início de cada mês a fim de adquirir um imóvel no litoral paulista avaliado em R$ 25.000,00. Sendo a taxa de juros avaliada em 3,3% a.m., determinar o n° de dias de carência para o início desses depósitos mensais:

Resolução:

$$FV = PMT \cdot \frac{(1+i)^n - 1}{i}(1+i)(1+i)^m \Rightarrow 25000 = 1596{,}76 \cdot \frac{(1+3{,}3\%)^{12} - 1}{3{,}3\%}(1+3{,}3\%)(1+3{,}3\%)^m$$

$$\Leftrightarrow 25.000 \cong 1.596{,}76 \cdot 14{,}9127 \cdot (1 + 0{,}033)^m \Leftrightarrow 1{,}04989 \cong (1{,}033)^m \Leftrightarrow$$

$$\Leftrightarrow \ln(1{,}04989) = \ln(1{,}033)^m \Leftrightarrow 0{,}04868 \cong m \cdot 0{,}03247 \Leftrightarrow m \cong 1{,}5 \text{ meses}$$

$$\left. \begin{array}{l} 1 \text{ mês} \Leftrightarrow 30 \text{ dias} \\ 1{,}5 \text{ meses} \Leftrightarrow x \text{ dias} \end{array} \right\} \Leftrightarrow \frac{1}{1{,}5} \cong \frac{30}{x} \therefore \boxed{x \cong 45 \text{ dias}}$$

5.10 Exercícios propostos

P5.1 Certo aparelho eletrônico cujo preço à vista é R$ 224,62, foi comercializado a uma taxa estabelecida de 2,6% a.m. com prestações mensais e iguais de R$ 78,80. Determinar o número de pagamentos para essa transação.

P5.2 O Sr. Jorge deseja vender uma propriedade através de 3 pagamentos mensais de R$ 12.000,00 no fim de cada mês. Considerando a taxa de 2,8% a.m., qual o valor da venda à vista?

P5.3 Um empréstimo de R$ 1.200,00 deve ser pago com juros de 3,5% a.m. em 5 pagamentos mensais. De quanto serão esses pagamentos, se o primeiro vencer 30 dias após o empréstimo?

P5.4 Numa loja, certo aparelho eletrodoméstico com preço de lista de R$ 599,50 estará sendo vendido a prazo sob 2 modalidades:
a) 24 pagamentos de R$ 30,10;
b) 20 pagamentos de R$ 34,60.
Qual é a opção mais vantajosa para o consumidor?

P5.5 Qual o preço à vista de um artigo que está sendo oferecido com uma entrada de 30% do seu valor mais 3 prestações mensais imediatas (END) de R$ 15,25 numa loja trabalhando com uma taxa de 3,5% a.m.?

P5.6 Uma pessoa comprou um terreno avaliado em R$ 7.000,00 para pagar em 20 prestações mensais iguais e imediatas. Ao pagar a 12ª prestação, resolveu transferir o contrato de compra para um amigo. Se a taxa de mercado é de 3,2% a.m., quanto esse amigo deve lhe pagar para assumir o restante da dívida?

P5.7 Uma casa foi comprada com uma entrada de R$ 25.000 mais 50 prestações mensais imediatas de R$ 1.200,00, mais 4 parcelas anuais imediatas de R$ 2.000,00 cada uma. Passados 3 anos da compra, seu proprietário deseja vendê-la. Qual o preço mínimo que deve pedir, se a taxa de mercado esteve em 2,8% a.m.?

P5.8   Fiz uma previsão de que certo investimento vai ter, por algum tempo, uma renda aproximada de 3% a.m.. Quanto devo aplicar para garantir retiradas mensais de R$ 80,00 em cada um dos 4 meses subseqüentes?

P5.9   O Sr. José deseja vender um terreno através de 3 pagamentos no começo de cada mês de R$ 3.600,00. Considerando a taxa de 2,5% a.m., qual o valor da venda à vista?

P5.10   Ana Lucia obteve um empréstimo de R$ 2.800,00 a ser pago em parcelas mensais e antecipadas, com juros de 3,5% a.m.. Dispondo de R$ 300,00 por mês para o pagamento, em quantas prestações, no mínimo, poderá pagar essa dívida?

P5.11   Um empréstimo de R$ 2.000,00 deve ser pago em parcelas mensais com juros de 2,4% a.m.. O devedor só dispõe de R$ 250,00, para pagá-lo. Qual o nº de prestações nessa transação para prestações: a) imediatas (end). b) antecipadas (begin).

P5.12   Um empréstimo de R$ 6.394,25 está sendo saldado em 6 prestações antecipadas de R$ 1.200,00. Qual a taxa de juros cobrada pelo credor?

P5.13   Um empréstimo de R$ 500,00 deve ser pago em 3 parcelas de R$ 188,00, sendo a primeira no ato da transação, e as demais em 30 e 60 dias. Qual a taxa de juros efetuada nessa operação?

P5.14   Faltando três pagamentos mensais de R$ 54,12 para o término de um contrato de financiamento, o devedor deseja liquidá-lo (na data em que deveria pagar o primeiro dos três). Quanto deve desembolsar, se a taxa é de 3,2% a.m.?

P5.15   José Carlos adquiriu um bem de R$ 1.400,00 a ser pago em 5 parcelas mensais e iguais, vencendo a primeira a 60 dias do empréstimo. Para uma taxa de 2,7% a.m. de quanto serão as parcelas?

P5.16 Eduardo contraiu um empréstimo de R$ 292,40, para pagar em prestações mensais e iguais de R$ 108,40. Para uma taxa contratada de 2,7% a.m., e conseguida uma carência de 3 meses para o pagamento da 1ª prestação, pede-se o nº de pagamentos para essa transação.

P5.17 Adriana contraiu um empréstimo de certo valor, onde desembolsará 4 prestações mensais iguais de R$ 120,50 a uma taxa contratada de 2,9% a.m.. Conseguida uma carência de 2 meses para o 1º pagamento, determinar o valor original do empréstimo:

P5.18 Estabeleça o cálculo do valor presente de uma renda imediata perpétua. Sugestão: $\lim_{n \to +\infty} (1 + i)^{-n} = 0$

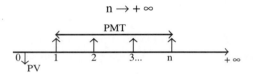

P5.19 Uma pessoa deseja comprar um apartamento para viver com a renda de seu aluguel. Calcula que poderá alugar o imóvel por R$ 500,00 mensais. Quanto estará disposta a pagar pelo apartamento se a taxa de mercado gira em torno de 2,5% a.m.?

P5.20 Fui a uma loja comprar um aparelho eletrônico cujo preço à vista é de R$ 1.055,09. Fiz a opção de 4 pagamentos a uma taxa de 2,8% a.m., com uma carência de 90 dias para o 1º pagamento. Se a 1ª prestação vencesse no ato, pede-se:
a) um diagrama de fluxo de caixa ilustrando essa situação;
b) o valor de cada prestação mensal estabelecida.

P5.21 Rosa Maria deseja adquirir um aparelho de jantar, cujo preço à vista é de R$ 155,13. Para isso parcelará em 5 prestações antecipadas de R$ 35,12, onde lhe foi concedida uma carência de 90 dias para o 1º pagamento. Determinar a taxa de juros transacionada.

P5.22 Adriana contraiu um empréstimo a ser pago em 4 parcelas mensais iguais e antecipadas de R$ 169,07, vencendo a primeira parcela a 60 dias do empréstimo. Considerando a taxa de 3,5% a.m., qual foi o valor do empréstimo?

P5.23 Um empréstimo de R$ 3.600,00 será pago com juros de 3,2% a.m. em parcelas mensais e antecipadas de R$ 868,92, vencendo a primeira parcela após 120 dias da obtenção do empréstimo. Determinar o nº de parcelas.

P5.24 José Carlos irá comprar um novo aparelho de som orçado em R$ 446,20 em 4 pagamentos mensais e antecipados de R$ 125,00, com uma carência de x dias para efetuar o 1º pagamento. Determinar o valor de x para uma taxa de 2,9% a.m.

P5.25 O gerente financeiro de uma loja operando com o sistema de vendas à crédito, resolveu calcular fatores que multiplicados pelo preço a vista de uma mercadoria forneçam o valor das prestações. Para uma taxa de 4,2% a.m., pede-se:
a) o fator para 4 prestações antecipadas;
b) o fator para 4 prestações imediatas.

P5.26 Um negociante tendo em vista uma viagem, vai fazer 6 depósitos mensais e iguais de R$ 1.200,00 ao final de cada mês, numa instituição financeira que paga uma taxa $i = 2,8\%$ a.m.. Pede-se:
a) o montante final após 6 meses;
b) se um procurador desse negociante fizer 2 retiradas mensais e iguais após 6 meses, de quanto serão esses valores?

P5.27 Gerson faz depósitos mensais ao final de cada mês numa Instituição Financeira, de R$ 120,00 no 1º ano e de R$ 150,00 durante o 2º ano. Calcular o montante final aferido após 30 meses, sendo a taxa $i = 3\%$ a.m..

P5.28 Depositei R$ 40,00 mensalmente na caderneta de poupança. Ao fazer o 12º depósito, verifiquei um saldo de R$ 524,36. Qual a taxa mensal de rendimento, considerando não haver nenhuma retirada naquele período?

P5.29 Pretendendo comprar uma nova impressora de computador, Alexandre fará depósitos mensais e imediatos de R$ 152,30 a uma taxa de 2,7% a.m., até atingir o montante final de R$ 634,32. Pede-se o nº de pagamentos (ou depósitos) feitos por Alexandre.

P5.30 Uma pessoa faz depósitos mensais no início de cada mês durante 2 anos numa instituição financeira que paga 4,2% a.m. de juros. No 1º ano seus depósitos são de R$ 90,00 e no 2º são de R$ 110,00. Calcular o montante aferido após o 24º depósito.

P5.31 Para a compra de um microcomputador, farei 6 depósitos mensais e antecipados a uma taxa de 2,9% a.m., até obter o valor (montante) final de R$ 1.499,15. Determinar:
a) um diagrama fluxo de caixa, para esse problema;
b) o valor de cada depósito mensal;
c) o valor de cada depósito mensal, se alterarmos, apenas, o nº de depósitos para 5.

P5.32 Prevendo uma rentabilidade de 2,9% a.m. para a caderneta de poupança, vou depositar R$ 150,00 no início de cada mês durante 8 meses. Quanto devo esperar no montante final?

P5.33 Ana Célia deseja comprar uma nova máquina de lavar e para isso depositará num agente financeiro depósitos mensais e antecipados de R$ 89,60 a uma taxa de renda fixa estabelecida em 2,7% a.m. até atingir o montante final de R$ 485,62. Determinar o nº de depósitos efetuados.

P5.34 Maria Cecília depositará parcelas mensais e iguais de R$ 134,40. Após 3 parcelas antecipadas, encontrará um montante final de R$ 425,37. Pede-se:
a) um diagrama de fluxo de caixa, ilustrando essa situação;
b) o valor da taxa contratada nessa operação.

P5.35 João Carlos deseja comprar um aparelho eletrodoméstico, e para isso fará uma poupança de R$ 172,80 por mês, com uma carência de 120 dias a partir de hoje. Assim atingirá o montante final de R$ 574,58 a uma taxa de 2,6% a.m. Calcular o número de prestações (ou pagamentos) estabelecidas por João Carlos.

P5.36 Mariana e Alessandra fizeram poupanças programadas prevendo uma rentabilidade de 2,8% a.m. A primeira deposita R$ 120,00 ao final de cada mês, e a segunda R$ 360,00 no início de cada trimestre. Qual o montante esperado por essas investidoras ao final de 2 anos?

P5.37 Depositarei num banco a quantia de R$ 87,30 a uma taxa de 2,8% a.m., em 3 depósitos, com o 1º pagamento efetuado após 90 dias contados a partir de hoje. Pede-se:
a) o montante final encontrado;
b) aumentando o nº de pagamentos para 5, e inalterando os demais fatores, qual seria o "novo" montante final?

P5.38 Para alcançar um montante final de R$ 387,89, vou depositar em certo agente financeiro 4 pagamentos a 120 dias contados a partir de hoje. Para uma taxa estabelecida de 2,8% a.m., de quanto será cada pagamento?

P5.39 O Sr. Amaral resolveu investir em papéis de renda fixa, e assim deposita R$ 148,00 ao final de cada mês a uma taxa de 2,6% a.m.. Se ele iniciar seus pagamentos a 75 dias contados a partir de hoje, após quantos pagamentos atinge o montante final de R$ 810,09?

P5.40 A que taxa devo depositar R$ 200,00 no final de cada mês, durante 2 anos, para que se tenha ao final de 36 meses um montante de R$ 8.918,70?

P5.41 A que taxa devo depositar R$ 200,00 no início de cada mês, durante 2 anos, para que ao final de 36 meses se tenha um montante de R$ 8.918,70?

P5.42 Para a aquisição de um novo aparelho de som, aplicarei num banco 4 parcelas mensais e iguais de R$ 40,80 a partir de hoje, sendo a taxa fixada em 2,9% a.m.. Pede-se:
a) um diagrama fluxo de caixa ilustrando essa situação;
b) o montante final alcançado após o 4º depósito;
c) o montante final, se meus depósitos começarem daqui a 60 dias.

P5.43 Isabel deseja adquirir um bem que custa R$ 394,70, e para isso depositará 5 parcelas mensais, antecipadas e iguais, a uma taxa de 2,5% a.m. Pede-se:

a) um diagrama de fluxo de caixa ilustrando essa situação;

b) o valor de cada prestação;

c) o valor de cada prestação se houvesse uma carência de 60 dias para o 1º pagamento.

P5.44 Para alcançar o montante final de R$ 692,39, vou depositar 3 parcelas mensais de R$ 205,00 no início de cada mês a uma taxa de 3% a.m.. Devido a outros encargos financeiros iniciarei esses depósitos daqui a m meses. Achar, assim, o valor de m.

P5.45 Um eletrodoméstico cujo preço à vista é R$ 269,80 era vendido numa loja em 8 prestações de R$ 39,94. Para obedecer à legislacão, a loja limitou a venda a 4 prestações. De quanto serão essas prestações, para que a loja tenha a mesma taxa de lucro?

P5.46 Certo Magazine oferece certo produto sob as seguintes opções:

I)   R$ 830,00 à vista;

II) (1+3) pagamentos mensais de R$ 213,70;

III) 6 pagamentos mensais de R$ 150,69.

Para a escolha entre as opções a prazo (II ou III), devemos:

a) calcular as taxas das opções II e III, onde PV = R$ 830,00, e optar pela menor taxa;

b) optar pela opção II porque rendas antecipadas (BEGIN) é sempre melhor;

c) optar pela opção III porque prestação menor é sempre melhor;

d) decidir pela opção II porque o prazo n é menor;

e) optar pela opção II porque o prazo n é maior.

P5.47 Certo produto eletrônico é vendido à taxa de 1,36% a.m. sob as seguintes opções:

I)   R$ 418,00 à vista;

II) 2 prestações mensais e iguais de R$ 212,25;

III) 3 prestações mensais e iguais de R$ 143,83.

A **melhor opção** de compra, para o consumidor, é:

(   ) 1). III

(   ) 2). II

( ) 3). I
( ) 4). Todas são equivalentes entre si
( ) 5). Os dados não permitem uma tomada de decisão sobre a
viabilidade.

Sugestões: calcular o PV dessas opções, escolhendo o menor preço.

P5.48. Assinalar a alternativa <u>correta</u>:

Um empréstimo de R$ 10.000,00 deve ser pago no prazo de 6 meses, à taxa de juros compostos de 3% a.m. As cinco alternativas representam cinco planos de pagamento. Em qual delas **não** é equivalente às demais:

( ) 1). um único pagamento de R$ 11.940,52 após 6 meses;

( ) 2). 7 prestações mensais de R$ 1558,31, sendo a 1ª no ato (BEGIN);

( ) 3). 6 prestações mensais de R$ 1845,98, com a 1ª vencendo após um mês (END);

( ) 4). 30% de entrada, e mais 6 prestações imediatas (END) de R$ 1292,18;

( ) 5). 40% de entrada, e mais 6 prestações imediatas (END) de R$ 1000,00.

Sugestões: devido as aproximações nos cálculos efetuados, considerar equivalente as variações ± R$ 0,03 junto ao PV nos resultados finais.

P5.49 A Prefeitura de São Paulo lançou em 07/09/2001 a central de Microcrédito, publicado no Jornal Folha de São Paulo:

Alvo	Investimento em micro e pequenos negócios
Limite	R$ 5.000,00 (trabalhadores informais) e R$ 50 mil (formais)
Juros	1,23% a.m.
Prazo para pagamento	Até 24 meses (com carência de até 6)
Exigências gerais	Não ter o nome protestado, apresentar plano de negócios, fiador.

Em relação a tabela dada, quando se lê **carência de até 6 meses** na linha prazo para pagamento, temos:

a) rendas imediatas; b) rendas antecipadas; c) rendas perpétuas;
d) rendas diferidas e antecipadas; e) rendas diferidas e imediatas.

Sugestões: m é o fator de carência (ou prazo para iniciar as prestações).
Na omissão entre END (imediatas) ou BEGIN (antecipadas)
⇒ END.

P5.50 Em relação a tabela do problema anterior (P5.50), para um trabalhador informal obter R$ 5.000,00 para pagar em 24 meses, o valor de cada prestação será, aproximadamente, de:
a) R$ 238,92; b) R$ 241,86; c) R$ 208,34; d) R$ 227,31; e) 251,67.

P5.51 Um empréstimo de R$ 11.000,00 será quitado com uma entrada de R$ 3.000,00 mais (1+4) parcelas mensais e iguais à taxa de 1,93% a.m. Determinar o valor de cada prestação.

P5.52 Uma dívida de R$ 4.000,00 será paga com 20% de entrada e mais 4 prestações mensais e iguais à taxa de 3,5% a.m. Determinar o valor de cada prestação.

P5.53 Visando a compra de um aparelho eletrônico, Helena fará 5 depósitos mensais e iguais à taxa de 1,97% a.m. para atingir o montante final de R$ 1.400,00. Pede-se:
a) o diagrama fluxo de caixa ilustrando esse problema;
b) o valor de cada parcela;
c) o total de juros pagos.

5.11 Respostas dos exercícios propostos

P5.1
$PV = PMT \cdot \frac{1-(1+i)^{-n}}{i} \Rightarrow 224{,}62 = 78{,}80 \cdot \frac{1-(1+2{,}6\%)^{-n}}{2{,}6\%} \Rightarrow$
$\boxed{n \cong 3}$ pagamentos

Calculadora:
MON FIN; CLEAR ALL; END; 224,62 +/- PV; 78,80 PMT; 2,6 i; COMP n
$\boxed{3{,}000002166}$

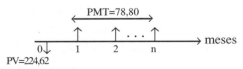

P5.2
PV = PMT . $\frac{1-(1+i)^{-n}}{i}$ ⇒ PV = 12000 . $\frac{1-(1+2,8\%)^{-3}}{2,8\%}$ ⇒ $\boxed{PV = R\$ \; 34.074,28}$

Calculadora:
MON FIN; CLEAR ALL; END; 1200 PMT; 2,8 i; 3 n; COMP PV

$\boxed{-34.074,27795}$

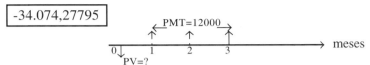

P5.3
PV = PMT . $\frac{1-(1+i)^{-n}}{i}$ ⇒ 1200 = PMT . $\frac{1-(1+2,5\%)^{-5}}{2,5\%}$ ⇒ PMT ≅ 258,30

Calculadora:
MON FIN; CLEAR ALL; END; 1200 +/- PV; 5 n; 3,5 i; COMP PMT

$\boxed{258,296233090}$ logo $\boxed{PMT \cong R\$ \; 258,30}$

P5.4
a)
PV = PMT . $\frac{1-(1+i)^{-n}}{i}$ ⇒ 599,50 = 30,10 . $\frac{1-(1+i)^{-24}}{i}$ ⇒ i ≅ 1,55% a.m.

Calculadora:
MON FIN; CLEAR ALL; END; 599,50 +/- PV; 30,10 PMT; 24 n; COMP i,

$\boxed{1,548971465}$

b)
PV = PMT . $\frac{1-(1+i)^{-n}}{i}$ ⇒ 599,50 = 34,60 . $\frac{1-(1+i)^{-20}}{i}$ ⇒ i ≅ 1,41% a.m.
Calculadora:
MON FIN; CLEAR ALL; END; 599,50 +/- PV; 34,60 PMT; 20 n; COMP i

$\boxed{1,40728277}$

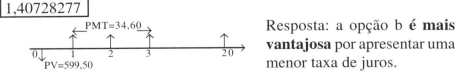

Resposta: a opção b **é mais vantajosa** por apresentar uma menor taxa de juros.

131

P5.5

Preço à vista = P $\Rightarrow$ P = 30% P + 70%P

$\qquad\qquad\qquad$ entrada $\quad$ PV(saldo financiado)

PV = PMT . $\frac{1-(1+i)^{-n}}{i}$ $\Rightarrow$ PV = 15,25 . $\frac{1-(1+3,5\%)^{-3}}{3,5\%}$ $\Rightarrow$ PV = R\$ 42,72

Calculadora:

MON FIN; CLEAR ALL; END; 15,5 PMT; 3 n; 3,5 i; COMP PV

$\boxed{-42,724963959}$

Sendo PV = 70% P $\Rightarrow$ 42,74 $\cong$ 70% P $\Leftrightarrow$ $\boxed{P \cong R\$ 61,04}$

P5.6

Cálculo da prestação:

PV = PMT . $\frac{1-(1+i)^{-n}}{i}$ $\Rightarrow$ 7000 = PMT . $\frac{1-(1+3,2\%)^{-20}}{3,2\%}$ $\Rightarrow$ $\boxed{PMT \cong R\$ 479,25}$

Calculadora:

MON FIN; CLEAR ALL; END; 7000 +/- PV; 20 n; 3,2 i COMP PMT

$\boxed{479,2530493}$

valor atualizado após o pagamento da 12ª prestação:

PV = PMT . $\frac{1-(1+i)^{-n}}{i}$ $\Rightarrow$ PV = 479,25 . $\frac{1-(1+3,2\%)^{-12}}{3,2\%}$ $\Rightarrow$ $\boxed{PV \cong R\$ 4714,00}$

$\qquad\qquad\qquad\qquad\qquad\qquad\qquad\qquad\qquad\qquad$ é o valor a ser desembolsado pelo amigo (em n = 0).

Calculadora:

MON FIN; CLEAR ALL; END; 479,25 PMT; 12 n; 3,2 i; COMP PV

$\boxed{- 4714,0009286}$

em n = 12 $\Rightarrow$ FV = PV $(1 + i)^n$ = 4714,0009286 $(1 + 3,2\%)^{12}$ $\therefore$ $\boxed{FV \cong R\$ 6879,33}$

P5.7

$\qquad\qquad\qquad\qquad\qquad\qquad\qquad$ 3 parcelas anuais

preço mínimo $\Rightarrow$ P = 25000 + PV_1 + PV_2

$\qquad\qquad\qquad\qquad\qquad\qquad\qquad\qquad$ 12x3 = 36 parcelas mensais

em n = 12 $\Rightarrow$ FV = PV $(1 + i)^n$ = 4714 $(1 + 3,2\%)^{12}$ $\cong$ $\boxed{6879,372001}$

valor desembolsado em n = 12 FV $\cong$ R\$ 6879,37

parcelas anuais: $PV_2 = PMT \cdot \frac{1-(1+i)^{-n}}{i} \Rightarrow PV_2 = 2000 \cdot \frac{1-(1+39,29\%)^{-3}}{39,29\%} \Rightarrow PV_2 \cong R\$ \ 3456,23$
(2,8% a.m. $\cong$ 39,2891781% a.m.)

Calculadora:
MON FIN; CLEAR ALL; END; 2000 PMT; 3 n; i 39,29; COMP PV
$\boxed{-3206,789817}$

parcelas mensais:
$PV_1 = PMT \cdot \frac{1-(1+i)^{-n}}{i} \Rightarrow PV_1 = 1200 \cdot \frac{1-(1+2,8\%)^{-36}}{2,8\%} \Rightarrow PV_1 \cong R\$ \ 26.998,31$

logo = P $\cong$ 25000 + 26998,31 + 3206,79 $\therefore$ $\boxed{P \cong R\$ \ 55.205,10}$

P5.8
$PV = PMT \cdot \frac{1-(1+i)^{-n}}{i} \Rightarrow PV = 80 \cdot \frac{1-(1+3\%)^{-4}}{3\%} \Rightarrow PV = R\$ \ 297,37$

Calculadora:
MON FIN; CLEAR ALL; END; 80 PMT ; 3 i; 4 n; COMP PV
$\boxed{-297,36787}$

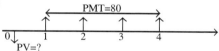

P5.9
$PV = PMT \cdot \frac{1-(1+i)^{-n}}{i} (1+i) \Rightarrow PV = 3600 \cdot \frac{1-(1+3\%)^{-4}}{3\%} (1 + 2,5\%)$

$\boxed{PV \cong R\$ \ 10.538,73}$

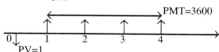

Calculadora:
MON FIN; CLEAR ALL; BEGIN; 3600 PMT; 3 n; 2,5 i; COMP PV
$\boxed{-10.538,7269482}$

P5.10
$PV = PMT \cdot \frac{1-(1+i)^{-n}}{i} (1 + i) \Rightarrow 2800 = 300 \cdot \frac{1-(1+3,5\%)^{-n}}{3,5\%} (1 + 3,5\%)$

$\boxed{n \cong 11 \text{ parcelas}}$

Calculadora:
MON FIN; CLEAR ALL; BEGIN; 2800 +/- PV; 300 PMT; 3,5 i; COMP n
$\boxed{11,024017002}$

P5.11
a)
$PV = PMT \cdot \frac{1-(1+i)^{-n}}{i} \Rightarrow 2000 = 250 \cdot \frac{1-(1+2,4\%)^{-n}}{2,4\%} \Rightarrow \boxed{n \cong 8,98 \text{ prestações}}$

Calculadora:
MON FIN; CLEAR ALL; END; 2000 +/- PV; 250 PMT; 2,4 i; COMP n

$\boxed{8.989226117}$

b)
$PV = PMT \cdot \frac{1-(1+i)^{-n}}{i} \Rightarrow (1+i) \Rightarrow 2000 = 250 \cdot \frac{1-(1+2,4\%)^{-n}}{2,4\%} (1+2,4\%) \Rightarrow$
$\boxed{n \cong 8,76}$ prestações

Calculadora:
MON FIN; CLEAR ALL; BEGIN; 2000 +/- PV; 250 PMT; 2,4 i; COMP n

$\boxed{8.755049512}$

P5.12
$PV = PMT \cdot \frac{1-(1+i)^{-n}}{i} (1+i) \Rightarrow 6394,25 = 1200 \cdot \frac{1-(1+i)^{-6}}{i} (1+i)$
$\boxed{i \cong 5,01\% \text{ a.m.}}$

Calculadora:
MOD FIN; CLEAR ALL; BEGIN; 6394,26 +/- PV; 1200 PMT; 6 n; COMP i

$\boxed{5,007813864}$

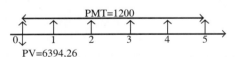

P5.13
$PV = PMT \cdot \frac{1-(1+i)^{-n}}{i} (1+i) \Rightarrow 500 = 188 \cdot \frac{1-(1+i)^{-3}}{i} (1+i) \Rightarrow \boxed{i \cong 13,39\% \text{ a.m.}}$

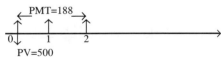

Calculadora:
MON FIN; CLEAR ALL; BEGIN; 500 +/- PV; 188 PMT ; 3 n; COMP i

$\boxed{13,394943805}$

P5.14
1º Modo:
PV = PMT . $\frac{1-(1+i)^{-n}}{i}$ (1 + i) $\Rightarrow$ PV = 54,12 $\frac{1-(1+3,2\%)^{-3}}{i}$ (1 +3,2%)

$\boxed{PV = R\$ 157,38}$

Calculadora:
MON FIN; CLEAR ALL; BEGIN; 54,12 PMT ; 3 n; 3,2 i; COMP PV

$\boxed{-157,377616730}$

2º Modo:
PV= 54,12 + 54,12(1 + i)$^{-1}$ + 54,12(1 + i)$^{-2}$ $\Leftrightarrow$ PV= 54,12 + 54,12(1 + 3,2%)$^{-1}$ + 54,12(1 + 3,2%)$^{-2}$ $\Leftrightarrow$ $\boxed{PV \cong 157,38}$; onde aqui é usado a equivalência de capitais para n = 0.

P5.15
PV = PMT . $\frac{1-(1+i)^{-n}}{i}$ (1 + i)$^{-m}$ $\Rightarrow$ 1400 = PMT . $\frac{1-(1+2,7\%)^{-5}}{2,7\%}$ (1 + 2,7%)$^{-1}$ $\Leftrightarrow$

$\Leftrightarrow$ 1400 $\cong$ PMT . 4,49776 $\Leftrightarrow$ $\boxed{PMT \cong R\$ 311,27}$

P5.16
PV = PMT . $\frac{1-(1+i)^{-n}}{i}$ (1 + i)$^{-m}$ $\Rightarrow$ 292,40 = 108,40 . $\frac{1-(1+2,7\%)^{-n}}{2,7\%}$ (1 + 2,7%)$^{-3}$

$\Leftrightarrow$ 292,40 = 3706,41622 . [1 - (1,027)$^{-n}$] $\Leftrightarrow$ (1,027)$^{-n}$ $\cong$ 0,9211 $\Leftrightarrow$
$\Leftrightarrow$ ln (1,027)$^{-n}$ $\cong$ ln (0,9211) $\Leftrightarrow$ - n . 0,02664 $\cong$ - 0,082176 $\Leftrightarrow$

$\boxed{n \cong 3,0845 \text{ pagamentos}}$

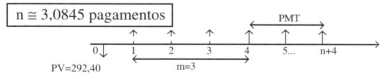

P5.17
PV = PMT . $\frac{1-(1+i)^{-n}}{i}$ (1 + i)$^{-m}$ $\Rightarrow$ PV = 120,50 . $\frac{1-(1+2,9\%)^{-4}}{2,9\%}$(1 + 2,9%)$^{-2}$

$\Leftrightarrow$ PV $\cong$ 120,50 . $\frac{1-0,8919}{0,029}$ (1,029)$^{-2}$ $\Leftrightarrow$ $\boxed{PV \cong R\$ 424,03}$

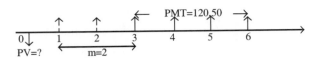

P5.18
$PV = PMT \cdot \dfrac{1-(1+i)^{-n}}{i}$

mas $\lim\limits_{n \to +\infty} (1+i)^{-n} = \dfrac{1}{(1+i)^{+\infty}} = 0$ $\Big\} \Rightarrow PV = PMT \dfrac{1-0}{i}$ se $n \to +\infty$ $\therefore \boxed{PV = \dfrac{PMT}{i}}$

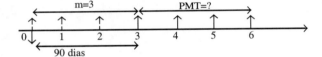

P5.19
pelo problema P5.18 temos $PV = \dfrac{PMT}{i} \Rightarrow PV = \dfrac{500}{2,5\%} \Leftrightarrow$

$\Leftrightarrow \boxed{PV = R\$\ 20.000,00}$

P5.20
a)

b) $PV = PMT \cdot \dfrac{1-(1+i)^{-n}}{i}(1+i)(1+i)^{-m}$

$1055,09 = PMT \cdot \dfrac{1-(1+2,8\%)^{-4}}{2,8\%} (1+2,8\%)(1+2,8\%)^{-3}$

$1055,09 \cong PMT \cdot 3,534256 \Leftrightarrow \boxed{PMT \cong R\$\ 298,53}$

P5.21
$PV = PMT \cdot \dfrac{1-(1+i)^{-n}}{i} (1+i)(1+i)^{-m} \Rightarrow$

$155,13 = 35,12 \cdot \dfrac{1-(1+i)^{-5}}{i} (1+i)(1+i)^{-3} \Leftrightarrow$

$\Leftrightarrow \dfrac{155,13\ i}{35,12(1+i)^{-2}} = 1-(1+i)^{-5} \Leftrightarrow \boxed{\dfrac{4,41714\ i}{(1+i)^{-2}} \cong 1-(1+i)^{-5}}$ não é uma equação elementar

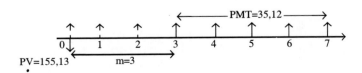

por tentativa:

$i = 2\% \Rightarrow$ 1º M = $\dfrac{4{,}41714\,i}{(1+i)^{-2}} \cong 0{,}0919$ $\left.\begin{array}{l} \\ \\ \end{array}\right\}$ 1ºM < 2ºM
       i > 2%

2º M = $1 - (1 + 2\%)^{-5} \cong 0{,}0943$ $\left.\begin{array}{l}\end{array}\right]$ 2% < i < 3%

$i = 3\% \Rightarrow$ 1º M = $\dfrac{4{,}41714\,i}{(1+i)^{-2}} \cong 0{,}14058$ $\left.\begin{array}{l} \\ \\ \end{array}\right\}$ 1ºM > 2ºM
       i < 2%

2º M = $1 - (1 + 3\%)^{-5} \cong 0{,}013739$

$i = 2{,}5\% \Rightarrow$ 1º M = $\dfrac{4{,}41714\,i}{(1+i)^{-2}} \cong 0{,}116019$ $\left.\begin{array}{l} \\ \\ \end{array}\right\}$ 1ºM ≅ 2ºM
       logo $\boxed{i \cong 2{,}5\%\ \text{a.m.}}$

2º M = $1 - (1 + 2{,}5\%)^{-5} \cong 0{,}116146$

Observação: poderia ser usada uma interpolação linear para 2% < i < 3%.

P5.22
$PV = PMT \cdot \dfrac{1-(1+i)^{-n}}{i}\,(1+i)(1+i)^{-m}$

$PV = 169{,}07 \cdot \dfrac{1-(1+3{,}5\%)^{-4}}{3{,}5\%}\,(1+3{,}5\%)(1+3{,}5\%)^{-2}$

$\boxed{PV \cong R\$\ 600{,}01}$

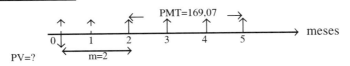

P5.23
$PV = PMT \cdot \dfrac{1-(1+i)^{-n}}{i}\,(1+i)(1+i)^{-m}$

$3600 = 868{,}92 \cdot \dfrac{1-(1+3{,}2\%)^{-n}}{3{,}2\%}\,(1+3{,}2\%)(1+3{,}2\%)^{-4} \Leftrightarrow$

$\Leftrightarrow 3600 = 868{,}91 \cdot \dfrac{1-(1{,}032)^{-n}}{0{,}032}\,(1{,}032)^{1-4} \Leftrightarrow 3600 \cong 24705{,}3334\,[1-(1{,}032)^{-n}] \Leftrightarrow$

$\Leftrightarrow 0{,}145718 \cong 1-(1{,}032)^{-n} \Leftrightarrow (1{,}032)^{-n} \cong 0{,}854282 \Leftrightarrow \ln(1{,}032)^{-n} = \ln(0{,}854282) \Leftrightarrow$

$\Leftrightarrow -n \cdot 0{,}03150 \cong -0{,}157494 \Leftrightarrow \boxed{n \cong 5\ \text{meses}}$

P5.24
$PV = PMT \cdot \frac{1-(1+i)^{-n}}{i} (1+i)(1+i)^{-m}$

$446{,}20 = 125 \cdot \frac{1-(1+2{,}9\%)^{-4}}{2{,}9\%} (1+2{,}9\%)(1+2{,}9\%)^{-m} \Leftrightarrow$

$\Leftrightarrow 446{,}20 \cong 479{,}2573 \,(1{,}029)^{-m} \Leftrightarrow 0{,}93102 \cong (1{,}029)^{-m} \Leftrightarrow$

$\Leftrightarrow \ln(0{,}93102) \cong \ln(1{,}029)^{-m} \Leftrightarrow -0{,}07147 \cong -m \cdot 0{,}02859 \Leftrightarrow$

$\Leftrightarrow m \cong 2{,}5$ meses $\therefore$ $\left.\begin{array}{l}1 \text{ mês} \Leftrightarrow 30 \text{ dias} \\ 2{,}5 \text{ meses} \Leftrightarrow x \text{ dias}\end{array}\right\} \Rightarrow \frac{1}{2{,}5} = \frac{30}{x}$

logo $\boxed{x \cong 75 \text{ dias}}$

P5.25
a) $PV = PMT \cdot \frac{1-(1+i)^{-n}}{i}(1+i) \Rightarrow PV = PMT \cdot \frac{1-(1+4{,}2\%)^{-4}}{4{,}2\%}(1+4{,}2\%) \Leftrightarrow$

$\Leftrightarrow PV \cong 3{,}764591 \, PMT \Leftrightarrow \frac{1}{3{,}764591} PV \cong PMT \Leftrightarrow 0{,}2656 \, PV \cong PMT$

$\therefore \boxed{\text{fator} \cong 0{,}2656}$

b)
$PV = PMT \cdot \frac{1-(1+i)^{-n}}{i} \Rightarrow PV = PMT \cdot \frac{1-(1+4{,}2\%)^{-4}}{4{,}2\%} \Leftrightarrow PV \cong 3{,}612851 \, PMT \Leftrightarrow$

$\Leftrightarrow \frac{1}{3{,}612851} PV = PMT \Leftrightarrow 0{,}2768 \, PV \cong PMT \therefore \boxed{\text{fator} \cong 0{,}2768}$

P5.26
$FV = PMT \cdot \frac{(1+i)^n - 1}{i} \Rightarrow FV = 1200 \cdot \frac{(1+2{,}8\%)^6 - 1}{2{,}8\%}$ $\boxed{FV \cong R\$ \, 7.723{,}22}$

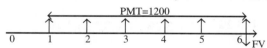

b) $PV = PMT \cdot \frac{1-(1+i)^{-n}}{i}(1+i)$

$7723{,}22 \cong PMT \cdot \frac{1-(1+2{,}8\%)^{-2}}{2{,}8\%}(1+2{,}8\%) \Rightarrow \boxed{PMT \cong R\$ \, 3914{,}93}$

Calculadora:
MON FIN; CLEAR ALL; BEGIN; 7723,22 +/- PV; 2 m; 2,8 i; COMP PMT
$\boxed{3914{,}92611440}$

P5.27

$FV_1 = PMT_1 \cdot \frac{(1+i)^n - 1}{i}(1+i)^{m1} \Rightarrow FV_1 = 120 \cdot \frac{(1+3\%)^{12}-1}{3\%}(1+3\%)^{18} \Leftrightarrow FV_1 \cong 2899{,}32$

$FV_2 = PMT_2 \cdot \frac{(1+i)^{n2} - 1}{i}(1+i)^{m2} \Rightarrow FV_2 = 150 \cdot \frac{(1+3\%)^{12}-1}{3\%}(1+3\%)^{6} \Leftrightarrow FV_2 = 2541{,}90$

logo $FV = FV_1 + FV_2 \therefore FV \cong 2899{,}32 + 2541{,}90 \Leftrightarrow$ $\boxed{FV \cong R\$\ 5441{,}22}$

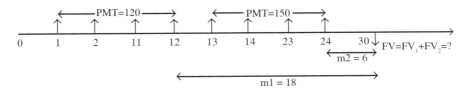

P5.28

$FV = PMT \cdot \frac{(1+i)^n - 1}{i} \Rightarrow 524{,}36 = 40 \cdot \frac{(1+i)^{12}-1}{i}$ $\boxed{i \cong 1{,}59\%\ \text{a.m.}}$

Calculadora:
MON FIN; CLEAR ALL; END; 524,36 +/- FV; 40 PMT; 12 n; COMP i

$\boxed{1{,}592644043}$

P5.29

$FV = PMT \cdot \frac{(1+i)^n - 1}{i} \Rightarrow 634{,}32 = 152{,}30 \cdot \frac{(1+2{,}7\%)^n - 1}{2{,}7\%}$

Calculadora:
MON FIN; CLEAR ALL; END; 634,32 +/- FV; 152,30 PMT; 2,7 i; COMP n

$\boxed{4{,}000001767}$ logo $\boxed{n \cong 4}$ pagamentos

P5.30

$FV_1 = PMT_1 \cdot \frac{(1+i)^{n1}-1}{i}(1+i)(1+i)^m \Rightarrow {}^F V_1 = 90 \cdot \frac{(1+4{,}2\%)^{12}-1}{4{,}2\%}(1+4{,}2\%)(1+4{,}2\%)^{13} \Leftrightarrow$

$FV_1 = 2433{,}41$

$FV_2 = PMT_2 \cdot \frac{(1+i)^{n2}-1}{i}(1+i)^m \Rightarrow FV_2 = 110 \cdot \frac{(1+4{,}2\%)^{12}-1}{4{,}2\%}(1+4{,}2\%) \Leftrightarrow FV_2 = 1742{,}15$

logo $FV = FV_1 + FV_2 \therefore FV \cong 2433{,}41 + 1742{,}15 \Leftrightarrow$ $\boxed{FV = R\$\ 4175{,}56}$

P5.31
a)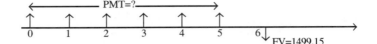

b)
$FV = PMT \cdot \frac{(1+i)^n-1}{i}(1+i) \Rightarrow 1499{,}15 = PMT \cdot \frac{(1+2{,}9\%)^6-1}{2{,}9\%}(1+2{,}9\%) \Rightarrow$

$\Rightarrow \boxed{PMT \cong R\$\ 225{,}80}$

Calculadora:
MON FIN; CLEAR ALL; BEGIN; 1499,15 +/- FV; 6 n; 2,9 i; COMP PMT
$\boxed{225{,}7992837}$

c) Calculadora:
MON FIN; CLEAR ALL; BEGIN; 1499,15 +/- FV; 5 n; 2,9 i; COMP PMT
$\boxed{274{,}962899812}$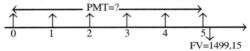

$FV = PMT \cdot \frac{(1+i)^n-1}{i}(1+i) \Rightarrow 1499{,}15 = PMT \cdot \frac{(1+2{,}9\%)^5-1}{2{,}9\%} \cdot (1+2{,}9\%)$

logo $\boxed{PMT \cong R\$\ 274{,}96}$

P5.32
$FV = PMT \cdot \frac{(1+i)^n-1}{i}(1+i) \Rightarrow FV = 150 \cdot \frac{(1+2{,}9\%)^8-1}{2{,}9\%} \cdot (1+2{,}9\%)$

Calculadora:
MON FIN; CLEAR ALL; BEGIN; 150 PMT; 8 n; 2,9 i; COMP FV

$\boxed{-1.367{,}67118139}$ logo $\boxed{FV \cong R\$\ 1.367{,}67}$

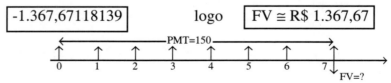

P5.33
$FV = PMT \cdot \frac{(1+i)^n-1}{i}(1+i) \Rightarrow 485{,}62 = 89{,}60 \cdot \frac{(1+2{,}7\%)^n-1}{2{,}7\%}(1+2{,}7\%)$
Calculadora:
MON FIN; CLEAR ALL; BEGIN; 485,62 +/- FV; 89,60 PMT; 2,7 i; COMP
n 4,999989310 ∴ $\boxed{n \cong 5}$ depósitos

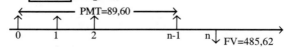

P5.34
a)
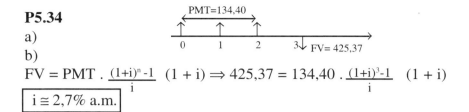
b)
FV = PMT . $\frac{(1+i)^n-1}{i}$ (1 + i) $\Rightarrow$ 425,37 = 134,40 . $\frac{(1+i)^3-1}{i}$ (1 + i)

$\boxed{i \cong 2,7\% \text{ a.m.}}$

Calculadora:
MON FIN; CLEAR ALL; BEGIN; 425,37 +/- FV; 134,40 PMT; 3 n; COMP i
$\boxed{2,700316396}$

P5.35
FV = PMT . $\frac{(1+i)^n-1}{i}$ (1 + i)^m $\Rightarrow$ 574,58 = 172,80 . $\frac{(1+2,6\%)^n-1}{2,6\%}$ (1+2,6%)^3 $\Leftrightarrow$

$\Leftrightarrow$ 574,48 $\cong$ 7178,149059 [(1,026)^n -1] $\Leftrightarrow$ 0,080032 $\cong$ (1,026)^n -1 $\Leftrightarrow$
$\Leftrightarrow$ 1,080032 $\cong$ (1,026)^n $\Leftrightarrow$ ln(1,080032) $\cong$ ln(1,026)^n $\Leftrightarrow$
$\Leftrightarrow$ 0,0769905 $\cong$ n . 0,025668 $\Leftrightarrow$ $\boxed{n \cong 3}$ pagamentos

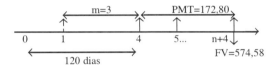

P5.36
Mariana $\Rightarrow$ FV$_1$= PMT . $\frac{(1+i)^n-1}{i}$ $\Rightarrow$ FV$_1$ = 120 . $\frac{(1+2,8\%)^{24}-1}{2,8\%}$ $\Leftrightarrow$

$\boxed{FV_1 \cong R\$ 4.029,20}$

Alessandra $\Rightarrow$ (1+i1)^{n1} = (1+ i2)^{n2} $\Rightarrow$ (1+ i)^1 = (1+ 2,8%)^3 $\Leftrightarrow$ i $\cong$ 8,63% a.t.
$\Rightarrow$FV$_2$ = PMT . $\frac{(1+i)^n-1}{i}$ (1 + i) $\Rightarrow$ FV$_2$ = 360 . $\frac{(1+8,63\%)^8-1}{8,63\%}$ (1+8,63%) $\Leftrightarrow$

$\Leftrightarrow$ $\boxed{FV_2 \cong R\$ 4255,49}$

Obs.: 22 anos = 24 meses = 8 trimestres
2,8% a.m. = 3.2,8% a.t. = 8,4% a.t., na capitalização simples $\therefore$ 8,4% a.t. $\neq$ 8,63% a.t.

P5.37
a)
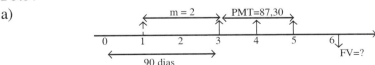

$FV = PMT \cdot \frac{(1+i)^n - 1}{i} (1+i)^m \Rightarrow FV = 87{,}30 \cdot \frac{(1+2{,}8\%)^3 - 1}{2{,}8\%} (1 + 2{,}8\%)^2$

$\boxed{FV \cong R\$ 284{,}59}$

b)
$FV = PMT \cdot \frac{(1+i)^n - 1}{i} (1 + i)^m \Rightarrow FV = 87{,}30 \cdot \frac{(1+2{,}8\%)^5 - 1}{2{,}8\%} (1 + 2{,}8\%)^2 \Leftrightarrow$

$\boxed{\Leftrightarrow FV \cong R\$ 487{,}85}$

P5.38
$FV = PMT \cdot \frac{(1+i)^n - 1}{i} (1+i)^m \Rightarrow 387{,}89 = PMT \cdot \frac{(1+2{,}8\%)^4 - 1}{2{,}8\%} (1 + 2{,}8\%)^3$

$\Leftrightarrow 387{,}89 \cong PMT \cdot 4{,}531437 \Leftrightarrow \boxed{PMT \cong R\$ 85{,}60}$

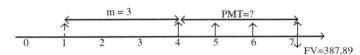

P5.39
$FV = PMT \cdot \frac{(1+i)^n - 1}{i} (1 + i)^m \Rightarrow 810{,}09 = 148 \cdot \frac{(1+2{,}6\%)^n - 1}{2{,}6\%} (1 + 2{,}6\%)^{1{,}5} \Leftrightarrow$

$\Leftrightarrow 810{,}09 = 5915{,}7444488[(1{,}026)^n - 1] \Leftrightarrow 1{,}136938 = (1{,}026)^n \Leftrightarrow \ln(1{,}026)^n \Leftrightarrow$

$\Leftrightarrow 0{,}128334 = n \cdot 0{,}02567 \Leftrightarrow \boxed{n \cong 5}$ pagamentos

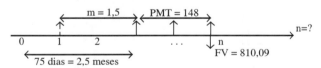

P5.40
$FV = PMT \cdot \frac{(1+i)^n - 1}{i} (1 + i)^m$

$8918{,}70 = 200 \cdot \frac{(1 + i)^{24} - 1}{i} (1 + i)^{12} \Leftrightarrow$

$\Leftrightarrow \frac{8918{,}70\ i}{200(1+i)^{12}} = (1 + i)^{24} - 1 \Leftrightarrow \boxed{\frac{44{,}5935\ i}{(1+i)^{12}} = (1 + i)^{24} - 1}$ não é uma equação elementar!

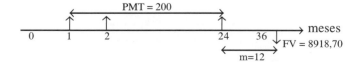

por tentativa temos:

$$i = 2\% \Rightarrow \quad 1^\circ\,M \cong \frac{44{,}5935 \cdot 2\%}{(1+2\%)^{12}} \cong 0{,}7032$$

$$2^\circ\,M = (1 + 2\%)^{24} - 1 = 0{,}6084 \left.\right\} \quad \begin{array}{c} 1^\circ\,M > 2^\circ\,M \\ i > 2\% \end{array}$$

$$i = 3\% \Rightarrow \quad 1^\circ\,M \cong \frac{44{,}5935 \cdot 3\%}{(1+3\%)^{12}} \cong 0{,}9383$$

$$2^\circ\,M \cong (1 + 3\%)^{24} - 1 \cong 1{,}0328 \left.\right\} \quad \begin{array}{c} 1^\circ\,M < 2^\circ\,M \\ i < 3\% \end{array}$$

$$i = 2{,}5\% \Rightarrow \quad 1^\circ\,M \cong \frac{44{,}5935 \cdot 2{,}5\%}{(1+2{,}5\%)^{12}} \cong 0{,}7032$$

$$2^\circ\,M \cong (1 + 2{,}5\%)^{24} - 1 \cong 0{,}8087 \left.\right\} \quad \begin{array}{c} 1^\circ\,M > 2^\circ\,M \\ i > 2{,}5\% \end{array}$$

$$i = 2{,}6\% \Rightarrow \quad 1^\circ\,M \cong \frac{44{,}5935 \cdot 2{,}6\%}{(1+2{,}6\%)^{12}} \cong 0{,}8521$$

$$2^\circ\,M \cong (1 + 2{,}6\%)^{24} - 1 \cong 0{,}8516 \left.\right\} \quad \begin{array}{c} 1^\circ\,M \cong 2^\circ\,M \\ \boxed{i \cong 2{,}6\%\ \text{a. m.}} \end{array}$$

Observação: dispondo de uma calculadora programável (por exemplo HP 19B) é só imputar a fórmula $FV = PMT \cdot \frac{(1+i)^n - 1}{i}\,(1 + i)^m$ com os respectivos valores numéricos e solicitar com o apertar da tecla i o valor desejado (1 = 2,6%). A mesma coisa ocorre utilizando uma planilha de cálculo num microcomputador (por exemplo EXCEL 5.0 for Windows).

P5.41

$$FV = PMT \cdot \frac{(1+i)^n - 1}{i}\,(1 + i)(1 + i)^m$$

$$8918{,}70 = 200 \cdot \frac{(1+i)^{24} - 1}{i}\,(1 + i)(1 + i)^{12} \Leftrightarrow$$

$$\Leftrightarrow \frac{8918{,}70 \cdot i}{(1+i)(1+i)^{12} \cdot 200} = (1 + i)^{24} - 1 \Leftrightarrow \boxed{\frac{44{,}5935\,i}{(1+i)^{13}} \cong (1 + i)^{24} - 1}\ \begin{array}{l}\text{não é uma}\\ \text{equação}\\ \text{elementar!}\end{array}$$

PMT = 200

0   1   2   ...   23   24   36

m=12   FV = 8918,70

por tentativa temos:

$$i = 2\% \Leftrightarrow 1^\circ M \cong \frac{44,5935 \cdot 2\%}{(1+2\%)^{13}} \cong 0,6894$$

$$2^\circ M \cong (1 + 2\%)^{24} - 1 \cong 0,6084$$

$\left.\right\}$ $1^\circ M > 2^\circ M$ $\quad i > 2\%$

$\left.\right\}$ $2\% < i < 3\%$

$$i = 3\% \Rightarrow 1^\circ M \cong \frac{44,5935 \cdot 3\%}{(1+3\%)^{13}} \cong 0,9110$$

$$2^\circ M \cong (1 + 3\%)^{24} - 1 \cong 1,0328$$

$\left.\right\}$ $1^\circ M < 2^\circ M$ $\quad i < 3\%$

$$i = 2,5\% \Rightarrow 1^\circ M \cong \frac{44,5935 \cdot 2,5\%}{(1+2,5\%)^{13}} \cong 0,8087$$

$$2^\circ M \cong (1 + 2,5\%)^{24} - 1 \cong 0,8087$$

$\left.\right\}$ $1^\circ M \cong 2^\circ M$

$\boxed{i \cong 2,5\% \text{ a. m.}}$

Observação: com interpolação linear obteríamos $i \cong 0,0247198 \Leftrightarrow i \cong 2,5\%$ a.m.

P5.42

a)

b) $FV = PMT \cdot \dfrac{(1+i)^n - 1}{i} \ (1 + i) \Rightarrow$

$$\Rightarrow FV = 40,80 \cdot \frac{(1+2,9\%)^4 - 1}{2,9\%} \ (1 + 2,9\%) \Leftrightarrow \boxed{FV \cong R\$ \ 175,38}$$

Calculadora:

MON FIN; CLEAR ALL; BEGIN; 40 . 80 PMT; 4 n; 2,9 i; COMP FV

$\boxed{-175,380132213}$

c)

$$FV = PMT \cdot \frac{(1+i)^n - 1}{i} \ (1 + i)(1 + i)^m$$

$$FV = 40,80 \cdot \frac{(1+2,9\%)^4 - 1}{2,9\%} \ (1 + 2,9\%)(1 + 2,9\%)^2$$

$\boxed{FV \cong R\$ \ 185,70}$

P5.43

a) [diagrama: setas em 0,1,2,3,4; PMT=? em 5; FV=394,70]

b) $FV = PMT \cdot \dfrac{(1+i)^n - 1}{i}(1+i) \Rightarrow 394{,}70 = PMT \cdot \dfrac{(1+2{,}5\%)^5 - 1}{2{,}5\%}(1 + 2{,}5\%) \Rightarrow$

$\Rightarrow \boxed{PMT \cong R\$\ 73{,}26}$

Calculadora:
MON FIN; CLEAR ALL; 394,70 +/- FV; 5 n; 2,5 i; COMP PMT
$\boxed{73{,}258961952}$

c) [diagrama: setas em 0,1,2,3,4,5,6; PMT=? em 7; FV=394,70]

$FV = PMT \cdot \dfrac{(1+i)^n - 1}{i}(1+i)(1+i)^m \Rightarrow$

$\Rightarrow 394{,}70 = PMT \cdot \dfrac{(1+2{,}5\%)^5 - 1}{2{,}5\%}(1+2{,}5\%)(1+2{,}5\%)^2 \Leftrightarrow$

$\Leftrightarrow 394{,}70 \cong 5{,}66049 \Leftrightarrow \boxed{PMT \cong R\$\ 69{,}73}$

P5.44

$FV = PMT \cdot \dfrac{(1+i)^n - 1}{i}(1+i)(1+i)^m \Rightarrow$

$\Rightarrow 692{,}39 = 205 \cdot \dfrac{(1+3\%)^3 - 1}{3\%}(1+3\%)(1+3\%)^m \Leftrightarrow$

$\Leftrightarrow 692{,}39 \cong 652{,}643535 (1 + 0{,}03)^m \Leftrightarrow 1{,}0609 \cong (1{,}03)^m \Leftrightarrow$

$\Leftrightarrow \ln(1{,}0609) = \ln(1{,}03)^m \Leftrightarrow 0{,}05912 = m \cdot 0{,}02956 \Leftrightarrow \boxed{m \cong 2 \text{ meses}}$

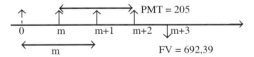

P5.45

antes:
$PV = PMT \cdot \dfrac{(1+i)^n - 1}{i} \Rightarrow 269{,}80 = 39{,}84 \cdot \dfrac{1 - (1+i)^{-8}}{i} \Rightarrow i \cong 3{,}86\%$ a.m.

Calculadora:
MON FIN; CLEAR ALL; END; 269,80 +/- PV; 39,84 PMT; 8 n; COMP i
$\boxed{3{,}859106851}$

depois:

$$PV = PMT \cdot \frac{1-(1+i)^{-n}}{i} \Rightarrow 269,80 = PMT \cdot \frac{1-(1+3,86\%)^{-4}}{3,86\%} \Rightarrow$$

$$\Rightarrow \boxed{PMT \cong R\$ 74,08} \quad \text{é a nova prestação}$$

Calculadora:
MON FIN; CLEAR ALL; END; 269,800 +/- PV; 4 n; 3,86 i; COMP PMT
$\boxed{74,082133315}$

P5.46 a menor taxa de juros implica num preço menor; opção **A**.

P5.47 $PV_I = R\$ 418,00; PV_{II} \cong R\$ 415,99 ; PV_{III} \cong R\$ 420,01$; opção **2**.

P5.48 1) $PV \cong 9999,997517$;   2) $PV \cong 9999,973599$;
3) $PV \cong 10000,02706$;   4) $PV \cong 3000 + 6999,98644$;
5) $PV \cong 4000 + 5417,191444$ opção **5**.

P5.49 carência ou prazo de 0 ou 30 dias $\Rightarrow$ diferidas, com omissão $\Rightarrow$
END; opção **E**.

P5.50 HP 12 C $\Rightarrow$ f reg; g END; 5000 +/- PV; 24 n; 1,23 i;
PMT $\boxed{241,8634911}$; alternativa **B**.

P5.51 HP 12 C $\Rightarrow$ f reg; g BEGIN; 8000 +/- PV; 5 n; 1,93 i;
PMT $\boxed{1661,748675}$; PMT $\cong R\$ 1661,75$.

P5.52 HP 12 C $\Rightarrow$ f reg; g END; 3200 +/- PV; 4 n; 3,5 i;
PMT $\boxed{871,2036464}$; PMT $\cong R\$ 871,20$.

P5.53 a)

```
            ←-----PMT = ?---→
          ↑   ↑   ↑   ↑   ↑
a) ----0----1----2----3----4----5----6---
                             ↓
                           1400
```

b) HP 12 C $\Rightarrow$ f reg; g END; 14000 +/- FV; 5 n; 1,97 i; PMT $\boxed{269,1831819}$;
PMT $\cong R\$ 269,18$.
c) HP 12 C $\Rightarrow$ f reg; g END; 269,1831819 PMT; 5 n; 1,97 i; PV $\boxed{1269,88952}$;
HP 12 C $\Rightarrow$ f reg; g END; 1400 FV; 5 n; 1,97 i; PV $\boxed{1269,88952}$;
FV = PV + J $\Rightarrow$ 1400 $\cong$ 1269,89 + J $\therefore \boxed{J \cong R\$ 130,11}$

Capítulo 6

SISTEMAS DE AMORTIZAÇÃO

6.1 Sistema Francês

Estudaremos nesse capítulo algumas formas de pagamentos parcelados para empréstimos contraídos. A amortização (ou abatimento) de uma dívida pode ser descrita por um demonstrativo que é util para credores e devedores ter uma posição momentânea do resgate de uma dívida.

No sistema Francês (ou sistema Price), utilizado no Brasil pelo sistema nacional de habitação, o devedor paga o seu empréstimo em prestações iguais e imediatas.

Matematicamente:

$$PV = PMT \cdot \frac{1 - (1 + i)^{-n}}{i}$$

onde: PV = valor presente (ou dívida contraída)
PMT = valor das prestações (ou pagamentos)
$n = n^{o}$ de parcelas
i = taxa contratada

Nos quadros para o demonstrativo do estado da dívida são indicados:
* os juros por período $\boxed{J_n = SD_{n-1} \cdot i}$
J_n = juros onde n = 1, 2, 3, ...
SD = saldo devedor
$SD_0 = PV$

* a amortização (ou abatimento) da dívida por período:

$$\boxed{A_n = PMT - J_n} \quad A_n = \text{amortização}$$

* o saldo devedor por período: $\boxed{SD_n = SD_{n-1} - A_n}$

147

R6.1 João Carlos adquiriu um veículo de R$ 12.000,00 e se compromete a pagar essa dívida em 6 parcelas mensais e imediatas a uma taxa de 4% a.m. Organizar um demonstrativo dessa dívida pelo sistema Francês (ou Price) indicando pagamentos, juros, amortização e saldo devedor.

Resolução:

- $PV = PMT \cdot \dfrac{1 - (1+i)^{-n}}{i} \Rightarrow 12000 = PMT \cdot \dfrac{1 - (1+4\%)^{-6}}{4\%} \Rightarrow$

$PMT \cong R\$ 2289,14$

Calculadora:
MON FIN; CLEAR ALL; END; 12000 +/- PV; 6 n; 4 i; COMP PMT

$\boxed{2289,142830}$

$n = 1 \Rightarrow J_1 = SD_0 \cdot i \Rightarrow J_1 = PV \cdot i \Rightarrow 12000 \cdot 4\% \Leftrightarrow J_1 = 480,00$
$\quad A_1 = PMT - J_1 \Rightarrow A_r = 2289,14 - 480 \Leftrightarrow A_1 = 1809,14$
$\quad SD_1 = SD_0 - A_1 \Rightarrow SD_1 = PV - A_1 \Leftrightarrow SD_1 = 1200 - 1809,14 \Leftrightarrow SD_1 = 10190,86$

$n = 2 \Rightarrow J_2 = SD_1 \cdot i \Rightarrow J_2 = 10190,84 \cdot 4\% \Leftrightarrow J_2 = 407,63$
$\quad A_2 = PMT - J_2 \Rightarrow A_2 = 2289,14 - 407,63 \Leftrightarrow A_2 = 188,51$
$\quad SD_2 = SD_1 - A_2 \Rightarrow SD_2 = 10190,86 - 1881,51 \Leftrightarrow SD_2 = 8309,35$

$n = 3 \Rightarrow J_3 = SD2 \cdot i \Rightarrow J_3 = 8309,35 \cdot 4\% \Leftrightarrow J_3 = 332,37$
$\quad A_3 = PMT - J_3 \Rightarrow A_3 = 2289,14 - 332,37 \Leftrightarrow A_3 = 1956,77$
$\quad SD_3 = SD_2 - A_3 \Rightarrow SD_3 = 8309,35 - 1956,77 \Leftrightarrow SD_3 = 6352,58$

$n = 4 \Rightarrow J_4 = SD_3 \cdot i \Rightarrow J_4 = 6352,58 \cdot 4\% \Leftrightarrow J_4 = 254,10$
$\quad A_4 = PMT - J_4 \Rightarrow A_4 = 2289,14 - 254,10 \Leftrightarrow A_4 = 2035,04$
$\quad SD_4 = SD_3 - A_4 \Rightarrow SD_4 = 6352,58 - 2035,04 \Leftrightarrow SD_4 = 4317,54$

$n = 5 \Rightarrow J_5 = SD_4 \cdot i \Rightarrow J4 = 4317,54 \cdot 4\% \Leftrightarrow J_5 = 172,70$
$\quad A_5 = PMT - J_5 \Rightarrow A_5 = 2289,14 - 172,70 \Leftrightarrow A_5 = 2116,44$
$\quad SD_5 = SD_4 - A_5 \Rightarrow SD_5 = 4317,54 - 2116,44 \Leftrightarrow SD_5 = 2201,10$

$n = 6 \Rightarrow J_6 = SD5 \cdot i \Rightarrow J_6 = 2201,10 \cdot 4\% \Leftrightarrow J_6 = 88,04$
$\quad A_6 = PMT - J_6 \Rightarrow A_6 = 2289,14 - 88,04 \Leftrightarrow A_6 = 2201,10$
$\quad SD_6 = SD_5 - A_6 \Rightarrow SD_6 = 2201,10 - 2201,10 \Leftrightarrow SD_6 = 0$

HP 12C $\Rightarrow$ f reg; 12000 +/- PV; 4i; 6n; PMT 2289,142830
1 f amort (480 = J_1); x$\rightleftarrows$y (1809,14 = A_1); RCL PV (10190,86 = SD_1);
1 f amort (407,63 = J_2); x$\rightleftarrows$y (1881,51 = A_2); RCL PV (8309,35 = SD_2).

DEMONSTRATIVO

n	PAGAMENTOS PMT	JUROS $= SD_{n-1} \cdot i$	AMORTIZAÇÃO $A_n = PMT - J_n$	SALDO DEV. $SD_n = SD_{n-1} - A_n$
0	-	-	-	PV = 12000
1	2289,14	480	1809,14	10190,86
2	2289,14	407,63	1881,51	8309,35
3	2289,14	332,37	1956,77	6352,58
4	2289,14	254,10	2035,04	4317,54
5	2289,14	172,70	2116,44	2201,10
6	2289,14	88,04	2201,10	0

Observações:

- as prestações são sempre constantes;

- os juros e o saldo devedor apresentam sempre resultados decrescentes;

- a amortização apresenta valores crescentes;

- para o cálculo do pagamento (ou prestação) PMT não foi utilizada a tabela PRICE, que é uma bateria de números fornecendo a parcela da fórmula $\frac{1 - (1 + i)^{-n}}{i}$. Atualmente esse cálculo é feito por uma calculadora financeira ou com o auxílio de uma planilha eletrônica de um microcomputador.

- é possível estabelecer nas calculadoras financeiras os valores dos juros (1 f amort), amortização (x⇆y), e saldo devedor (RCL PV).

6.2 Sistema de Amortização Constante (SAC)

Temos um procedimento utilizado para se elaborar o demonstrativo de uma dívida em que as amortizações são constantes, e os pagamentos e juros são decrescentes.

Matematicamente:

$A = \dfrac{PV}{n}$ A é a amortização
PV é o valor presente (valor inicial da dívida)
n é o n° de parcelas

$$\boxed{J_n = SD_{n-1} \cdot i} \; ;$$

J_n = juros; SD_n = saldo devedor; n = 1, 2, 3, 4, ...; i = taxa contratada

$$\boxed{P_n = A + J_n} \; ;$$

A é a amortização; P_n é a prestação

$$\boxed{SD_n = SD_{n-1} - A} \; ; SD_n \text{ é o saldo devedor}$$

R6.2 João Carlos adquiriu um veículo de R$ 12.000,00 e fará o pagamento dessa dívida em 6 prestações mensais pelo Sistema de Amortização Constante (SAC). Organizar um demonstrativo dessa dívida apresentando: juros, prestações, amortização e saldo devedor para uma taxa de 4% a.m.

Resolução:

$$A = \dfrac{PV}{n} \Rightarrow A = \dfrac{1200}{6} \Leftrightarrow A = 2000$$

$$J_1 = SD_0 \cdot i \Rightarrow J_1 = PV \cdot i \Rightarrow 12000 \cdot 4\% \Leftrightarrow J_1 = 480$$
$$n = 1 \Rightarrow P_1 = A + J_1 \Rightarrow P_1 = 2000 + 480 \Leftrightarrow P_1 = 2480$$
$$SD_1 = SD_0 - A \Rightarrow SD_1 = PV - A \Leftrightarrow SD_1 = 12000 - 2000 \Leftrightarrow SD_1 = 10000$$

$$J_2 = SD_1 \cdot i \Rightarrow J_2 = 10000 \cdot 4\% \Leftrightarrow J_2 = 400$$
$$n = 2 \Rightarrow P_2 = A + J_2 \Rightarrow P_2 = 2000 + 400 \Leftrightarrow P_2 = 2400$$
$$SD_2 = SD_1 - A \Rightarrow SD_2 = 10000 - 2000 \Leftrightarrow SD_2 = 8000$$

$$J_3 = SD_2 \cdot i \Rightarrow J_3 = 8000 \cdot 4\% \Leftrightarrow J_3 = 320$$
$$n = 3 \Rightarrow P_3 = A + J_3 \Rightarrow P_3 = 2000 + 320 \Leftrightarrow P_3 = 2320$$
$$SD_3 = SD_2 - A \Rightarrow SD_3 = 8000 - 2000 \Leftrightarrow SD_3 = 6000$$

$$J_4 = SD_3 \cdot i \Rightarrow J_4 = 6000 \cdot 4\% \Leftrightarrow J_4 = 240$$
$$n = 4 \Rightarrow P_4 = A + J_4 \Rightarrow P_4 = 2000 + 240 \Leftrightarrow P_4 = 2240$$
$$SD_4 = SD_3 - A \Rightarrow SD_4 = 6000 - 2000 \Leftrightarrow SD_4 = 4000$$

$$J_5 = SD_4 . i \Rightarrow J_5 = 4000 . 4\% \Leftrightarrow J_5 = 160$$
$$n = 5 \Rightarrow P_5 = A + J_5 \Rightarrow P_5 = 2000 + 160 \Leftrightarrow P_5 = 2160$$
$$SD_5 = SD_4 - A \Rightarrow SD_5 = 4000 - 2000 \Leftrightarrow SD_5 = 2000$$

$$J_6 = SD_5 . i \Rightarrow J_6 = 2000 . 4\% \Leftrightarrow J_6 = 80$$
$$n = 6 \Rightarrow P_6 = A + J_6 \Rightarrow P_6 = 2000 + 80 \Leftrightarrow P_6 = 2080$$
$$SD_6 = SD_5 - A \Rightarrow SD_6 = 2000 - 2000 \Leftrightarrow SD_6 = 0$$

DEMONSTRATIVO

n	PAGAMENTOS $P_n = A + J_n$	JUROS $J_n = SD_{n-1} . i$	AMORTIZAÇÃO $A = \dfrac{PV}{n}$	SALDO DEVEDOR $SD_n = SD_{n-1} - A$
0	-	-	-	PV = 12000
1	2480	480	2000	10000
2	2400	400	2000	8000
3	2320	320	2000	6000
4	2240	240	2000	4000
5	2160	160	2000	2000
6	2080	80	2000	0

Observação:

- as amortizações são sempre constantes (SAC);
- as prestações, juros e saldo devedor são sempre decrescentes;
- devido à facilidade dos cálculos, cada coluna pode ser montada individualmente ou então o demonstrativo ser elaborado sem os cálculos intermediários.

6.3 Sistema de Amortização Misto (SAM)

Nesse sistema de abatimento de uma dívida em n parcelas, tem-se que o cálculo de cada prestação é obtido como média aritmética das prestações do sistema Francês (ou Price) e o Sistema de Amortização Constante (SAC) dentro do respectivo período.

Matematicamente:

$$P'_n = \frac{PMT + Pn}{2} \text{ onde:}$$

P'_n = prestações do SAM
PMT = prestações do Sistema Francês
P_n = prestações do SAC

$$\boxed{J_n = SD_{n-1} \cdot i} \qquad J_n = \text{juros}$$

$$\boxed{A_n = P'_n - J_n} \qquad A_n = \text{amortização,}$$
$$\text{onde } A_n = P'_n - J_n \Leftrightarrow \boxed{A_n + J_n = P'_n}$$

$$\boxed{SD_n = SD_{n-1} - A_n} \quad SD_n = \text{saldo devedor}$$
$$n = 1, 2, 3, \ldots$$

R6.3 João Carlos comprou um veículo por R$ 12.000,00 e fará o pagamento em 6 prestações mensais pelo Sistema de Amortização Misto (SAM). Organizar um demonstrativo dessa dívida apresentando: juros, prestações, amortização e saldo devedor para uma taxa contratada de 4% a.m.

Resolução: utilizando os cálculos efetuados junto aos exercícios **R6.1** (Sistema Francês) e **R6.2** (Sistema de Amortização Constante - SAC) temos:

	FRANCÊS (ou PRICE)	SAC	SAM
n	PMT	Pn	$P'n = \dfrac{PMT + Pn}{2}$
1	2289,14	2480	$\dfrac{2289,14 + 2480}{2} = 2384,57$
2	2289,14	2400	$\dfrac{2289,14 + 2400}{2} = 2344,57$
3	2289,14	2320	$\dfrac{2289,14 + 2320}{2} = 2264,57$
4	2289,14	2240	$\dfrac{2289,14 + 2240}{2} = 2264,57$
5	2289,14	2160	$\dfrac{2289,14 + 2160}{2} = 2224,57$
6	2289,14	2080	$\dfrac{2289,14 + 2080}{2} = 2184,57$

$$J_1 = SD_0 . i \Rightarrow J_1 = PV . i \Rightarrow 12000 . 4\% \Leftrightarrow J_1 = 480$$
$$n = 1 \Rightarrow A_1 = P'_1 - J_1 \Rightarrow A_1 = 2384,57 - 480 \Leftrightarrow A_1 = 1904,57$$
$$SD_1 = SD_0 - A_1 \Rightarrow SD_1 = PV - A_1 \Leftrightarrow SD_1 = 12000 - 1904,57 \Leftrightarrow SD_1 = 10095,43$$

$$J_2 = SD_1 . i \Rightarrow J_2 = 10095,43 . 4\% \Leftrightarrow J_2 = 403,82$$
$$n = 2 \Rightarrow A_2 = P'_2 - J_2 \Rightarrow A_2 = 2344,57 - 403,82 \Leftrightarrow A_2 = 1940,75$$
$$SD_2 = SD_1 - A_2 \Rightarrow SD_2 = 10095,43 - 1940,75 \Leftrightarrow SD_2 = 8154,68$$

$$J_3 = SD_2 . i \Rightarrow J_3 = 8154,68 . 4\% \Leftrightarrow J_3 = 326,19$$
$$n = 3 \Rightarrow A_3 = P'_3 - J_3 \Rightarrow A_3 = 2304,57 - 326,19 \Leftrightarrow A_3 = 1978,38$$
$$SD_3 = SD2 - A3 \Rightarrow SD_3 = 8154,68 - 1978,38 \Leftrightarrow SD3 = 6176,30$$

$$J_4 = SD_3 . i \Rightarrow J_4 = 6176,30 . 4\% \Leftrightarrow J_4 = 247,05$$
$$n = 4 \Rightarrow A_4 = P'_4 - J_4 \Rightarrow A_4 = 2264,57 - 247,05 \Leftrightarrow A_4 = 2017,52$$
$$SD_4 = SD_3 - A_4 \Rightarrow SD_4 = 6176,30 - 2017,52 \Leftrightarrow SD_4 = 4158,78$$

$$J_5 = SD_4 . i \Rightarrow J_5 = 4158,78 . 4\% \Leftrightarrow J_5 = 166,35$$
$$n = 5 \Rightarrow A_5 = P'_5 - J_5 \Rightarrow A_5 = 2224,57 - 166,35 \Leftrightarrow A_5 = 2058,22$$
$$SD_5 = SD_4 - A_5 \Rightarrow SD_5 = 4158,78 - 2058,22 \Leftrightarrow SD_5 = 2100,56$$

$$J_6 = SD_5 . i \Rightarrow J_6 = 2100,56 . 4\% \Leftrightarrow J_6 = 84,02$$
$$n = 6 \Rightarrow A_6 = P'_6 - J_6 \Rightarrow A_6 = 2184,57 - 84,02 \Leftrightarrow A_6 = 2100,55$$
$$SD_6 = SD_5 - A_6 \Rightarrow SD_6 = 2100,56 - 2100,55 \Leftrightarrow SD_6 = 0,01*$$

* deveria ser zero (esse resultado ocorreu devido a propagação dos erros nos arredondamentos).

DEMONSTRATIVO

n	PRESTAÇÕES $P'_n = \dfrac{PMT + Pn}{2}$	JUROS $J_n = SD_{n-1} . i$	AMORTIZAÇÃO $A_n = P'_n - J_n$	SALDO DEVEDOR $SD_n = SD_{n-1} - A_n$
0	-	-	-	PV = 12000
1	2384,57	80	1904,57	10095,43
2	2344,57	403,82	1940,75	8154,68
3	2304,57	326,19	1978,38	6176,30
4	2264,57	247,05	2017,52	4158,78
5	2224,57	166,35	2058,22	2100,56
6	2184,57	84,02	2100,55	0,01

Observação:

- as prestações, os juros, e o saldo devedor sempre são decrescentes;
- as amortizações sempre são crescentes;
- o saldo devedor ao final deveria ser zero;
- devido à base de cálculo (ou fórmula de P'n), as prestações do SAM decrescem "menos" em relação às prestações do SAC. Para isso podemos verificar as tabelas dos exercícios R6.2 e R6.3.

6.4 Sistema Americano de Amortização

Esse método comumente usado nos E.U.A., também é utilizado nos empréstimos internacionais. A amortização (ou abatimento) da dívida possui uma sistemática simples: até o penúltimo mês a prestação é equivalente aos juros, e somente no último período se tem o pagamento dos juros acrescidos do principal (PV).

Matematicamente: $\boxed{J_n = PV \cdot i}$ juros

n	JUROS	PAGAMENTOS	AMORTIZAÇÃO	SALDO DEVEDOR
0	—	—	—	PV
1	$J = PV \cdot i$	$P = J$	—	PV
2	$J = PV \cdot i$	$P = J$	—	PV
3	$J = PV \cdot i$	$P = J$	—	PV
.	:	:	:	:
n	$J = PV \cdot i$	$P = J + PV$	PV	0

R6.4 João Carlos comprou um veículo por R$ 12.000,00 e fará o pagamento em 6 prestações mensais pelo Sistema Americano de Amortização. Organizar um demonstrativo dessa dívida apresentando: juros, prestações, amortização e o saldo devedor para uma taxa contratada de 4% a.m.

Resolução: $\boxed{J_n = PV \cdot i}$ $\Rightarrow J = 12.000 \cdot 4\% \Leftrightarrow J = 480$

DEMONSTRATIVO				
n	JUROS	PAGAMENTOS	AMORTIZAÇÃO	SALDO DEVEDOR
0	-	-	-	12.000
1	480	480	-	12.000
2	480	480	-	12.000
3	480	480	-	12.000
4	480	480	-	12.000
5	480	480	-	12.000
6	480	12.480	12.000	0

Observação:
- os juros são sempre constantes;
- os pagamentos do primeiro ao penúltimo período equivalem-se aos juros;
- somente o último pagamento se tem os juros mais o principal (PV).

6.5 Sistema Alemão de Amortização

No Sistema Alemão de Amortização tem-se todos os pagamentos (ou prestações) iguais. Nessas parcelas estão inclusas amortizações imediatas e juros antecipados. Na data da liberação do empréstimo ($n = 0$) ele paga os juros do 1° período ($J_1 = PV \cdot i$) e por isso no último período (em n) ele só paga a amortização (a última prestação não inclui os juros).

Matematicamente temos:

$n = 0: J_1 = PV \cdot i$

$n = 1: P_1 = A_1 + J_2 \Leftrightarrow P_1 = A_1 + (PV - A_1)i$

$n = 2: P_2 = A_2 + J_3 \Leftrightarrow P_2 = A_2 + PV - A_1 - A_2)i$

$n = 3: P_3 = A_3 + J_4 \Leftrightarrow P_3 = A_3 + (PV - A_1 - A_2 - A_3)i$

$\vdots$

$n : P_n = A_n$

sabendo-se que $\boxed{P_1 = P_2 = P_3 = ... P_n = P}$

"todos os pagamentos são iguais" temos que:

$$P_1 = P_2 \Rightarrow A_1 + J_2 = A_2 + J_3$$
$$A_1 + (PV-A_1)i = A_2 + (PV-A_1-A_2)i \Leftrightarrow A_1 (PV-Ai)i = A_2 + (PV-A_1)i - A2i \Leftrightarrow$$

$$\Leftrightarrow A_1 = A_2 (1 - i) \Leftrightarrow \frac{A_1}{1-i} = A_2$$

$$P_2 = P_3 \Rightarrow A_2 + J_3 = A_3 + J_4$$
$$A_2 + (PV - A_1 - A_2)i = A_3 + (PV - A_1 - A_2 - A_3)i \Leftrightarrow$$
$$A_2 + (PV - A_1 - A_2) i = A_3 + (PV - A_1 - A_2)i - A_{3i} \Leftrightarrow$$
$$\Leftrightarrow A_2 = A_3 (1 - i) \Leftrightarrow \frac{A_2}{1-i} = A_3$$
...

e assim por indução: $P_{n-1} = P_n \Rightarrow \boxed{\dfrac{A_{n-1}}{1-i} = A_n}$

mas se $\dfrac{A_{n-2}}{1-i} = A_{n-1}$ temos: $\dfrac{\frac{A_{n-2}}{1-i}}{1-i} = A_n \Leftrightarrow \dfrac{A_{n-1}}{(1-i)^2} = A_n$

$\dfrac{A_{n-3}}{1-i} = A_{n-2}$ temos: $\dfrac{\frac{A_{n-3}}{1-i}}{(1-i)^2} = A_n \Leftrightarrow \dfrac{A_{n-3}}{(1-i)^3} = A_n$

$\dfrac{A_{n-1}}{1-i} = A_2$ \qquad $\boxed{\dfrac{A_1}{(1-i)^{n-1}} = A_n}$

Sendo $\dfrac{A_1}{(1-i)^{n-1}} = A_n$ \qquad igualando $\dfrac{A_1}{(1-i)^{n-1}} = P_n$

$$P = P_n = A_n \qquad \text{substituindo } \dfrac{\frac{P-PV \cdot i}{1-i}}{(1-i)^{n-1}} = P \Leftrightarrow$$

sabendo-se que $A_1 = \dfrac{A_2}{1-i} \Leftrightarrow \boxed{A_1 = \dfrac{P-PVi}{1-i}}$

$$\Leftrightarrow \dfrac{P-PVi}{(1-i)^{1+n-1}} = P \Leftrightarrow P - PVi = P (1 - i)^n \Leftrightarrow P - P (1 + i)^n = PVi \Leftrightarrow$$

$$\Leftrightarrow P[1 - (1 - i)^n] = PVi \Leftrightarrow \qquad \boxed{P = \dfrac{PV \cdot i}{1-(1-i)^n}}$$

P = qualquer prestação

PV = valor inicial do empréstimo (valor presente)

n = nº de parcelas

i = taxa contratada

Cálculo dos juros: $n = 0 \Rightarrow J = PV . i$; $n \geq 1 \Rightarrow J_n = P_n - A_n$; que é uma maneira mais prática.

R6.5 João Carlos adquiriu um veículo por R$ 12.000,00 e fará o pagamento em 6 prestações mensais pelo Sistema Alemão de Amortização. Para uma taxa contratada de 4% a.m., organizar um demonstrativo contendo juros, prestações, amortização e saldo devedor.

Resolução:

- a 1ª amortização é dada por: $\boxed{A_1 = \dfrac{P - PV . i}{1 - i}}$

PV = cada prestação
PV = valor inicial do empréstimo
i = taxa

- as demais amortizações são dadas por:

$$A_n = \frac{A_1}{(1-i)^{n-1}} \qquad ou \qquad A_n = \frac{A_{n-1}}{1 - i} \quad n \geq 2$$

- os pagamentos são obtidos por $\quad P = \dfrac{PV . i}{1-(1-i)^n} \quad \Rightarrow$

$$\Rightarrow P = \frac{1200 . 4\%}{1-(1 - 4\%)^6} \quad \Leftrightarrow P \cong 2209,52$$

$n = 0 \Rightarrow J = PV . i \Rightarrow J = 12000 . 4\% \Leftrightarrow J = 480$

$n = 1 \Rightarrow \begin{cases} J_1 = P - A_1 \Rightarrow J_1 = 2209,52 - 1801,58 \Leftrightarrow J_1 = 407,94 \\[2mm] A_1 = \dfrac{P - PVi}{1 - i} \Rightarrow A_1 = \dfrac{2209,52 - 12000 . 4\%}{1 - 4\%} \Leftrightarrow A_1 = 1801,58 \end{cases}$

$n = 2 \Rightarrow \begin{cases} J_2 = P - A_2 \Rightarrow J_2 = 2209,52 - 1876,65 \Leftrightarrow J_2 = 332,87 \\[2mm] A_2 = \dfrac{A_1}{(1-i)^{2-1}} \Rightarrow A_2 = \dfrac{1801,58}{(1-4\%)^1} \Leftrightarrow A_2 \cong 1876,65 \end{cases}$

$n = 3 \Rightarrow \begin{cases} J_3 = P - A_3 \Rightarrow J_3 = 2209,52 - 1954,84 \Leftrightarrow J_3 = 254,68 \\[2mm] A_3 = \dfrac{A_1}{(1-i)^{3-1}} \Rightarrow A_3 = \dfrac{1801,58}{(1-4\%)^2} \Leftrightarrow A_3 = 1954,84 \end{cases}$

$$n = 4 \Rightarrow \begin{cases} J_4 = P - A_4 \Rightarrow J_4 = 2209,52 - 2306,29 \Leftrightarrow J_4 = 173,23 \\ A_4 = \dfrac{A_1}{(1-i)^{4-1}} \Rightarrow A_4 = \dfrac{1801,58}{(1-4\%)^3} \Leftrightarrow A_4 = 2036,29 \end{cases}$$

$$n = 5 \Rightarrow \begin{cases} J_5 = P - A_5 \Rightarrow J_5 = 2209,52 - 2121,14 \Leftrightarrow J_5 = 88,38 \\ A_5 = \dfrac{A_1}{(1-i)^{5-1}} \Rightarrow A_5 = \dfrac{1801,58}{(1-4\%)^4} \Leftrightarrow A_5 = 2121,14 \end{cases}$$

$$n = 6 \Rightarrow \begin{cases} J_6 = P - A_6 \Rightarrow 2209,52 - 2209,52 \Leftrightarrow J_6 = 0 \\ A_6 = \dfrac{A_1}{(1-i)^{6-1}} \Rightarrow A_6 = \dfrac{1801,58}{(1-4\%)^5} \Leftrightarrow A_6 = 2209,52 \end{cases}$$

DEMONSTRATIVO

n	PAGAMENTOS $P = \dfrac{PV \cdot i}{1-(1-i)^n}$	JUROS J_n	AMORTIZAÇÃO DEVEDOR	SALDO DEVEDOR $SD_n = SD_{n-1} - A_n$
0	-	480	-	PV = 12000
1	2209,52	407,94	1801,58	10198,42
2	2209,52	332,87	1876,65	8321,77
3	2209,52	254,68	1954,84	6366,93
4	2209,52	173,23	2036,29	4330,64
5	2209,52	88,38	2121,14	2209,50
6	2209,52	-	2209,52	-0,02*

* à propagação dos erros nos arredondamentos não foi obtido zero no último saldo devedor.

Observações:
- os pagamentos (ou prestações) são sempre constantes;
- os juros e o saldo devedor são sempre decrescentes;
- as amortizações são sempre crescentes;
- o último saldo devedor deveria ser zero.

6.6 Exercícios propostos

O enunciado a seguir se refere aos exercícios de **P6.1** a **P6.5**:
"Um empréstimo de R$ 50.000,00 deve ser pago em 4 meses com juros de 3% a.m. Descreva como será esse pagamento pelo Sistema ⬚, fazendo um demonstrativo com: pagamentos, juros, amortização e saldo devedor".

P6.1 Utilizar o Sistema $\boxed{\text{FRANCÊS}}$ ou PRICE para os cálculos.

P6.2 Utilizar o $\boxed{\text{SAC}}$ ou Sistema de Amortização Constante para os cálculos.

P6.3 Utilizar o $\boxed{\text{SAM}}$, ou Sistema Misto de Amortização para os cálculos.

P6.4 Utilizar o Sistema $\boxed{\text{AMERICANO}}$ de Amortização para os cálculos.

P6.5 Utilizar o Sistema $\boxed{\text{ALEMÃO}}$ de Amortização para os cálculos.

O enunciado a seguir se refere aos exercícios de **P6.6** a **P6.10**:
"Paulo adquiriu um automóvel avaliado em R$ 28.000,00 com uma entrada de R$ 10.000,00 e o saldo restante em 6 pagamentos mensais, à taxa de 3,5% a.m.. Faça um demonstrativo para a parte financiada, utilizando o Sistema ⬚ de amortização na obtenção dos: pagamentos, juros, amortização e saldo devedor".

P6.6 Utilizar o Sistema $\boxed{\text{FRANCÊS}}$ ou $\boxed{\text{PRICE}}$ para os cálculos.

P6.7 Utilizar o $\boxed{\text{SAC}}$, ou Sistema de Amortização Constante para os cálculos.

P6.8 Utilizar o $\boxed{\text{SAM}}$, ou Sistema Misto de Amortização para os cálculos.

P6.9 Utilizar o Sistema $\boxed{\text{AMERICANO}}$ de Amortização para os cálculos.

P6.10 Utilizar o Sistema $\boxed{\text{ALEMÃO}}$ de Amortização para os cálculos.

O enunciado a seguir refere-se aos exercícios de **P6.11** a **P6.15**:
"Um terreno na região da Grande São Paulo estimado em US$ 180.000 é vendido em 5 pagamentos anuais à taxa de 8% a.a.. Faça um demonstrativo: contendo juros, prestações, amortização e saldo devedor. Utilize o sistema ☐ para os cálculos".

P6.11 Sistema ⎡FRANCÊS⎤ de amortização.

P6.12 Sistema ⎡SAC⎤ de amortização.

P6.13 Sistema ⎡SAM⎤ de amortização.

P6.14 Sistema ⎡AMERICANO⎤ de amortização.

P6.15 Sistema ⎡ALEMÃO⎤ de amortização.

P6.16 Um empréstimo de R$ 1.200,00 será pago pelo Sistema PRICE em 5 prestações mensais a uma taxa de 3,5% a.m. Calcular o valor de cada prestação quando:
a) a primeira vence após 3 meses do empréstimo;
b) são imediatas;
c) são antecipadas.

P6.17 Um imóvel de R$ 75.000,00 foi transacionado em 50 parcelas mensais pelo SAC. Faça um demonstrativo para os 2 primeiros e os 2 últimos meses contendo: juros, pagamentos, amortização e saldo devedor. Considerar a taxa de 3,8% a.m..

P6.18 Uma financeira faz um empréstimo de R$ 100.000,00 para uma empresa a ser pago pelo SAC em 4 prestações anuais a uma taxa de 15% a.a.. Organizar um demonstrativo contendo: juros, pagamentos, amortização e saldo devedor.

P6.19 Um empreendedor imobiliário obtém um empréstimo de R$ 500.000,00 com juros de 10% a.m., por 6 meses, pelo Sistema Alemão de Amortização. Preparar um demonstrativo completo.

P6.20 Preparar um demonstrativo completo (contendo pagamentos, juros, amortização e saldo devedor) de um empréstimo de R$ 100.000,00, feito à taxa de 10% a.m., por 6 meses, a ser pago no Sistema FRANCÊS (PRICE).

P6.21 Certo indivíduo vai pedir um empréstimo de R$ 100.000,00 para ser pago em 5 anos, com prestações semestrais a uma taxa de 40% a.s.. Organizar um demonstrativo completo, utilizando o Sistema PRICE.

P6.22 Uma empresa pede emprestado R$ 600.000,00 a um agente financeiro. É estabelecido pagamentos em 6 parcelas mensais pelo SAC a uma taxa contratada de 10% a.m.. Pede-se:
a) um demonstrativo completo;
b) é possível fazer esses cálculos numa planilha eletrônica do tipo EXCEL 5.0 for Windows?

P6.23 Um banco empresta R$ 70.000,00 a uma empresa para pagamento em 6 parcelas mensais, a uma taxa de juros igual a 4% a.m.. Organizar um demonstrativo completo utilizando o Sistema Americano de Amortização.

P6.24 Um empréstimo de R$ 30.000,00 deve ser saldado com uma entrada de R$ 8.000,00, e mais em 5 pagamentos mensais, à uma taxa de 1,56% a.m.. Mostrar os **demonstrativos** da dívida contendo: prestações, juros, amortização, e saldo devedor. Utilizar o sistema:
a) Francês ou Price;   b) Alemão;   c) Americano;
d) Constante (SAC);   e) Misto.

P6.25 Uma dívida de R$ 58.700,00 deve ser amortizada em 5 pagamentos mensais e iguais, à uma taxa de 1,32% a.m.. Completar o **demonstrativo** da dívida, contendo: prestações, juros, amortização, e saldo devedor. Para isso utilizar o sistema:
a) Francês ou Price;
b) resolvendo **quitar** essa dívida junto à 3ª prestação, calcular o valor a ser desembolsado por: Pagamento $= P_3 + P_4 . (1 + i)^{-1} + P_5 . (1 + i)^{-2}$.
c) **atualizar** as prestações pelos índices de correção monetária (TR) fornecido: $i_1 = 0,42\%$; $i_2 = 0,39\%$; $i_3 = 0,49\%$; $i_4 = 0,55$; $i_5 = 0,37\%$, e com a expressão $\mathbf{P'}_k = \mathbf{P}_{k-1} .\mathbf{(1 + i_k)}$.

6.7 Respostas dos exercícios propostos

P6.1

n	PAGAMENTOS PMT	JUROS J_n	AMORTIZAÇÃO A_n	SALDO DEVEDOR SD_n
0	-	-	-	50000
1	13451,35	1500	11951,35	38048,65
2	13451,35	1141,46	12309,89	25738,75
3	13451,35	772,16	12679,19	13059,57
4	13451,35	391,79	13059,57	000

$$PV = PMT \ \frac{1-(1+i)^{-n}}{i}$$

$$5000 = PMT \cdot \frac{1-(1+3\%)^{-4}}{3\%} \Rightarrow PMT = 13451,35$$

$$SD_n = SD_{n-1} - A_n; \ SD_0 = PV; \ A_n = PMT - Jn$$

$$J_n = SD_{n-1} \cdot i \quad (\text{FRANCÊS})$$

P6.2

n	PAGAMENTOS P_n	JUROS J_n	AMORTIZAÇÃO A_n	SALDO DEVEDOR SD_n
0	-	-	-	50000
1	14000	1500	12500	37500
2	13625	1125	12500	25000
3	13250	750	12500	12500
4	12875	375	12500	0

$$A = \frac{PV}{n} \Rightarrow A = \frac{5000}{4} \Leftrightarrow A = 12500$$

$$SD_n = SD_{n-1} - A; \ J_n = SD_{n-1} \cdot i$$
$$P_n = A_n + J_n$$
$$(\text{SAC})$$

P6.3

n	PAGAMENTOS P'_n	JUROS J_n	AMORTIZAÇÃO A_n	SALDO DEVEDOR SD_n
0	-	-	-	50000
1	13725,67	1500	12225,67	37774,33
2	13538,18	1133,23	12404,95	25369,38
3	13350,68	761,08	12589,60	12779,78
4	13163,18	383,39	12779,79	-0,01

FRANCÊS   SAC

$$P'_n = \frac{PMT + P_n}{2}$$

$J_n = SD_{n-1} \cdot i$
$A_n = P'_n - J_n \Leftrightarrow P'_n = A_n + J_n$
(SAM)
$SD_n = SD_{n-1} - A_n$

P6.4

n	PAGAMENTOS P_n	JUROS J_n	AMORTIZAÇÃO A_n	SALDO DEVEDOR SD_n
0	-	-	-	50000
1	450	450	-	50000
2	450	450	-	50000
3	450	450	-	50000
4	50450	450	50000	0

$\boxed{J = PV \cdot i}$ $\Rightarrow 50000 \cdot 3\% \Leftrightarrow J = 450$

último $P_n \Rightarrow P_v = PV + J$
(AMERICANO)

P6.5

n	PAGAMENTOS PMT	JUROS J_n	AMORTIZAÇÃO A_n	SALDO DEVEDOR SD_n
0	—	1500	—	50000
1	13076,77	1141,95	11934,82	38065,18
2	13076,77	772,83	12303,94	25761,24
3	13076,77	392,30	12684,47	13076,77
4	13076,77	—	13076,77	000

$$P = \frac{PV \cdot i}{1 - (1-i)^n}$$

$$P_1 = P_2 = P_3 = \ldots = P_n$$

$$A_1 = \frac{P - PV \cdot i}{1 - i}; \text{ 1}^a \text{ amortização}$$
$$\text{(ALEMÃO)}$$

$$A_n = \frac{A_1}{(1-i)^{n-1}}$$
$$\text{ou}$$
$$A_n = \frac{A_{n-1}}{1 - i}$$
$$\text{para } n \geq 2$$

$$J_n = P - A_n; n = 0 \Rightarrow J = PV \cdot i$$

P6.6

n	PAGAMENTOS PMT	JUROS J_n	AMORTIZAÇÃO A_n	SALDO DEVEDOR
0	-	-	-	18000
1	3378,03	630	2748,03	15251,97
2	3378,03	533,82	2844,21	12407,76
3	3378,03	434,27	2943,76	9464,01
4	3378,03	331,24	3046,79	6417,22
5	3378,03	224,60	3153,43	3263,79
6	3378,03	114,23	3263,79	000

Saldo financiado = 28000 - 10000 = 18000

$$PV = PMT \cdot \frac{1-(1+i)^{-n}}{i}$$

$$18000 = \frac{1-(1 + 3,5\%)^{-4}}{3,5\%} \Rightarrow PMT \cong 3378,03$$

$$A_n = PMT - J_n; SD_n = SD_{n-1} - An$$
$$J_n = SD_{n-1} \cdot i \qquad \text{(FRANCÊS)}$$

P6.7

n	PAGAMENTOS P_n	JUROS J_n	AMORTIZAÇÃO A_n	SALDO DEVEDOR
0	-	-	-	18000
1	3630	630	3000	15000
2	3525	525	3000	12000
3	3420	420	3000	9000
4	3315	315	3000	6000
5	3210	210	3000	3000
6	3150	105	3000	0

saldo financiado = 28000 - 10000 = 18000

$$A = \frac{PV}{n} \Rightarrow A_n = \frac{18000}{6} = 3000$$

$$SD_n = SD_{n-1} - A_n; \ J_n = SD_{n-1} - i$$
$$P_n = A_n + J_n \qquad (SAC)$$

P6.8

n	PAGAMENTOS P'_n	JUROS J_n	AMORTIZAÇÃO A_n	SALDO DEVEDOR
0	—	—	—	18000
1	3504,01	630	2874,01	15125,99
2	3451,51	529,41	2922,10	12203,89
3	3399,01	427,14	2971,87	9232,02
4	3346,51	323,12	3023,39	6208,63
5	3294,01	217,30	3076,72	3131,91
6	3241,51	109,62	3131,90	-0,01

saldo financiado = 28000 - 1000 = 18000

FRANCÊS   SAC

$$P'_n = \frac{\overbrace{PMT}^{} + \overbrace{P_n}^{}}{2}$$

$$SD_n = SD_{n-1} - A_n$$
$$A_n = P'_n - J_n \Leftrightarrow P'_n = A_n + J_n$$
$$J_n = SD_{n-1} \cdot i.$$
$$\qquad (SAM)$$

P6.9

n	PAGAMENTOS P_n	JUROS J_n	AMORTIZAÇÃO A_n	SALDO DEVEDOR
0	-	-	-	18000
1	630	630	-	18000
2	630	630	-	18000
3	630	630	-	18000
4	630	630	-	18000
5	630	630	-	18000
6	18630	630		0

saldo financiado = 28000 - 10000 = 18000

$J = PV \cdot i \Rightarrow J = 18000 \cdot 3{,}5\% = 630$ (AMERICANO)

último $P_n \Rightarrow P_n = PV + J$

P6.10

n	PAGAMENTOS P_n	JUROS J_n	AMORTIZAÇÃO A_n	SALDO DEVEDOR
0	—	630	—	18000
1	3273,40	534,12	2739,28	15260,72
2	3273,40	434,77	2838,63	12422,09
3	3273,40	331,82	2941,58	9480,51
4	3273,40	225,13	3048,27	6432,24
5	3273,40	114,57	3158,83	3273,41
6	3273,40	0	3273,40	-0,01

saldo financiado = 28000 - 10000 = 18000

(ALEMÃO)

$$\boxed{P = \frac{PV \cdot i}{1-(1-i)^n}} \; ; P_1 = P_2 = P_3 = \ldots = P_n = P$$

$n = 0 \Rightarrow J = PV \cdot i; \; J_n = P - A_n$

$A_1 = \dfrac{P - PVi}{1 - i} \Rightarrow 1^a$ amortização

$A_n = \dfrac{A_1}{(1-i)^{n-1}}$ ou $A_n = \dfrac{A_{n-1}}{(1-i)}$

para $n \geq 2$ "demais amortizações"

P6.11

n	PAGAMENTOS PMT	JUROS J_n	AMORTIZAÇÃO A_n	SALDO DEVEDOR
0	—	—	—	180000
1	45082,16	14400	30682,16	149317,84
2	45082,16	11945,43	33136,73	116181,10
3	45082,16	9294,49	35787,67	80393,43
4	45082,16	6431,47	38650,69	41742,74
5	45082,16	3339,42	41742,74	000

$$PV = PMT \cdot \frac{1-(1+i)^{-n}}{i} \qquad \text{(FRANCÊS OU PRICE)}$$

$$180000 = PMT \cdot \frac{1-(1+8\%)^{-5}}{8\%} \qquad \Rightarrow PMT \cong 45082,16$$

$$J_n = SD_{n-1} \cdot i; \; A_n = PMT - J_n$$

P6.12

n	PAGAMENTOS P_n	JUROS J_n	AMORTIZAÇÃO A_n	SALDO DEVEDOR
1	-	-	-	180000
1	50400	14400	36000	144000
2	47520	11520	36000	108000
3	44640	8640	36000	72000
4	41760	5760	36000	36000
5	38880	2880	36000	0

$$A = \frac{PV}{n} \Rightarrow A = \frac{180000}{5} \Leftrightarrow A = 36000$$
$$\text{(SAC)}$$

$$SD_n = SD_{n-1} - A_n; \; J_n = SD_{n-1} \cdot i$$
$$P_n = A_n + J_n$$

P6.13

n	PAGAMENTOS P'_n	JUROS J_n	AMORTIZAÇÃO A_n	SALDO DEVEDOR
0	—	—	—	180.000
1	47741,08	14400	33341,08	146658,92
2	46301,08	11732,71	34568,37	112090,55
3	44861,08	8967,24	35893,84	76196,71
4	43421,08	6095,74	37325,34	38871,37
5	41981,08	3109,71	38871,37	0

FRANCÊS SAC

$$P'_n = \frac{PMT + Pn}{2}$$

$$SD_n = SD_{n-1} - A_n$$
$$A_n = P'_n - J_n \Leftrightarrow P'_n = A_n + J_n$$
$$J_n = SD_{n-1} \cdot i$$

P6.14

n	PAGAMENTOS P_n	JUROS J_n	AMORTIZAÇÃO A_n	SALDO DEVEDOR
0	-	-	-	180000
1	14400	14400	-	180000
2	14400	14400	-	180000
2	14400	14400	-	180000
3	14400	14400	-	180000
4	14400	14400	-	180000
5	194400	14400	180000	0

$J = PV \cdot i \Rightarrow J - 180000 \cdot 8\%$

$J = 14400$

(AMERICANO)

último $P_n \Rightarrow P_n = PV + J$, demais $P_n = J$ até n -1

P6.15

n	PAGAMENTOS P_n	JUROS J_n	AMORTIZAÇÃO A_n	SALDO DEVEDOR
0	-	14400	-	180000
1	42238,84	11979,23	30259,61	149740,39
2	42238,84	9347,96	32890,88	116849,51
3	42238,84	6487,89	35750,95	81098,56
4	42238,84	3379,11	38859,73	42238,83
5	42238,84	0	42238,84	-0,01

$$P = \frac{PV \cdot i}{1-(1-i)^n} = P_2 = P_3 = \ldots = P_n = P$$
(ALEMÃO)

$A_1 = \frac{P - PV \cdot i}{1 - i}$ 1ª amortização

$A_n = \frac{A_1}{(1-i)^{n-1}}$ ou $A_n = \frac{A_{n-1}}{1-i}$

$n \geq 2$ "demais amortizações"
$n \geq 1 \Rightarrow J_n = P - A_n;$

P6.16
a)
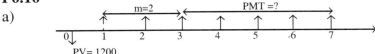

$PV = PMT \cdot \frac{1 - (1+i)^{-n}}{i} (1+i)^{-m}$

$1200 = PMT \cdot \frac{1 - (1 + 3,2\%)^{-5}}{3,2\%} (1 + 3,2\%)^{-2} \Rightarrow PMT = R\$ 280,66$

b)
$PV = PMT \cdot \frac{1 - (1+i)^{-n}}{i} \Rightarrow 1200 = PMT \cdot \frac{1 - (1 + 3,2\%)^{-5}}{3,2\%} \Rightarrow$
$\Rightarrow PMT \cong R\$ 263,52$

Calculadora:
MOD FIN; CLEAR ALL, END; 12000 +/- PV; 3,2 i; 5 n; COMP PMT
$\boxed{263,5236116}$

c)

$$PV = PMT \cdot \frac{1 - (1 + i)^{-n}}{i} (1 + i) \Rightarrow$$

$$\Rightarrow 1200 = PMT \cdot \frac{1 - (1 + 3,2\%)^{-5}}{3,2\%} (1 + 3,2\%) \Rightarrow PMT = R\$ \ 255,35$$

Calculadora:

MON FIN; CLEAR ALL; BEGIN; 1200 +/- PV; 3,2 i; 5 n; COMP

| PMT 255,352336857 |

P6.17

n	PAGAMENTOS P_n	JUROS J_n	AMORTIZAÇÃO A_n	SALDO DEVEDOR
0	—	—	—	75000
1	4350	2850	1500	73500
2	4293	2793	1500	72000
...	...		...	...
49	1614	114	1500	1500
50	1557	57	1500	0

$$A = \frac{PV}{n} = \frac{75000}{50}$$

$A = 1500 \ (SAC)$

$J_n = SD_{n-1} \cdot i \Rightarrow J_{49} = SD_{48} \cdot i$

$J_{49} = 3000 \cdot 3,8\% = 114$

$P_n = A_n + J_n$

P6.18

n	PAGAMENTOS P_n	JUROS J_n	AMORTIZAÇÃO A_n	SALDO DEVEDOR
0	—	—	—	100000
1	40000	15000	25000	75000
2	36250	11250	25000	50000
3	32500	7500	25000	25000
4	28750	3750	25000	0

$$A = \frac{PV}{n} = \frac{100000}{4} = 25000$$

$J_n = SD_{n-1} \cdot i$

$P_n = A + J_n$

(SAC)

P6.19

n	PAGAMENTOS P_n	JUROS J_n	AMORTIZAÇÃO A	SALDO DEVEDOR
0	—	50000,00	—	500000,00
1	106710,15	43698,88	63011,27	436988,73
2	106710,15	36697,62	70012,53	366976,20
3	106710,15	28918,45	77791,70	289184,50
4	106710,15	20274,93	86435,22	202749,28
5	106710,15	10671,02	96039,13	106710,15
6	106710,15	0	106710,15	0

$$P = \frac{PV \cdot i}{1-(1-i)^n} \qquad P_1 = P_2 = \dots = P_n = P$$

$$A_1 = \frac{P-PVi}{1-i} \qquad 1^a \text{ amortização}$$
$$\text{(ALEMÃO)}$$

$$A_n = \frac{A_{n-1}}{1-i} \text{ ou } A_n = \frac{A_1}{(1-i)^{n-1}}$$

$n \geq 2$ "demais amortizações"

$J_n = P - A_n;$

$n = 0 \Rightarrow J = PV \cdot i$

P6.20

n	PAGAMENTOS PMT	JUROS $J_n = S_{n-1} \cdot i$	AMORTIZAÇÃO $A_n = PMT - J_n$	SALDO DEVEDOR $SD_n = SD_{n-1} - A_n$
0	—	—	—	100000
1	22960,74	10000	12960,74	87039,26
2	22960,74	8703,93	14256,81	72782,45
3	22960,74	7278,25	15682,49	57099,96
4	22960,74	5710,00	17250,74	39849,20
5	22960,74	3984,92	18975,82	20873,40
6	22960,74	2087,34	20873,40	0

$$PV = PMT \cdot \frac{1-(1+i)^{-n}}{i}$$
$$100000 = PMT \cdot \frac{1-(1+10\%)^{-6}}{10\%}$$
$$PMT \cong 22960,74$$
(PRICE ou FRANCÊS)

P6.21

n	PAGAMENTOS PMT	JUROS $J_n = SD_{n-1} \cdot i$	AMORTIZAÇÃO $A_n = PMT - J_n$	SALDO DEVEDOR $SD_n = SD_{n-1} - A_n$
0	—	—	—	100000
1	41432,38	40000	1432,38	98567,62
2	41432,38	39427,05	2005,34	96562,28
3	41432,38	38624,91	2807,47	93754,80
4	41432,38	37501,92	3930,46	89824,34
5	41432,38	35929,74	5502,65	84321,69
6	41432,38	33728,68	7703,71	76617,99
7	41432,38	30647,19	10785,19	65832,80
8	41432,38	26333,12	15099,27	50733,53
9	41432,38	20293,41	21138,97	29594,56
10	41432,38	11837,82	29594,56	0,00

1 ano $\Leftrightarrow$ 2 semestres $\qquad \dfrac{1}{5} = \dfrac{2}{x}$
5 anos $\Leftrightarrow$ x semestres
$1 \cdot x = 2 \cdot 5 \Leftrightarrow x = 10$ semestres

$$PV = PMT \cdot \frac{1-(1+i)^{-n}}{i}$$

$$100000 = PMT \cdot \frac{1-(1+40\%)^{-10}}{40\%}$$

$$PMT = 41432,38$$
(FRANCÊS ou PRICE)

P6.22

a)

n	PAGAMENTOS $P_n = A + J_n$	JUROS $J_n = SD_{n-1}$	AMORTIZAÇÃO A_n	SALDO DEVEDOR $SD_n = SD_{n-1} - A$
1	160000	60000	100000	500000
2	150000	50000	100000	400000
3	140000	40000	100000	300000
4	130000	30000	100000	200000
5	120000	20000	100000	100000
6	110000	10000	100000	0

$$A_n = \frac{PV}{n} = \frac{600000}{6} = 10000$$

b) Sim, e apresentaremos os passos a seguir:

I. Ligar o microcomputador.

II. Chamar o programa EXCEL $\Rightarrow$ C:\>CD EXCEL enter.

III. Já na planilha mostrada no monitor posicionar o cursor na célula A_1 através do "mouse" e colocar o título da 1ª coluna (N).

IV. Colocar os demais títulos (pagamentos, juros, amortização e saldo devedor) nas células B1, C1, D1, E1, respectivamente.

V. Preencher as linhas da coluna N, a partir da célula A2 com os períodos 0, 1, 2, 3, 4, 5 e 6, até a célula A_8.

VI. Na célula colocar o valor do saldo devedor inicial (600.000).

VII. Na célula D_3, na coluna amortização, colocar a seguinte fórmula: " = (\$E2/6)" e pressionar "ENTER".

VIII. Deixar ativada a célula D_3, levando o "mouse" até o menu EDIT e dentro dele ativar o submenu COPY.

IX. Ativar agora as células D_4 a D_8 com o auxílio do "mouse" e da tecla "shift".

X. Acessar o menu EDIT e dentro dele o submenu PASTE.

XI. Assim o valor encontrado em D_3 (100.000) através da fórmula copiada nas células D_4 a D_8.

XII. Posicionar o cursor em E3 digitando a fórmula: "= (E2-D3)", o que resultará em 500.000 (o cifrão no item VII foi usado para fixar o valor 600.000).

XIII. Usar o mesmo procedimento indicado nos itens VIII a X para a célula E3 que será copiada para as células de E_4 a E_8.

XIV. Na célula C_3, digitar a seguinte fórmula: "= (E2 * 0,1)".

XV. Copiar a fórmula de C_3 para as células C_4 a C_8 como indicado nos itens VIII a X.

XVI. Já na célula B_3, colocar a fórmula: "= SUM (C_3:D_3)" e copiá-la para as células de B_4 a B_8, conforme indicações nos itens VII a X.

XVII. Feito isso a planilha de cálculo estará pronta.

P6.23

n	PAGAMENTOS P_n	JUROS J_n	AMORTIZAÇÃO A_n	SALDO DEVEDOR
0	—	—	—	70000
1	2800	2800	—	70000
2	2800	2800	—	70000
3	2800	2800	—	70000
4	2800	2800	—	70000
5	2800	2800	—	70000
6	72800	2800	70000	0

$$\boxed{J = PV \cdot i} \quad \Rightarrow J = 70000 \cdot 4\% \Leftrightarrow$$

$$\Leftrightarrow J = 2800$$
(AMERICANO)

no último $P_n \Rightarrow P_n = PV + J$

P6.24

a) Francês ou Price

n	J_n	P_n	A_n	SD_n
0				22.000,00
1	343,20	4608,04	4264,84	17.735,16
2	276,67	4608,04	4331,38	13.403,78
3	209,10	4608,04	4398,91	9.004,83
4	140,48	4608,04	4467,57	4537,26
5	70,78	4608,04	4537,26	0

b) Sistema Alemão de Amortização;

n	P_n	J_n	A_n	SD_n
0				22.000,00
1	4539,44	276,70	4262,74	17.737,26
2	4539,44	209,15	4330,29	13.406,97
3	4539,44	140,53	4398,91	9008,06
4	4539,44	70,82	4468,62	4539,44
5	4539,44	0	4539,44	0

c) Sistema Americano de Amortização;

n	P_n	J_n	A_n	SD_n
0				22.000,00
1	343,20	343,20	0	22.000,00
2	343,20	343,20	0	22.000,00
3	343,20	343,20	0	22.000,00
4	343,20	343,20	0	22.000,00
5	22.343,20	343,20	0	0

d) Sistema Constante de Amortização;

n	P_n	J_n	A_n	SD_n
0				22.000,00
1	4743,20	343,20	4400	17.600,00
2	4674,56	274,56	4400	13.200,00
3	4605,92	205,92	4400	8.800,00
4	4537,28	137,28	4400	4.400,00
5	4468,64	68,64	4400	0

e) Sistema de Amortização Misto.

n	P_n	J_n	A_n	SD_n
0				22.000,00
1	4675,62	343,20	4332,42	17.667,58
2	4641,30	275,61	4365,69	13.301,89
3	4606,98	207,51	4399,47	8.902,42
4	4572,66	138,88	4433,78	4.468,64
5	4538,34	69,71	4468,63	0,01

P6.25

a) Francês ou PRICE;

n	P_n	J_n	A_n	SD_n
0				58.700,00
1	12.208,97	774,84	11.434,13	47.265,87
2	12.208,97	623,91	11.585,06	35.680,81
3	12.208,97	470,99	11.737,98	23.942,83
4	12.208,97	316,05	11.892,92	12.049,91
5	12.208,97	159,06	12.049,91	0

b) Pagamento = $12208,97 + 12.208,97(1+1,32\%)^{-1} + 12.208,97(1+1,32\%)^{-2} \cong 12.208,97 + 12049,91 + 11892,92$ ∴ $\boxed{\text{Pagamento} \cong R\$ 36.151,80}$.

c)

Prestações antigas P_k	Índice TR	Prestações novas $P'_k = P_{k-1} \cdot (1 + i_k)$
$P_1=12.208,97$	$i_1=0,42\%$	12.260,24576
$P_2=12260,25$	$i_2=0,39\%$	12.308,06072
$P_3=12308,06$	$i_3=0,49\%$	12.368,37022
$P_4=12368,37$	$i_4=0,55\%$	12.436,39626
$P_5=12436,40$	$i_5=0,37\%$	12.482,41093

Capítulo 7

Engenharia Econômica

7.1 Taxas efetivas num sistema de juros antecipados

No sistema de juros antecipados, o devedor paga o total de juros na liberação do empréstimo. Isso significa, na prática, que o valor efetivamente liberado no ato do empréstimo possui um valor menor daquele solicitado.

Matematicamente:
na capitalização simples:

$$FV = PV (1 + i_e n) \Leftrightarrow \frac{FV}{PV} = 1 + i_e \cdot n \Leftrightarrow \frac{FV}{PV} - 1 = i_e \cdot n \Leftrightarrow$$

$$\Leftrightarrow \boxed{i_e = \frac{\dfrac{FV}{PV} - 1}{n}}$$

onde:
i_e = taxa simples efetiva
PV = valor inicial efetivamente liberado
FV = valor final (empréstimo contratado)
n = nº de períodos

na capitalização composta:

$$FV = PV (1 + i_e)^n \Leftrightarrow \frac{FV}{PV} = (1 + i_e)^n \Rightarrow$$

$$\Rightarrow \sqrt[n]{\frac{FV}{PV}} = \sqrt[n]{(1 + i_e)^n} \Rightarrow \sqrt[n]{\frac{FV}{PV}} = 1 + i_e \Leftrightarrow$$

$$\Leftrightarrow \boxed{i_e = \sqrt[n]{\frac{FV}{PV}} - 1}$$

onde: i_e = taxa simples efetiva
PV = valor inicial efetivamente liberado
FV = valor final (empréstimo contratado)
n = nº de períodos

Observação: essas fórmulas para o cálculo da taxa efetiva (i_e) são de menor importância pois os problemas podem ser resolvidos através da equivalência de capitais, o que veremos nos exercícios **R7.1** e **R7.2**.

R7.1 Uma certa instituição financeira faz empréstimos cobrando 8% de juros simples pagos antecipadamente pelo tomador. Calcular a taxa efetiva que o tomador paga pelo empréstimo de R$ 2000,00 por 3 meses.

Resolução:

1º Modo:

Dados $\begin{cases} i = 8\% \\ PV' = 2000 \\ n = 3 \end{cases}$

juros simples:
$FV = PV'(1 + in)$
$FV = 2000 (1 + 8\%3)$
$FV = 2480$

$PV = PV' - i \cdot PV'$
$PV = 2000 - 8\% \, 2000$
$PV = 1840$

taxa simples efetiva:

$$i_e = \dfrac{\dfrac{FV-1}{PV}}{n} \Leftrightarrow i_e \cong \dfrac{\dfrac{2480-1}{1840}}{3} \Leftrightarrow i_e \cong 0,115942$$

$\boxed{i_e \cong 11,59\% \text{ a.m.}}$

2º Modo:

efetivo:
$PV = 2000 - 8\% \, 2000 \Leftrightarrow PV = 2000 - 160 \Leftrightarrow PV = 1840$

$FV = PV \, (1+i_e n) \Rightarrow FV = 1840 \, (1+i_e.3)$ $\Big\}$ igualando $\quad 1840(1+i_e.3) = 2000 \, (1+8\%.3)$

aparente:
$FV = PV' \, (1+in) \Rightarrow FV = 2000(1+8\%.3)$ $\Big\} \Rightarrow \quad 1840 \, (1 + 3i_e) = 2480 \Leftrightarrow$

$\Leftrightarrow 1 + 3i_e = \dfrac{2480}{1840} \Leftrightarrow 1 + 3 \, i_e \cong 1,347826 \Leftrightarrow i_e \cong 0,115942 \Leftrightarrow \boxed{i_e = 11,59\% \text{ a.m..}}$

R7.2 Uma dívida de R$ 780,00 vai ser paga após 5 meses com juros antecipados de 3% a.m.. Pede-se:
a) o valor da taxa efetiva transacionada;
b) o valor a ser pago passados os 5 meses.

Resolução:

1º Modo:

Dados $\begin{cases} PV' = 780 \\ n = 5 \\ i = 3\% \end{cases}$

$FV = PV'(1 + i)^n$
$FV = 780 \, (1 + 3\%)^5$
$FV = 904,23$

$PV = PV' - i \cdot PV'$
$PV = 780 - 3\% \cdot 780$
$PV = 756,60$

taxa efetiva:

$$i_e = \sqrt[n]{\frac{FV}{PV}} - 1 \Rightarrow i_e \cong \sqrt[5]{\frac{904,23}{756,60}} - 1 \Leftrightarrow i_e \cong 0,03629$$

$$\boxed{i_e \cong 3,63\% \text{ a.m.}}$$

2° Modo:

efetivo: igualando

$PV = 780 - 3\% . 780 \Leftrightarrow PV = 756,60$

$FV = PV (1 = i_e)^n \Rightarrow FV = 756,60 (1 + i_e)^5$ $\left.\phantom{\begin{array}{c} a \\ b \\ c \end{array}}\right\}$ $756,60 (1 + i_e)^5$

aparente:

$FV = PV' (1 + i)^n \Rightarrow FV = 780 (1 + 3\%)^5$ $\qquad$ $756,60 (1 + i_e)^5 = 904,2338 \Leftrightarrow$

$$\Leftrightarrow (1 + i_e)^5 \cong \frac{904,2338}{756,60} \Leftrightarrow (1 + i_e)^5 \cong 1,1951 \Rightarrow \sqrt[5]{(1 + i_e)^5} \cong \sqrt[5]{1,1951} \Leftrightarrow$$

$$\Leftrightarrow 1 + i_e \cong 1.03629 \Leftrightarrow i_e = 0,03629 \Leftrightarrow \boxed{i_e \cong 3,63\% \text{ a.m.}}$$

7.2 Método do valor presente líquido

O método do Valor Presente líquido representa a **diferença** entre a soma dos retornos de um investimento e o investimento inicial, calculados no instante inicial

Matematicamente pode ser expresso por: $N.P.V. = [\sum_{j=1}^{n} CF_j] - CF_0$

Representado num diagrama fluxo de caixa por:

$$CF_1 \quad CF_2 \quad CF_3 \qquad CF_n$$
$$\uparrow \quad\quad \uparrow \quad\quad \uparrow \qquad\quad \uparrow$$
$$-\;-0-\;-1\!-\;-2-\;-\;-3-\ldots\;-n-\;-\longrightarrow \text{período}$$
$$\downarrow$$
$$CF_0$$

Onde CF_0 é o investimento inicial; e CF_1, CF_2, CF_3, ... CF_n são os retornos desse investimento.

Observações:

1) nas calculadoras eletrônicas o valor presente líquido (ou VPL) é expresso por NPV (**n**et **p**resent **v**alue), utilizando as teclas CF_0, N_j, CF_j;

2) havendo um único retorno, podemos escrever NPV = FV $(1 + i)^{-n}$ - PV, caracterizando um caso particular;

3) os retornos desses investimentos (CF_j) podem ser desiguais, e não necessariamente periódicos.

Resultados para o NPV:

NPV < 0 ⟹ representa o quanto falta para que a renda do investimento atinja a renda desejada, ou seja, a taxa de renda desse investimento é menor que a taxa de atratividade.

NPV = 0 ⟹ a taxa de renda do investidor coincide com a taxa de atratividade utilizada, ou seja, a renda desejada coincide com a renda esperada.

NPV > 0 ⟹ representa o quanto a renda do investimento supera a renda desejada, ou seja, a taxa de renda desse investimento é maior que a taxa de atratividade.

Observação: NPV difere de PV num aspecto importante; PV assume uma corrente constante de influxos enquanto NPV permite uma corrente *desigual* nos diagramas de fluxo de caixa, o que verificaremos nos exemplos que se seguem.

R7.3 Considerando-se uma taxa de mercado de 3,2% a.m., qual é o melhor retorno para uma aplicação de R$ 6.000,00, receber R$ 6.800,00 ao final de 6 meses, receber 2 parcelas trimestrais de R$ 3.200,00, ou 6 parcelas mensais de R$ 1.040,00?

Resolução:

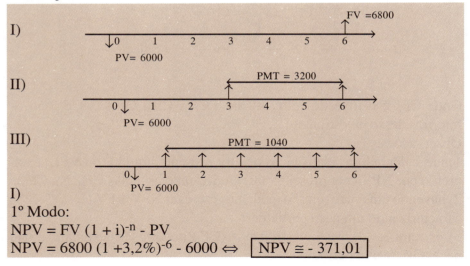

I)
1º Modo:
NPV = FV $(1 + i)^{-n}$ - PV
NPV = 6800 $(1 + 3,2\%)^{-6}$ - 6000 ⟺ $\boxed{\text{NPV} \cong -371,01}$

2° Modo:

$$FV = PV (1 + i)^6$$
$$6800 = PV (1 + 3,2\%)^6$$
$$6800 = PV (1 + 3,2\%)^6 \Leftrightarrow PV = 5628,99 \Rightarrow$$

$$\Rightarrow NPV = 5628,99 - 6000 \Leftrightarrow \boxed{NPV \cong -371,01}$$

3° Modo:

com uma calculadora financeira

MOD FIN; CLEAR ALL; 12 P/YR; 3,2 i; 6000 +/- CFj; 0 CFj; 5 Nj; 6800 CFj;

NPV $\boxed{-371,006735973}$ logo $\boxed{NPV \cong -371,01}$

II)

1° Modo

em n = 6 temos: $FV = 3200 + 3200 (1 + i)^3 \Leftrightarrow FV = 3200 + 3200 (1 + 3,2\%)^3 \Leftrightarrow$

$$\Leftrightarrow \boxed{FV \cong 6717,14}$$

$NPV = FV (1 + i)^{-n} - PV \Rightarrow NPV = 6717,14 (1 + 3,2\%)^{-6} - 6000 \Leftrightarrow \boxed{NPV \cong -439,60}$

2° Modo:

calculadora financeira

MOD FIN; CLEAR ALL; 12 P/YR; 3,2 i; 6000 +/- CFj; OCFj; 2 Nj; 3200
CFj; 0 CFj; 2 Nj; 3200 CFj; NPV $\boxed{-439,601600207}$

logo $\boxed{NPV \cong -439,60}$

III)

1° Modo:

$FV = PMT \cdot \dfrac{1-(1+i)^{-n}}{i} \Rightarrow FV = 1040 \cdot \dfrac{1-(1+3,2\%)^{-6}}{3,2\%} \Leftrightarrow$

$$\Leftrightarrow FV \cong 6761,02$$

$NPV = FV (1 + i)^{-n} - PV \Rightarrow NPV = 6761,02 (1 + 3,2\%)^{-6} - 6000 \Leftrightarrow$
$$\Leftrightarrow \boxed{NPV \cong -403,28}$$

2° Modo: calculadora financeira

MOD FIN; CLEAR ALL; 12 PYR; 3,2 i; 6000 +/- CFj; 1040 CFj; 6Nj;

NPV $\boxed{-403,276629541}$ logo $\boxed{NPV = -403,28}$

Conclusão:
- I) NPV = -371,01 > III) NPV = -403,28 > II) NPV = -439,60;
- I é o melhor retorno entre as três opções;
- como todas as NPV são negativas, isso significa na prática que nenhuma delas é recomendável (oferece um rendimento aquém do esperado).

R7.4 Um terreno foi adquirido em 4 prestações mensais e imediatas de: R$ 18.000,00; R$ 16.000,00; R$ 20.000,00; R$ 19.000,00. Sendo a taxa de juros vigente no mercado de 2,8% a.m., pergunta-se qual o preço a vista do terreno.

Resolução:

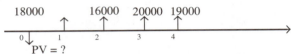

1° Modo:
numa calculadora financeira temos:
MOD FIN; CLEAR ALL; 12 PYR; 2,8 i; 0 CFj; 18000 CFj; 16000 CFj; 20000 CFj; 19000 CFj; NPV 68.072,8787138

logo o valor à vista é de R$ 68.072,88

2° Modo:

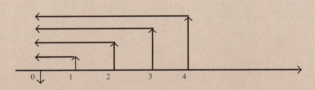

$PV = 18000(1+2,8\%)^{-1} + 16000(1+2,8\%)^{-2} + 20000(1+2,8\%)^{-3} + 19000(1+2,8\%)^{-4}$
$PV \cong 17509,73 + 15140,27 + 18409,87 + 17013,01$
$PV \cong R\$ 68.072,88$

R7.5 Uma empresa possui 2 opções de investimentos ilustradas em diagramas de fluxo de caixa abaixo. Para uma taxa de 3% a.m., qual será a melhor opção?

A: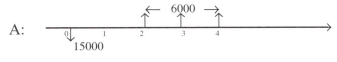

B: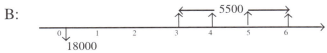

Resolução:

1º Modo: através de uma calculadora financeira

A: MOD FIN; CLEAR ALL; 12 P/YR; 3 i; 15000 +/- CFj; 0 CFj; 6000 CFj; 3 Nj;

NPV 1477,34769842   logo $NPV_A \cong 1477,35$

B: MOD FIN; CLEAR ALL; 12 P/YR; 3 i; 18000 +/- CFj; 0CFj; 2NJ; 5500CFj; 4Nj;

NPV 1270,46961585   logo $NPV_B \cong 1270,47$

Conclusão: $NPV_A > NPV_B \Rightarrow$ A é a melhor opção de investimento.

2º Modo: através da fórmula $NPV = FV(1+i)^{-n} - PV$

A: em $n = 4 \Rightarrow FV = 6000(1+i)^{-2} + 6000(1+i)^{-1} + 6000 \Leftrightarrow$
$\Leftrightarrow FV = 6000(1+3\%)^{-2} + 6000(1+3\%)^{-1} + 6000 \Leftrightarrow FV = 18545,40$

$NPV_A = FV(1+i)^{-n} - PV \Rightarrow NPV_A = 18545,40(1+3,2\%)^{-4} - 15000 \Leftrightarrow$
$\Leftrightarrow$ $NPV_A \cong 1477,35$

B: em $n = 6 \Rightarrow FV = 5500(1+i)^{-3} + 5500(1+i)^{-2} + 5500(1+i)^{-1} + 5500 \Leftrightarrow$
$FV = 5500(1,03)^{-3} + 5500(1,03)^{-2} + 5500(1,03)^{-1} + 5500 \Leftrightarrow$
$\Leftrightarrow FV = 23009,95$
$NPV_B = FV(1+i)^{-n} - PV \Rightarrow NPV_B = 3009,95(1+3\%)^{-6} - 18000 \Leftrightarrow$
$\Leftrightarrow$ $NPV_B \cong 1270,47$

Sendo $NPV_A > NPV_B \Rightarrow$ A é a melhor opção de investimento.

7.3 Método da taxa interna de retorno

Por esse processo, se calcula a taxa que anula o valor presente líquido do fluxo de caixa do investimento que está sendo analisado. Essa taxa é chamada de taxa interna de retorno do investimento e é indicada por IRR.

Matematicamente:

$$NPV = [\sum_{j=1}^{n} CF_j] - CF_0$$

$$NPV = 0 \Leftrightarrow \sum_{j=1}^{n} CF_j = CF_0, \text{ com } i = IRR$$

Observações:

IRR é a sigla **I**nternal **R**ate of **R**eturn, traduzida por Taxa Interna de Retorno.
$CF_0 = $ **C**ash **F**low$_0$, traduzido por fluxo de caixa inicial nas calculadoras

Na análise de opção de investimentos temos:

- será atrativo o investimento onde $IRR > i_a$, onde $i_a = $ taxa de atratividade do investidor;
- se vários investimentos são comparados, o melhor é aquele possuindo a maior IRR;

e ainda:

- $IRR < i_a \Rightarrow$ investimento não recomendável;
- $IRR = i_a \Rightarrow$ investimento está no limite de opção;
- $IRR > i_a \Rightarrow$ investimento é atrativo;

Nesse método pode aparecer mais de uma solução (soluções) negativa.

R7.6 Um investidor aplicou R$ 500,00 recebendo rendimentos parcelados conforme o diagrama abaixo. Determinar a taxa interna de retorno desse investimento.

1° Modo:

Matematicamente

em $n = 1 \Rightarrow$

$FV = 300 (1+i)^{-1} + 480 (1+i)^{-4}$

$FV = PV(1+i)^n = FV = PV(1+i)^1$

igualando

$PV(1+i) = 300 (1+i)^{-1} + 480 (1+i)^{-4}$

$$\boxed{500 (1+i) = 300 (1+i)^{-1} + 480 (1+i)^{-4}}$$

não é uma equação elementar!

por tentativa temos:

$i = 10\% \Rightarrow$ 1º M = 500 (1+10%) = 550
2º M = 300 (1+10%)⁻¹ + 480 (1+10%)⁻⁴ ≅ 600,57 $\begin{cases} 1º M < 2º M \\ i > 10\% \end{cases}$

$i = 15\% \Rightarrow$ 1º M = 500 (1 + 15%) = 575
2º M = 300 (1+15%)⁻¹ + 480 (1+15%)⁻⁴ ≅ 535,31 $\begin{cases} 1º M < 2º M \\ i < 15\% \end{cases}$

$\Bigg\} 10\% < i < 15\%$

$i = 12,5\% \Rightarrow$ 1º M = 500 (1 + 12,5%) = 562,50
2º M = 300 (1 + 12,5%)⁻¹ + 480 (1 + 12,5%)⁻⁴ ≅ 566,33 $\begin{cases} 1º M < 2º M \\ i < 12,5\% \end{cases}$

$i = 12,7\% \Rightarrow$ 1º M = 500 (1 + 12,7%) = 563,30
2º M = 300 (1 + 12,7%)⁻¹ + 480 (1 + 12,7%)⁻⁴ ≅ 563,73 $\begin{cases} 1º M \cong 2º M \\ i \cong 12,7\% \end{cases}$

2º Modo: através de uma calculadora financeira
MOD FIN; CLEAR ALL; 12 P/YR; 500 +/- CFj; 0 CFj; 300 CFj; 0 CFj; 2 nj; 480 CFj

| IRR | 12,713035323 | logo | IRR ≅ 12,71% |

Observação: na calculadora financeira procurou-se seguir o diagrama de fluxo de caixa com fidelidade. O investimento inicial 500 ↓ leva consigo um sinal negativo. As demais entradas de caixa levam CFj e Nj indica o nº de repetições do valor CFj imediatamente anterior.

R7.7 Um investidor possui 2 alternativas para a aplicação de um capital durante 1 ano. A primeira requer um capital inicial de R$ 12.000,00 e com retornos mensais de R$ 1.220,00. A segunda requer um capital inicial de R$ 16.000,00 e com retornos trimestrais de R$ 4.305,00. Qual é a melhor opção numa época em que a taxa de mercado é 2,8% a.m.?

Resolução:
I)

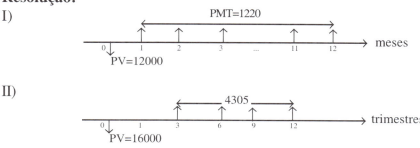

II)

1º Modo: através de uma calculadora financeira
I) MOD FIN; CLEAR ALL; 12 P/YR; 12000 +/-; 1220 CFj; 12 Nj;

IRR $\boxed{3,200237677}$

II) MOD FIN; CLEAR ALL; 12 P/YR; 16000 +/- CFj; 0 CFj; 2 NJ; 4305 CFj; 0 CFj; 2 Nj; 4305 CFj; 0 CFj; 2 Nj; 4305 CFj; 0CFj; 2 Nj; 4305 CFj;

IRR $\boxed{0,991964527}$

como $IRR_I \cong 3,2\% > IRR_{II} \cong 0,99\% \Rightarrow$ I é a melhor opção.

2º Modo: através da fórmula $PV = PMT \cdot \dfrac{1 - (1+i)^{-n}}{i}$

I) $12000 = 1220 \cdot \dfrac{1 - (1+i)^{-12}}{i} \Rightarrow i \cong 3,200237676\%$ a.m.

MOD FIN; CLEAR ALL; END; 12000 +/- PV; 1220 PMT; 12 n; COMP i
$\boxed{3,200237677}$

II) $16000 = 4305 \cdot \dfrac{1 - (1+i)^{-4}}{i} \Rightarrow i \cong 3,005510997\%$ a.t.

MOD FIN; CLEAR ALL; END; 16000 +/- PV; 4305 PMT; 4 n; COMP i
$\boxed{3,005510997\% \text{ a.t.} \cong 0,991964527\% \text{ a.m.}}$

como $IRR_I > IRR_{II} \Rightarrow$ I é o melhor investimento

Observação:
1) o investimento I é atraente (3,2% > 2,8%).
2) o investimento II não é atraente (0,99% < 2,8%).

R7.8 Um projeto com investimento inicial de R$ 550.000,00 apresenta retorno equivalente a: R$ 110.000,00 no 1º ano; R$ 180.000,00 no 2º ano; R$ 240.000,00 no 3º ano e R$ 360.000,00 no 4º ano. Verificar se o projeto deve ser aceito, considerando-se uma taxa de atratividade de 18% a.a..

Resolução:

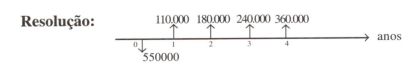

> Numa calculadora financeira temos:
> HP 12C $\Rightarrow$ f reg; 550000 +/- CF_0; 110000 CFj; 180000 CFj;
> 240000 CFj; 360000 CFj; IRR $\boxed{18,329029633}$
>
> $\left. \begin{array}{l} IRR \cong 18,33\% \\ ia = 18\% \end{array} \right\}$ $\begin{array}{l} IRR > ia \\ \text{o projeto deve ser aceito} \end{array}$

R7.9 Obter o valor de x, no diagrama abaixo onde a taxa interna de retorno seja 15% a.a.

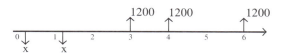

Resolução:
> em n = 0 : $PV = x + x (1 + i)^{-1}$
> $\qquad PV = x + x (1 + 15\%)^{-1} \Leftrightarrow PV \cong 1,869565217 \ x$
> em n = 0: $PV = 1200 (1 + i)^{-3} + 1200 (1 + i)^{-4} + 1200 (1 + i)^{-6} \Leftrightarrow$
> $\qquad \Leftrightarrow PV = 1200 (1,15)^{-3} + 1200 (1,15)^{-4} + 1200 (1,15)^{-6} \cong 1993,916489$
> assim $1.869565217x \cong 1993,916489 \Leftrightarrow x \cong 1066,513471$

7.4 Método do valor periódico uniforme

Esse procedimento calcula o termo VPU (valor periódico uniforme) da renda imediata equivalente ao fluxo de caixa do investimento, utilizando em seu cálculo a taxa de atratividade do investidor.

Matematicamente:

$\boxed{VPU = PMT' - PMT}$
VPV = valor periódico uniforme
PMT' = pagamento fornecido
PMT = pagamento obtido pela fórmula $PV = PMT \cdot \dfrac{1 - (1 + i)^{-n}}{i}$

Observações:
- Quando se comparar 2 ou mais investimentos, deve-se optar pelo menor VPU.

- Esse método não possui teclas específicas para o seu cálculo junto a uma calculadora financeira, devendo-se resolver através de teclas do PMT.
- VPU < 0 indica uma taxa menor que a taxa de atratividade.

R7.10 Os diagramas abaixo apresentam 2 alternativas para investimentos. Para uma taxa de atratividade igual a 3,5% a.m., qual é a melhor opção?

Resolução:

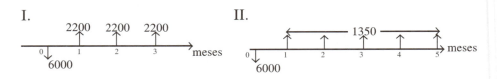

$$PV = PMT \cdot \frac{1-(1+i)^{-n}}{i}$$

I: $6000 = PMT \cdot \frac{1-(1+3,5\%)^{-3}}{3,5\%} \Rightarrow PMT = 2141,61$

MOD FIN; CLEAR ALL; END; 6000 +/- PV; 3 n; 3,5 i; COMP PMT
$\boxed{2141,60508334}$

$VPV_I = PMT' - PMT \Rightarrow VPU_I \cong 2200 - 2141,61 \Leftrightarrow VPU_I \cong 58,39$

II: $6000 = PMT \cdot \frac{1-(1+3,5\%)^{-5}}{3,5\%} \Rightarrow PMT =$
MOD FIN; CLEAR ALL; END; 5800 +/-; 5 n; 3,5 i; COMP PMT
$\boxed{1328,888239}$

$VPU_{II} = PMT' - PMT \Rightarrow VPU_{II} \cong 1350 - 1328,89 \Leftrightarrow \boxed{VPU_{II} \cong 21,11}$

Como $VPU_{II} < VPU_I \Rightarrow$ II é a melhor opção de investimento.

R7.11 Em relação ao investimento I do exercício **R7.10**, se o investimento for repetido o que acontece ao novo VPU?

Resolução:

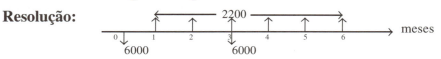

novo $PV = 6000 + 6000 (1 + i)^{-3} \Rightarrow PV = 6000 + 6000 (1 + 3,5\%)^{-3} \Leftrightarrow$
$\Leftrightarrow PV \cong 11411,66$
$PV = PMT \cdot \dfrac{1 - (1 + i)^{-n}}{i} \Rightarrow 11411,66 = PMT \cdot \dfrac{1-(1+3,5\%)^{-6}}{3,5\%} \Rightarrow$
$\Rightarrow PMT \cong 2141,61$

MOD FIN; CLEAR ALL; END; 11411,66 +/- PV; 3,5 i; 6 n; COMP PMT

$\boxed{2141,60579010}$

novo $VPU = PMT' - PMT \Rightarrow VPU = 2200 - 2141,61 \Leftrightarrow VPU = 58,39$

Conclusão: o diagrama se altera e o VPU (valor periódico uniforme) não se altera.

R7.12 Calcular o custo mensal de um equipamento adquirido por R$ 36.000,00, com um custo operacional mensal de R$ 600,00 a uma taxa de 2,8% a.m., avaliado em R$ 30.000,00 após 1 ano de uso.

Resolução: $30000(1+i)^{-12}$

P = custo mensal

- cálculo do $PV \Rightarrow PV = 36000-30000(1 + i)^{-12} \Leftrightarrow PV = 36000-30000(1+2,8\%)^{-12} \Leftrightarrow$
  $\Leftrightarrow PV = 14462,07$
- cálculo do PMT
  $PV = PMT \cdot \dfrac{1 - (1 + i)^{-n}}{i} \Rightarrow 14462,07 = PMT \cdot \dfrac{1-(1+2,8\%)^{-12}}{2,8\%}$

MOD FIN; CLEAR ALL; END; 14462,07 +/- PV; 12 n; 2,8 i; COMP PMT

$\boxed{1435,59866182}$

$PMT \cong 1435,60$
mas de $P = 600 + PMT \Rightarrow P = 600 + 1435,60 \Leftrightarrow P = R\$ 2035,60$ é o custo mensal.

Observação:
$P = 600 + PMT \Leftrightarrow \left. \begin{array}{l} P - 600 = PMT \\ PMT' - PMT = VPU \end{array} \right\} \Rightarrow \begin{array}{l} \text{nesse problema} \\ VPU = PMT \end{array}$

7.5 Exercícios propostos

P7.1 Um empréstimo de R$ 600,00 foi contratado à taxa simples e antecipada de 3,8% a.m.. Determinar:
a) a taxa simples efetiva para 6 meses de validade;
b) o valor pago passado os 6 meses.

P7.2 Geraldo contraiu um empréstimo de R$ 800,00 por 5 meses à taxa de 3,4% a.m. cobrados antecipadamente. Pede-se:
a) a taxa efetiva utilizada;
b) o valor devolvido por Geraldo após os 5 meses.

P7.3 Uma firma precisa contrair um empréstimo de R$ 30.000,00 por 90 dias para saldar débitos. Um agente financeiro cobra juros simples de 5% a.m. pagos antecipadamente. Quanto deve ser pedido, então, pela firma na obtenção do empréstimo?

P7.4 Leandro necessitando de um empréstimo de R$ 400,00 foi a um banco A que solicitou uma taxa antecipada de 4,2% a.m.. Se o período estimado para a quitação da dívida é 4 meses, quanto deve ser pedido pelo empréstimo?

P7.5 A taxa de mercado de 11% a.b. para uma aplicação de R$ 680,00 o retorno de 3 parcelas bimestrais de R$ 272,00 é um bom negócio?

P7.6 Para um investimento de R$ 220.000,00 a uma taxa de 14% a.a. tivemos uma perda de R$ 60.000,00 ao final do 1º ano, seguida de ganhos de R$ 100.000,00; R$ 150.000,00; e R$ 190.000,00. Avaliar esse investimento.

P7.7 Certa empresa está estudando a compra de um equipamento industrial. São 2 os tipos disponíveis: o tipo I possui vida útil de 2 anos e custa R$ 30.000,00 gerando um lucro mensal de R$ 2.400,00, o tipo II possui vida útil de 3 anos a um custo de R$ 36.000,00 e dá um lucro mensal de R$ 3.200,00. Ambos têm valor residual nulo. Qual o equipamento que deve ser adquirido, se a taxa de atratividade é de 6% a.m.?
Sugestão: estabelecer um diagrama de fluxo de caixa, onde o m.m.c. (2,3) = 6 anos ou 72 meses, e utilizar o método do valor líquido presente.

P7.8 Suponha que você tenha R$ 4.800,00 para investir. Um amigo lhe oferece um plano de investimento para os seus R$ 4.800,00 que pagará R$ 1.200,00 por ano nos próximos cinco anos. Você aceitará para uma taxa de barreira (i_a) de 15% a.a.?

P7.9 A fim de se obter 4 retiradas mensais de: R$ 800,00; R$ 900,00; R$ 1.000,00; e R$ 1.100,00 respectivamente, quanto se deve investir hoje para uma taxa de 3,1% a.m.?

P7.10 Com a liberação dos ônibus clandestinos, Ricardo acredita que poderá melhorar a renda da família adquirindo 2 ônibus por R$ 8.000,00 cada um e pagando R$ 15.000,00 para a obtenção de toda a licença necessária. Planejando que a tarifa menos despesas geram R$ 8.600,00 a cada ano, nos próximos 5 anos e vendendo seus ônibus por R$ 9.000,00 no total, terá feito um bom negócio a uma taxa de 18% a.a.?

Para os exercícios de **P7.11** a **P7.13**, determinar a taxa interna de retorno:

P7.11.

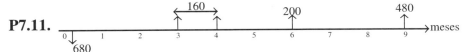

P7.12.

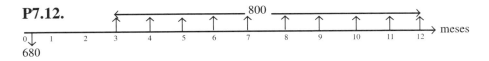

P7.13

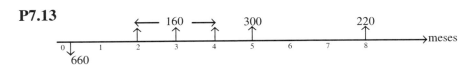

P7.14 Calcular o valor de x, no diagrama abaixo, onde a taxa interna de retorno seja 8% a.a.;

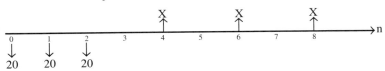

P7.15 Um investidor possui duas alternativas para a aplicação de um capital por 1 ano. A 1ª requer um capital inicial de R$ 1.000,00 e tem retornos mensais de R$ 180,00, e a 2ª requer um capital inicial de R$ 1.500,00 e tem retornos trimestrais de R$ 850,00. Qual é a melhor aplicação numa época em que a taxa de mercado é de 8% a.m.?

P7.16 Certo cliente necessita recorrer a um empréstimo bancário de R$ 400,00 para adquirir um carrinho de cachorro quente. Foram-lhe apresentadas duas alternativas:
I) 10 parcelas mensais de R$ 60,00.
II) 3 parcelas trimestrais de R$ 200,00.
Qual a melhor oferta para esse cliente?

P7.17 Um investidor aplicou um capital de R$ 32.000,00 e recebeu rendimentos parcelados, conforme o diagrama a seguir:
Qual a taxa interna de retorno desse investimento?

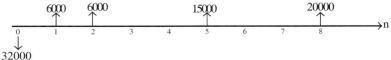

P7.18 Os diagramas a seguir representam dois investimentos I e II. Analisar qual a melhor opção para um investidor para uma taxa de atratividade de 4% a.m., supondo que os investimentos possam ser repetidos.

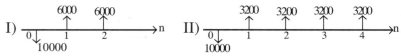

Sugestão: utilizar o método do valor periódico uniforme.

P7.19 A partir dos diagramas apresentando dois investimentos A e B, analisar a melhor opção para uma taxa de atratividade de 3,2% a.m.

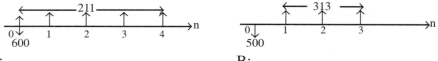

A: B:

P7.20 Dois investimentos estão representados abaixo nos diagramas de fluxo de caixa. Analisar essas opções para uma taxa de atratividade de 3% a.m..

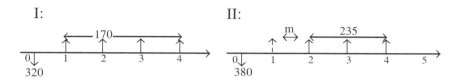

P7.21 Uma máquina foi adquirida por R$ 12.000,00 de entrada e mais 3 pagamentos de R$ 1.800,00 efetuados no início de cada mês após 6, 7 e 8 meses, respectivamente. Calcular o custo anual dessa máquina à taxa de 18% a.a., sabendo que ao final de 4 anos ela poderá ser vendida por R$ 20.000,00.

P7.22 Adriana investiu R$ 1.500,00 na instalação de uma loja. Durante um ano obteve R$ 200,00 nos primeiros 6 meses e R$ 500,00 nos 6 meses restantes. Ao final do ano vendeu o ponto por R$ 1.600,00. Teria feito melhor negócio se aplicasse o seu capital inicial a taxa de 3,6% a.m..

P7.23 Uma firma possui em sua linha de montagem um gasto mensal com outra empresa de R$ 3.000,00. Planeja comprar uma máquina por R$ 25.000,00 e ao final de 2 anos o valor residual dessa máquina atingirá R$ 10.000,00. Com um custo operacional de R$ 200,00 por mês, terá sido uma boa solução adquirir essa máquina a uma taxa de mercado de 4% a.m., para não precisar dos serviços de uma outra empresa?

P7.24 Assinalar a alternativa <u>incorreta</u>:
a) o NPV representa a diferença entre a soma dos retornos de um investimento e o investimento inicial, calculados no instante inicial
(N.P.V. = $[\sum_{i=1}^{n} CF_j (1 + i)^{-j}] - CF_0$);

b) a taxa interna de retorno (IRR) ocorre quando o NPV = 0;
c) se o NPV > 0 então o investimento analisado é viável;
d) se a taxa interna de retorno (IRR) for maior que a taxa de mercado (i_a) então o negócio é viável;

e) a taxa interna de retorno (**IRR**) e o valor presente líquido (**NPV**) não são bons instrumentos na tomada de decisão sobre a viabilidade de um negócio.

$$CF_1 \quad CF_2 \quad CF_3 \quad CF_n$$
$$\uparrow \quad \uparrow \quad \uparrow \quad \uparrow$$

Sugestões: $\quad - -0-\ -1-\ -\ -2-\ -3-\ ... -n-\ -\ \longrightarrow$
$$\downarrow$$
$$CF_0$$

P7.25 São apresentadas <u>duas opções</u> de negócio:
   I) investir R$ 630,00, com 4 retornos mensais e subseqüentes de R$ 170,00;
   II) investir R$ 820,00, com 3 retornos mensais subseqüentes de R$ 295,00.
   Para uma taxa de mercado igual a 1,56 % a.m., determinar:
   a) obter o valor presente líquido (**NPV**) da opção I;
   b) obter o valor presente líquido (**NPV**) da opção II;
   c) indicar o melhor negócio na ótica do investidor.

P7.26 Um empreendimento num fundo de ações, indica investir R$ 3.000,00 hoje, para obter dividendos, em relação a hoje, de R$ 500,00 após 6 meses, R$ 1.200,00 após 12 meses, e R$ 2.000,00 após 18 meses. Para uma taxa de barreira de 2,12 % a.m., determinar:
   a) o diagrama fluxo de caixa desse investimento;
   b) a taxa interna de retorno (**IRR**) apurada, e concluir se esse negócio é interessante.

P7.27 Um Banco propõe a certo cliente, um negócio envolvendo fundo de ações, onde ao se investir R$ 5.000,00 hoje, têm-se retornos de R$ 1.500,00 para daqui 6 meses, R$ 1.800,00 para daqui 1 ano, e R$ 2.000,00 para daqui 1 ano e meio. Para uma taxa de mercado igual a 2,5% a.m., pode-se dizer que:
   a) o valor presente líquido (**NPV**) apurado é, aproximadamente
   ( ) 1). NPV $\cong$ R$ 300,00 acima da expectativa
   ( ) 2). NPV $\cong$ R$ 1085,82 abaixo da expectativa
   ( ) 3). NPV $\cong$ R$ 300,00 abaixo da expectativa
   ( ) 4). NPV $\cong$ R$ 925,73 acima da expectativa
   ( ) 5). NPV $\cong$ R$ 829,10 abaixo da expectativa

b) a taxa interna de retorno (**IRR**) obtida é, aproximadamente
( ) 1). IRR $\cong$ 0,30% a.m., inviabilizando o negócio
( ) 2). IRR $\cong$ 2,80% a.m., viabilizando o negócio
( ) 3). IRR $\cong$ 0,47% a.m., inviabilizando o negócio
( ) 4). IRR $\cong$ 3,10% a.m., viabilizando o negócio
( ) 5). IRR $\cong$ 1,95% a.m., inviabilizando o negócio

P7.28 Temos a seguir duas opções de negócio descritas abaixo:
A) investir R$ 600,00 com 5 retornos mensais, subseqüentes e iguais de R$ 130,00
B) investir R$ 900,00 com 4 retornos mensais, subseqüentes e iguais de R$ 240,00
Determinar
a) a taxa interna de retorno (**IRR**) da opção A;
b) a taxa interna de retorno (**IRR**) da opção B;
c) a melhor opção de negócio.

P7.29 Têm-se três opções de negócios descritas abaixo:
I) investir hoje R$ 500,00, com um retorno de R$ 550,00 daqui a 6 meses;
II) investir hoje R$ 800,00, com 4 retornos mensais subseqüentes e iguais de R$ 220,00
III) investir hoje R$ 900,00, com 3 retornos trimestrais subse-qüentes e iguais de R$ 330,00
Para uma taxa de mercado igual a 2,4% a.m., determinar:
a) os diagramas fluxo de caixa para cada opção;
b) o valor presente líquido (**NPV**) de cada opção de negócio;
c) o melhor investimento.

P7.30 Um investimento de R$ 4.000,00 terá 6 retornos mensais, subseqüentes, e iguais de R$ 690,00. Então:
a) a taxa interna de retorno (**IRR**) obtida é, aproximadamente
( ) 1). IRR $\cong$ 2,10% a.m.
( ) 2). IRR $\cong$ 1,12% a.m.
( ) 3). IRR $\cong$ 0,99% a.m.
( ) 4). IRR $\cong$ 1,54% a.m.
( ) 5). IRR $\cong$ 0,44% a.m.

b) o valor presente líquido (**NPV**) para uma taxa de mercado igual a 2,0 % a.m. é, aproximadamente
( ) 1). NPV ≅ R$ 140,00 acima da expectativa
( ) 2). NPV ≅ R$ 129,00 abaixo da expectativa
( ) 3). NPV ≅ R$ 32,00 acima da expectativa
( ) 4). NPV ≅ R$ 135,01 abaixo da expectativa
( ) 5). NPV ≅ R$ 78,00 acima da expectativa

P7.31 Um investidor aplicou um capital de R$ 18.000,00 e recebeu rendimentos parcelados, em R$, conforme o diagrama. Para uma taxa de 1,54 % a.m., calcular:

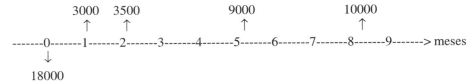

a) o valor presente líquido (**NPV**), e diga se esse negócio é viável;
b) a taxa interna de retorno (**IRR**), e diga se esse empreendimento é viável.

P7.32 A tabela a seguir fornece três investimentos indicados. Determinar:

Meses	Fluxo I (em reais)	Fluxo II (em reais)	Fluxo III (em reais)
0	- 800	- 810	+ 2000
1	-	+ 230	- 510
2	-	+ 230	- 540
3	-	+ 230	- 530
4	+ 905	+ 230	- 520
Total	+ 105	+ 110	- 100

a) o valor presente líquido (**NPV**) de cada investimento, para i = 1,87% a.m.;
b) as taxas internas de retorno (**IRR**) dos três fluxos;
c) esse negócio é recomendável?

P7.33 Certo investimento de R$ 3.900,00 produz retornos de R$ 1.430,00, R$ 1.850,00, R$ 2.350,00, e R$ 3.340,00 passados 1, 2, 3, e 5 anos respectivamente. Para uma taxa estimada em 18,28% a.a., pede-se:

a) a taxa interna de retorno (**IRR**) desse negócio;

b) o valor presente líquido (**NPV**) desse empreendimento;

c) esse investimento é recomendável?

P7.34 O investimento, em US\$, é dado pelo diagrama abaixo. Considerando uma taxa de mercado 2,3% a.m., pede-se:

a) obter a taxa interna de retorno (**IRR**);

b) o valor presente líquido (**NPV**);

c) esse negócio é viável?

7.6 Respostas dos exercícios propostos

P7.1

$PV = 600 - 3,8\% \; 600 \Leftrightarrow PV = 577,2$

efetivo:

$FV = PV(1+i_e n) \Rightarrow FV = 577,2(1+i_e \cdot 6) \Leftrightarrow FV = 577,2 \; (1+6i_e)$

aparente:

$FV = PV'\; (1+i.n) \Rightarrow FV = 600 \; (1+3,8\% \cdot 6) \Leftrightarrow FV = 736,80$

$\left.\begin{array}{l} \end{array}\right\}$ igualando $\quad 577,2(1+6i_e) = 736,80$

a) $\boxed{i_e \cong 4,6\% \text{ a.m.}}$

b) $\boxed{FV \cong R\$ \; 736,80}$ é o valor pago

P7.2

$PV = 800 - 3,4\% \; 800 \Leftrightarrow PV = 772,80$

efetivo:

$FV = PV(1 + i_e)^n \Rightarrow FV = 772,80(1 + i_e)^5$

aparente:

$FV = PV'(1+i)^n \Rightarrow FV = 800(1+3,4\%)^5 \Leftrightarrow FV \cong 945,57$

$\left.\begin{array}{l} \end{array}\right\} \Leftrightarrow$ igualando $\quad 772,80(1+i_e)^5 = 945,57$

a) $\boxed{i_e \cong 4,1\% \text{ a.m.}}$

b) $\boxed{FV \cong R\$ \; 945,57}$ é o valor devolvido

P7.3

$PV = PV' - i \cdot PV$

$30000 = PV' - 5\% \; PV' \Leftrightarrow 30000 = 95\% \; PV' \Leftrightarrow \boxed{PV' \cong R\$ \; 31578,95}$

P7.4

Valor a ser solicitado: $PV = PV' - i \; PV'$

$400 = PV' - 4,2\% \; PV' \Leftrightarrow 400 = PV' \; (1 - 4,2\%) \Leftrightarrow PV' = \dfrac{400}{0,958}$

$\boxed{PV \cong R\$ \; 417,54}$

P7.5

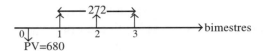

HP12C: f reg; 680 +/-gCFo; 272g CFj; 3gNj; 11i; NPV
- 15,3095974

como NPV < 0 ∴ não é um bom negócio porque NPV ≅ R$ 15,31 abaixo da expectativa.

P7.6

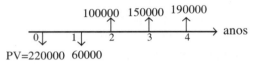

HP12 C: f reg; 14 i; 220000 +/- CFo; 60000 +/- CFj; 100000 CFj; 150000 CFj; 190000 CFj; NPV 18056,1540303

Como NPV > 0 temos um bom investimento
Justificativa: NPV = FV $(1 + i)^{-n}$ - PV temos que esse investimento supera R$ 18.056,15 a renda desejada.

P7.7

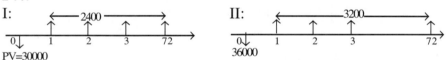

I: MOD FIN; CLEAR ALL; 12 P/YR; 6 i; 30000 +/- CFj; 2400 CFj; 72 Nj;
NPV 9397,38811572

II: MOD FIN; CLEAR ALL; 12 P/YR; 6 i; 36000 +/- CFj; 3200 CFj; 72 Nj;
NPV 16529,8508210

Sendo NPV_{II} ≅ 16529,85 > NPV_I ≅ 9397,39 ⇒ II é mais vantajoso

P7.8

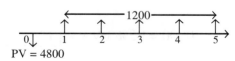

Calculadora:
MON FIN; CLEAR ALL; 1 P/YR; 15 i; 4800 +/- CFj; 1200 CFj; 5Nj; NPV
-777,4138824

como NPV < 0 ⇒ o investimento não é atraente.
Justificativa:
NPV = FV $(1 + i)^{-n}$ - PV ⇒ esse investimento estará R$ 777,42 abaixo do investimento esperado dada a taxa de atratividade (15% a.a.)

P7.9

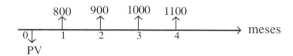

Calculadora:
MON FIN; CLEAR ALL; 12 P/YR; 3,1 i; 0 CFj; 800 CFj; 900 CFj; 1000 CFj; 1100 CFj; NPV $\boxed{3508,66797687}$ logo $\boxed{PV \cong R\$ 3508,67}$

P7.10

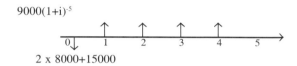

PV = 16000 + 15000 - 9000 $(1 + 18\%)^{-5}$
PV ≅ 27066,01705
Calculadora:
f reg; 18i; 27066,01705 +/- gCFo; 8600 CFj; 5Nj;

NPV $\boxed{-172,3467199}$

Como NPV < 0 ⇒ não é bom negócio e ∴ fica R$ 172,35 abaixo da expectativa.
2º Modo:
f reg; 18i; 27066,01705 +/- g CFo; 8600 CFj; 5Nj; IRR
$\boxed{17,71856351}$
como IRR ≅ 17,72% a.a. < ia = 18% a.a. ⇒ o investimento não é atraente.

P7.11 Calculadora: f reg; 680 +/- g CFo; CFj; 0 CFj; 2 Nj; 160 CFj; 0 CFj; 200 CFj; 0 CFj; 2 Nj; 480 CFj;
IRR $\boxed{6,152730168}$ ∴ $\boxed{IRR \cong 6,15\%}$ a.m.

P7.12 Calculadora: f reg; 1400 +/- g CFo; 0 CFj; 2 Nj; 800 CFj; 10 Nj; IRR $\boxed{50,58123479}$
∴ $\boxed{IRR \cong 50,58\%}$ a.m.

P7.13 Calculadora: MON FIN; CLEAR ALL; 1 P/Yr; 660 +/- CFj; 0 CFj; 160 CFj; 3 NJ; 300 CFj; 0 CFj; ; 2 Nj; 220 CFj; IRR $\boxed{9{,}637608037}$ ∴ $\boxed{IRR \cong 9{,}64\%}$ a.a.

P7.14 em $n = 0$: $PV = 20 + 20(1+i)^{-1} + 20(1+i)^{-2} \Rightarrow$
$\Rightarrow PV = 20(1{,}08)^{-1} + 20(1{,}08)^{-2} \Leftrightarrow PV = 55{,}6653$
em $n = 1$: $FV = X(1+i)^{1-4} + X(1+i)^{1-6} + X(1+i)^{1-8}$
$FV = X(1{,}08)^{-3} + X(1{,}08)^{-5} + X(1{,}08)^{-7} \Leftrightarrow FV = 2{,}0579 X$
$FV = PV(1+i)^1 \Rightarrow 2{,}0579X = 55{,}6653(1+8\%)^1 \Leftrightarrow X = 29{,}21$

P7.15

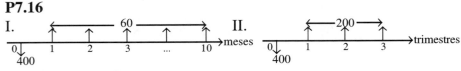

I) MOD FIN; CLEAR ALL; 12 P/YR; 1000 +/- CFj; 180 CFj; 12 Nj; IRR $\boxed{14{,}428350224}$

II) MOD FIN; CLEAR ALL; 12 P/YR; 1500 +- CFj; ; 0 CFj; 2 Nj; 850 CFj; 0 CFj; 2 Nj; 850 CFj; 0 CFj; 2 Nj; 850 CFj; 0 CFj; 2 Nj; 850 CFj; IRR $\boxed{12{,}710958757}$

Sendo $IRR_I \cong 14{,}43\%$ a.m. $> IRR_{II} = 12{,}71\%$ a.m. $\Rightarrow$ I é mais interessante como opção

P7.16

numa calculadora financeira
I) MOD FIN; CLEAR ALL; 12 P/YR; 400 +/- CFj; 60 CFj; 10 Nj; IRR $\boxed{8{,}14465646}$ a.m.

II) MOD FIN; CLEAR ALL; 4 P/YR; 400 +/- CFj; 200 CFj; 3 Nj; IRR $\boxed{23{,}375192853}$ a.t. $\Leftrightarrow$ $\boxed{IRR = 7{,}2529587\%}$ a.m. pois $(1 + 23{,}375192853\%)^1 = (1+i)^3$
como $\boxed{IRR_I > IRR_{II} \Rightarrow \text{a opção I}}$ é mais vantajosa para o cliente.

P7.17

f reg; 3200 +/- g CFo; 6000 g CFj; 2g Nj; 0g CFj; 2g Nj; 15000 CFj; 0 CFj; 2 Nj; 20000 CFj; IRR $\boxed{7,799722841}$

logo $\boxed{IRR \cong 7,80\%}$ a.t..

P7.18

I: $PV = PMT \cdot \dfrac{1 - (1 + i)^{-n}}{i} \Rightarrow 10000 = PMT \cdot \dfrac{1-(1+4\%)^{-2}}{4\%} \Rightarrow PMT_I \cong 5916,98$

Calculadora:

MON FIN; CLEAR ALL; END; 10000 +/- PV; 4 i; 2 n; COMP PMT

$\boxed{5301,960784}$

II: $PV = PMT \cdot \dfrac{1 - (1 + i)^{-n}}{i} \Rightarrow 10000 = PMT \cdot \dfrac{1-(1+4\%)^{-4}}{4\%} \Rightarrow PMT_{II} \cong 3292,34$

Calculadora:

MON FIN; CLEAR ALL; END; 10000 +/- PV; 4 i; 4 n; COMP PMT

$\boxed{2754,900454}$

Sendo $\boxed{VPU = PMT' - PMT}$ temos:

$VPU_I \cong 6000 - 5301,96 \Rightarrow VPU_I \cong 698,04$
$VPU_{II} \cong 3200 - 1754,90 \Rightarrow VPU_{II} \cong 445,10$

Como $VPU_{II} < VPU_I \Rightarrow$ II é a opção escolhida.

P7.19

A:
$PV = PMT \cdot \dfrac{1-(1 + i)^{-n}}{i} (1+i) \Rightarrow 600 = PMT \cdot \dfrac{1-(1+3,2\%)^{-5}}{3,2\%}(1+3,2\%) \Rightarrow PMT_A \cong 127,68$

Calculadora:

MON FIN; CLEAR ALL; begin; 600 +/- PV; n; 3,2 i COMP PMT

$\boxed{127,6761684}$

B:
$PV = PMT \cdot \dfrac{1 - (1 + i)^{-n}}{i} \Rightarrow 500 \; PMT \cdot \dfrac{1-(1+3,2\%)^{-3}}{3,2\%} \Rightarrow PMT_B \cong 199,64$

Calculadora:

MON FIN; CLEAR ALL; END; 500 +/- PV; 3 n; 3,2 i; COMP PMT

$\boxed{177,4453101}$

Sendo: VPU = PMT' - PMT
$VPU_A = 211 - 127{,}68 \Leftrightarrow VPU_A = 83{,}32$ } $VPU_A < VPU_B$
$VPU_B = 313 - 177{,}45 \Leftrightarrow VPU_B = 135{,}55$ } logo A é a melhor opção

P7.20
I:
$PV = PMT \cdot \dfrac{1 - (1+i)^{-n}}{i} \Rightarrow 320 = PMT \cdot \dfrac{1-(1+3\%)^{-4}}{3\%} \Rightarrow PMT_I = 98{,}77$

Calculadora:
MON FIN; CLEAR ALL; END; 320 +/- PV; 4 n; 3 i; COMP PMT
$\boxed{83{,}58121792}$

II:
$PV = PMT \cdot \dfrac{1 - (1+i)^{-n}}{i} (1+i)^{-m} \Rightarrow 380 = PMT \cdot \dfrac{1-(1+3\%)^{-3}}{3\%} (1+3\%)^{-1} \Leftrightarrow$
$\Leftrightarrow 380 \cong PMT \cdot 2{,}7462 \Leftrightarrow PMT \cong 138{,}3717836$ logo $PMT_{II} \cong 138{,}37$
Sendo:
VPU = PMT' - PMT
$VPU_I = 170 - 83{,}58 \Leftrightarrow VPU_I \cong 86{,}42$ } $VPU_I < VPU_{II}$
$VPU_{II} = 235 - 138{,}37 \Leftrightarrow VPU_{II} = 96{,}63$ } $\Rightarrow$ logo I é a melhor opção

P7.21

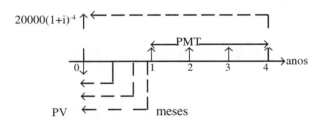

$PV = 12000 + \underbrace{1800(1+18\%)^{-\frac{6}{12}} + 1800(1+18\%)^{-\frac{7}{12}} + 1800(1+18\%)^{-\frac{8}{12}}}_{\text{demais parcelas}} - \underbrace{20000(1+18\%)^{-4}}_{\text{valor residual}}$

$PV = 12000 + 1800(1+18\%)^{-\frac{6}{12}} + 1800(1+18\%)^{-\frac{7}{12}} + 1800(1+18\%)^{-\frac{8}{12}} - 20000(1+18\%)^{-4} \Leftrightarrow$
$\Leftrightarrow PV \cong 6587{,}54$

$PV = PMT \cdot \dfrac{1-(1+i)^{-n}}{i} \Rightarrow 6587{,}54 = PMT \cdot \dfrac{1-(1+18\%)^{-4}}{18\%} \Rightarrow \boxed{PMT \cong R\$\ 2448{,}84}$

Calculadora:
MON FIN; CLEAR ALL; END; 6587,54 +/- PV; 4 n; 18 i; COMP PMT
$\boxed{2448{,}84381}$

P7.22

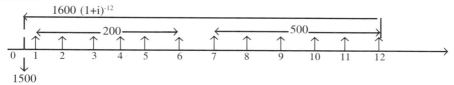

$PV = 1500 - 1600(1+i)^{-12} \Rightarrow PV = 1500 - 1600(1+3,6\%)^{-12} \Leftrightarrow$
$\Leftrightarrow PV \cong 453,3465297$

• vamos calcular a taxa interna de retorno com o auxílio de uma calculadora
f reg; 453,3465297 +/- g CFo; 200 CFj; 6 Nj; 500
CFj; 6 Nj; IRR $\boxed{49,2073500\%}$

sendo IRR $\cong 49,21\%$ a.m.
$i_a = 4\%$ a.m. $\Big\}$ IRR $> i_a \Rightarrow$ fez um bom negócio

P7.23

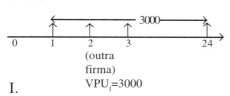
I.

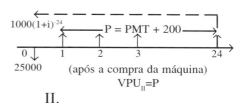
II.

II: $PV\ 25000 + 10000(1+4\%)^{-24} \Leftrightarrow PV = 28901,21474$

$PV = PMT \cdot \dfrac{1-(1+i)^{-n}}{i} \Rightarrow 28901,21 \cong PMT \cdot \dfrac{1-(1+4\%)^{-24}}{4\%} \Rightarrow PMT \cong 1895,54$

Calculadora:
MON FIN; CLEAR ALL; END; 28901,21 +/- PV; 4 i; 24 n; COMP PMT

$\boxed{1895,53878579}$

$P = PMT + 200 \Rightarrow P \cong 1895,54 + 200 \Leftrightarrow P \cong 2095,54$
Logo
$VPU_{II} = 2095,54$

$VPU_I = 30000$ $\Big\}$ $VPU_{II} < VPU_I$
$VPU_{II} = 2095,54$ logo é vantajosa a compra da máquina (que é a opção II)

203

P7.24 alternativa E.

P7.25 HP 12 C ⇒ f reg; 630 +/- g CF_0; 170 g CF_j; 4 g N_j; 1,56i; f NPV
$\boxed{24,28538623}$;

a) $NPV_I \cong R\$ 24,28$;   b) $NPV_{II} \cong R\$ 38,09$;
c) II é a melhor opção.

P7.26
a)

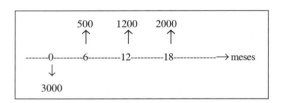

b) HP 12 C ⇒ f reg; 3000 +/- g CF_0; 0 g CF_j; 5 g N_j; 500 g CFj; 0 g CFj; 5 g Nj; 1200 g CF_j; 0g CF_j; 7 g N_j; 2000 g CF_j ;

f IRR $\boxed{1,552933066\%}$ a.m.

como 1,55%a.m. < 2,12%a.m., abaixo da taxa de barreira, investimento não é interessante.

P7.27 a) alternativa 2;   b) alternativa 3.

P7.28 a) $IRR_A \cong 2,728815516\ \%$ a.m.; b) $IRR_B \cong 2,632471887\ \%$ a.m.

P7.29

a)

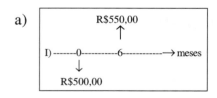

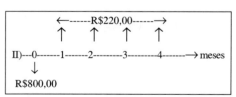

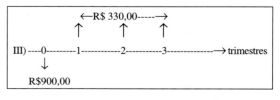

III) 2,4% a.m. ≅ 7,3741824% a.t.

b) $NPV_I \cong R\$22,95$ abaixo da expectativa; $NPV_{II} \cong R\$29,63$ acima da expectativa; $NPV_{III} \cong R\$78,96$ abaixo da expectativa; c) é a opção II.

P7.30 a) alternativa 3; b) alternativa 4.

P7.31 a) $NPV \cong 5536,215171$, $NPV > 0$ ∴ é viável;
b) $IRR \cong 7,119922954\%$; como $IRR > 1,54\%$ ∴ é viável

P7.32 a) $IRR_I \cong 3,131099541\%$ a.m.; $IRR_{II} \cong 5,295572804\%$ am.;
$IRR_{III} \cong 1,976590393\%$ am.;
b) $NPV_I \cong 40,35609552$; $NPV_{II} \cong 68,54746539$;
$NPV_{III} \cong 5,196608968$;
c) é a opção II.

P7.33 a) $IRR \cong 33,29542069\%$ a.m.;
b) $NPV \cong 1494,248792$;
c) é viável.

P7.34 a) f reg ; 1.100 +/- g CF_0 ; 0 g CF_j ; 36 g N_j ; 330 CF_j ;
0 g CF_j ; 36 g N_j ; 370 g CF_j ; 0 g CF_j ; 32 g N_j ; 420 g CF_j
f IRR $\boxed{0,023907561\% \text{ a.d.}}$ ∴ $IRR \cong 0,024\%$ a.d.
$IRR \cong 0,7197169\%$ a.m.

b) f reg ; $2,3$ i ; 1.100 +/- g CF_0 ; 0 g CF_j ; 36 g N_j ;
330 CF_j ; 0 g CF_j ; 36 g N_j ; 370 g CF_j ; 0 g CF_j ;
32 g N_j ; 420 g CF_{j}; f NPV $\boxed{- 842,0397782}$
∴ $NPV \cong US\$ 842,04$ abaixo da expectativa.

c) como $IRR < 2,3\%$ a.m. ou $NPV < 0$, esse negócio não é viável.

Capítulo 8
A UTILIZAÇÃO DA CALCULADORA HP 12 C

Introdução: O objetivo dessa atividade é o manuseio de função disponibilizada na calculadora eletrônica HP 12C muito difundida no mercado financeiro. Os exercícios, em geral, são tirados de capítulos anteriores desse mesmo texto. Para cada bloco de atividades temos uma abordagem matemática seguida da resolução na calculadora, para a melhor compreensão dos passos de resolução. A calculadora HP 12C possui apenas o modo de programação, enquanto a calculadora HP 14 Platinun ou Gold possui também o modo algébrico.

8.1. Operações básicas:

Nos exercícios de R8.1 a R8.3. calcular o valor das seguintes expressões:

R8.1. $2 \times 3 =$

R8.2. $\sqrt{2} \cong$

R8.3. $7 + 6^2 =$

Modo de programação			Modo algébrico		
R8.1.	R8.2.	P8.3.	R8.1.	R8.2.	R8:.3.
2 enter	2 enter	6 enter	2 X	$g\ \sqrt{X}$	6 enter
3 X	$g\ \sqrt{X}$	$2\ y^x$	3 enter	2 enter	$2\ y^x$
visor[6]	visor[1,4142]	36 enter	visor[6]	visor[1,4142]	36 +
		7 +			7 enter
		visor[43]			visor[43]

Observação:

Com duas casas decimais digite **f2**, aparecendo **1,41** no visor para o exercício R8.2;

Com quatro casas decimais digite **f4**, aparecendo **1,4142** no visor para o exercício R8.2;

Com nove casas decimais digite **f9**, aparecendo **1,414213562** no visor para o exercício R8.2.

8.2. Operações com a função calendário:

8.2.1. Tecla Δ D.MY

R8.4 Um cheque pré-datado para 11/10/2007 é descontado por R$ 432,00 em 13/09/2007 à taxa simples de 1,43% a.m. Pede-se o nº dias para essa antecipação financeira.

Modo matemático:

$$n = \overbrace{(30 - 13 + 1)}^{\text{setembro}} + \overbrace{(11 - 1)}^{\text{outubro}}$$
$$n = 18+10 = 28 \text{ dias}$$

Observação: O último dia, em outubro, não é computado.

Modo da calculadora:

f reg[CLX]
g D.MY[4]   (aparecendo D.MY no visor)
13.092007
enter
11.10.2007
g Δ Dys [EEX]   aparecerá
                28,000000000

8.2.2. Tecla **Date**

R8.5. Um cheque pré-datado de R$ 1.040,00 para 12/09/2007 é antecipado por R$ 1.032,87 em **XX/YY**/2007 à taxa simples de 1,47% a. m., utilizando-se desconto comercial simples. Pede-se:
a) a **data de antecipação** desse cheque.

Modo matemático:

$Ac = N(1 - ni)$
$1032,87 = 1040(1 - n.1,47\%)$

$$\frac{1032,87}{1040} = 1 - n.0,147$$

$0,99314423 \cong 1 - 0,0147n \Leftrightarrow 0,0147n \cong 1 - 0,099314423$
$0,0147n \cong 0,006855769 \Leftrightarrow n \cong 0,466378859$ meses
$n \cong (0,466378859 \times 30)$ dias $\Leftrightarrow n \cong 13,99$ dias $\therefore n = 14$ dias

Modo da calculadora:

f reg [CLX]
g D.MY [4]   (aparecendo
                D.MY no visor)
12.092007
enter
14 CHS   aparecendo - 14
g date [CHS]   aparecerá
                29.08.2007   3

8.3. Operações com as funções Estatísticas:

8.3.1. Tecla x

R8.6 Considerando **x** como a variável aleatória que quantifica o número de ambulantes nos principais cruzamentos na cidade de São Paulo, dado pela tabela a seguir, pede-se:

x_i	2	4	3	5	7	3	3	6	5	2

a) a média.

Modo matemático:

$$\bar{x} = \frac{\sum_{i=1}^{n} x_i}{n} = \frac{2+4+3+5+7+3+3+6+6+2}{10}$$

$$\bar{x} = \frac{40}{10} = 4$$

Modo da calculadora:

f reg $\boxed{\text{CLX}}$

2 $\sum$ +	7 $\sum$ +	5 $\sum$ +
4 $\sum$ +	3 $\sum$ +	2 $\sum$ +
3 $\sum$ +	3 $\sum$ +	visor 10
5 $\sum$ +	6 $\sum$ +	g $\bar{x}$ $\boxed{0}$
		visor $\boxed{4}$

8.3.2. Tecla s

R8.7 Considerando **x** como a variável aleatória que quantifica o número de ambulantes nos principais cruzamentos na cidade de São Paulo, dado pela tabela abaixo, pede-se:

x_i	2	4	3	5	7	3	3	6	5	2

a) o desvio-padrão amostral.

Modo matemático:

$$s = \sqrt{\dfrac{\sum_{i=1}^{n}(xi - \overline{x})^2}{n-1}}$$

$$s = \sqrt{\dfrac{(2-4)^2 + (4-4)^2 + (3-4)^2 + \ldots + (2-4)^2}{10-1}}$$

$$s \cong 1,699673171$$

Modo da calculadora:

f reg $\boxed{\text{CLX}}$

$2\sum +$	$7\sum +$	$5\sum +$
$4\sum +$	$3\sum +$	$2\sum +$
$3\sum +$	$3\sum +$	visor 10
$5\sum +$	$6\sum +$	g s$\boxed{\ .}$
		visor $\boxed{1,6996}$

8.3.3. Teclas para desvio-padrão populacional

R8.8 Considerando **x** como a variável aleatória que quantifica o número de ambulantes nos principais cruzamentos na cidade de São Paulo, dado pela tabela abaixo, pede-se:

x_i	2	4	3	5	7	3	3	6	5	2

a) o desvio-padrão populacional.

Modo matemático:

$$\sigma = \sqrt{\dfrac{\sum\limits_{i=1}^{n} (xi - \overline{x})^2}{n}}$$

$$\sigma = \sqrt{\dfrac{(2-4)^2 + (4-4)^2 + (3-4)^2 + \ldots + (2-4)^2}{10}}$$

$\sigma \cong 1{,}61245155$

Modo da calculadora:

f reg CLX

$2 \sum +$	$7 \sum +$	$5 \sum +$
$4 \sum +$	$3 \sum +$	$2 \sum +$
$3 \sum +$	$3 \sum +$	visor 10
$5 \sum +$	$6 \sum +$	$g \overline{x} \sum +$
		visor 11.
		gs
		visor 1,6124

R8.9 Os lucros de uma empresa, em milhões de R$, no período entre 2002 e 2007 são dados pela tabela abaixo:

x (anos)	02	03	04	05	06	07
y (lucro)	8,0	6,5	5,8	3,5	2,3	1,9

a) ache a equação linear do tipo y = ax + b;

b) estime o lucro da empresa em 2009.

Modo matemático:

$$\sum_{i=1}^{n}(x_i) = 02 + 03 + 04 + 05 + 06 + 07 = 27$$

$$\sum_{i=1}^{n}(x_i)^2 = 2^2 + 3^2 + 4^2 + 5^2 + 6^2 + 7^2 = 139$$

$$\sum_{y=1}^{n}(y_i) = 8 + 6,5 + 5,8 + 3,5 + 2,3 + 1,9 = 28$$

$$\sum_{i=1}^{n}(x_i.y_i) = 2.8 + 3.6,5 + 4.5,8 + ... + 7.1,9 = 103,3$$

$$a = \frac{n.\sum_{i=1}^{n}(x_i.y_i) - \sum_{i=1}^{n}(x_i).\sum_{y=1}^{n}(y_i)}{n.\sum_{i=1}^{n}(x_i)^2 - \left(\sum_{i=1}^{n}(x_i)\right)^2}$$

$$a = \frac{6.103,3 - 27.28}{6.139 - (27)^2} = \frac{619,8 - 756}{834 - 729} = \frac{-136,2}{105}$$

$$a \cong -1,2971428572$$

$$b = \frac{\sum_{i=1}^{n}(y_i) - a.\sum_{i=1}^{n}(x_i)}{n}$$

$$b = \frac{\sum_{i=1}^{n}(y_i) - a.\sum_{i=1}^{n}(x_i)}{n}$$

$$b = \frac{28 - (-1,2971428572).27}{6} = \frac{28 + 35,02285714}{6}$$

$$b = \frac{63,02285714}{6} \Leftrightarrow b = 10,50380952$$

$$y = ax + b \Leftrightarrow \mathbf{y = -1,29x + 10,50}$$

---

b) $x = 9 \Rightarrow y = -1,29 \times 9 + 10,50$

$\qquad\qquad y = -11,61 + 10,50$

$\qquad\qquad y = -1,11$

Modo da calculadora:

Na calculadora temos: $y = a + bx$

f reg $\boxed{CLX}$

8 enter 2 $\Sigma +$	visor 1
6,5 enter 3 $\Sigma +$	visor 2
5,8 enter 4 $\Sigma +$	visor 3
3,5 enter 5 $\Sigma +$	visor 4
2,3 enter 6 $\Sigma +$	visor 5
1,9 enter 7 $\Sigma +$	visor 6

Checando alguns valores

RCL 2	visor $\Sigma x = 27$
RCL 4	visor $\Sigma y = 28$
RCL 3	visor $\Sigma x^2 = 139$
RCL 6	visor $\Sigma xy = 103,3$
RCL 5	visor $\Sigma y^2 = 161,04$

Para achar o valor de a

Modo da calculadora:
Para achar o valor de b

$$b = \frac{\Delta y}{\Delta x} = \frac{y_2 - y_1}{x_2 - x_1}$$

Se $x = 0 \Rightarrow y_1 = 10,5338$
Se $x = 1 \Rightarrow y_2 = ...$

Digite 1 $\quad\quad\quad g\hat{y}\boxed{2} \quad\quad$ visor $\boxed{9,20666.}$

$$b = \frac{9,20666 - 10,5038}{1 - 0}$$

$\boxed{\text{Assim } b \cong -1,29}$

---

b) digite 9 $\quad\quad g\hat{y}\boxed{2} \quad\quad$ visor $\boxed{-1,16...}$
logo $y = -1,29x + 10,53$

214

8.4. Operações com as funções financeiras:

Bloco de capitalização composta

8.4.1 Tecla **Δ%**

R8.10 (P1.1) O preço por litro da gasolina sofreu uma **majoração**, passando de \$114,5 para \$159,2. Qual a taxa de aumento percentual ocorrida nesse preço?

Modo matemático:

$$\boxed{\text{Preço inicial} + \text{aumento} = \text{preço final}}$$

$$114,5 + x.114,5 = 159,2$$

$$114,5x = 159,2 - 114,5$$

$$\Delta\%x = \frac{x_f - x_i}{x_i} = \frac{159,2 - 114,5}{114,2}$$

$$\Delta\%x = \frac{44,7}{114,5} = 0,39039039... \cong 39,04\%$$

Modo da calculadora:

f reg $\boxed{\text{CLX}}$
114,5
enter
159,2
Δ %
visor $\boxed{39,03930131}$

8.4.2. Tecla **FV**

R8.11 (P4.34) Aplicando-se um capital de R$ 2.000,00 à taxa de 1,48% a.m., por 67 dias, obtém-se certo montante final. Calculá-lo para capitalização:

a) Composta.

Modo matemático:	Modo da calculadora:	
$FV = PV(1+i)^n$	f reg $\boxed{CLX}$	
	STO	
$FV = 2000(1+1,48\%)^{\frac{67}{30}}$	EEX	(aparecendo **c** no visor)
$FV = 2000(1+0,0148)^{2.3333...}$	2000 CHS PV	(-2000,0000 no visor)
$FV = 2000(1,0148)^{2.333}...$	1,48 i	(1,48000000 no visor)
$FV \cong 2066,7107$	67 enter	
	30 :	(aparecendo 2,333333)
	n enter	
	FV	aparecerá $\boxed{2066,710693}$

8.4.3. Tecla **PV**

R8.12 (P3.4) Determinar o **capital** que aplicado à taxa de 2,5% a.m. por quatro meses, resultou em R$ 156,19.

Modo matemático:	Modo da calculadora:	
$FV = PV(1+i)^n$		
$156,19 = PV(1+2,5\%)^4$	f reg $\boxed{CLX}$	Visor
$156,19 = PV(1+0,025)^4$	STO	
$156,19 = PV(1,025)^4$	EEX	(aparecendo **c**)
$156,19 \cong PV.1,103812891$	156,19 FV	(156,1900000)
$PV \cong 141,500431212$	2,5 i	(2,5000000)
	4 n	(4,0000000)
	PV	$\boxed{-141,5004312}$

8.4.4. Tecla **i**

R8.13 (P3.6) A que **taxa** um capital de R$ 1.500,00 por cinco meses, se converteu em R$ 1.824,98?

Modo matemático:

$$FV = PV(1+i)^n$$
$$1824,98 = 1500(1+i)^5$$
$$\frac{1824,98}{1500} = (1+i)^{5\ldots}$$
$$1,1665333333 = (1+i)^5$$
$$[1,16653333333]^{\frac{1}{5}} \cong [(1+i)^5]^{\frac{1}{5}}$$
$$[1,166533333]0,2 \cong 1+i$$
$$1,040000074 \cong 1+i$$
$$1,040000074 - 1 \cong i$$
$$i \cong 0,040000074 \text{ a.m.} \Leftrightarrow i \cong 4,00\% \text{ a.m.}$$

Modo da calculadora:

		Visor
f reg $\boxed{\text{CLX}}$		
STO		
EEX		(aparecendo **c**)
1824,98	FV	1824,9800000
1500 CHS	PV	PV = -1500,00000
5	n	5,0000000 no visor
i		$\boxed{4,000007367\%}$

8.4.5 Tecla **n** (achar o número de dias)

R8.14 (P3.5) Achar o **período**, em dias, onde R$ 314, 70 aplicados à taxa de 2,5% a.m. resultou em R$ 369,25.

Modo matemático:

$$FV = PV(1+i)^n$$

$369,25 = 314,70(1 + 2,5\%)^n$

$$\frac{369,25}{314,70} = (1 + 0,025)^{n\cdots}$$

$1,173339689 = (1,025)^n$

$\ln 1,173339689 \cong \ln (1,025)^n$

$\ln 1,173339689 \cong n \cdot \ln 1,025$

$$n \cong \frac{\ln 1,173339689}{\operatorname{lm} 1,025} \cong \frac{0,159854117}{0,024692613}$$

$n \cong 6,473762821$ meses

$n = 30 \times 6,5 \Leftrightarrow n = 195$ dias

Modo da calculadora:

f reg CLX		Visor
STO		
EEX		aparecendo **c**
369,25	FV	369,2500000
314,70 CHS	PV	- 314,700000
2,5	i	2,500000000
n		7,00000000

Observação:
7 meses = 7x30 dias = 210 dias.
O arredondamento de "n" é automático.

O problema anterior alterando, somente a taxa (para taxa diária).

Modo matemático:

$$(1 + i_1)^{n_1} = (1 + i_2)^{n_2}$$

$$(1 + i)^{30} = (1 + 2,5\%)^1$$

$$[(1 + i)^{30}]^{\frac{1}{30}} = [1,025]^{\frac{1}{30}}$$

$1 + i = [1,025]^{0,033333333}$

$1 + i \cong 1,0008223426$

$i \cong 1,00082223426 - 1$

$i \cong 0,0008223426$ a.d.

$i \cong 0,08223426\%$ a.d.

Modo da calculadora:

f reg CLX
30 enter

1/x	visor 0,033333
sto 1	memória 1
2,5	
enter 100 :	0,025
enter 1 +	1,025
enter RCL 1	0,0333

y^x
1,000823426
enter 1 –
0,000823426 enter
100 X
0,08223426%

```
Modo da Calculadora
f reg CLX
STO
EEX                 (aparecendo c no visor)
369,25       FV     (369,2500000 no visor)
314,70 CHS   PV     (-314,700000 no visor)
0,08223426   i      (0,08223426 no visor)
n            aparecerá 195,00000
```

Bloco de capitalização mista

8.4.6. Tecla **FV**

R8.15 (P4.34) Aplicando-se um capital de R$ 2.000,00 à taxa de 1,48% a.m., por 67 dias, obtém-se certo montante final. Calculá-lo para capitalização:

a) Composta (já resolvido no ex. 11);
b) Mista.

Modo matemático:

$$n = 67 \text{ dias} = \frac{67}{30} = 2,2333... \text{ meses}$$

$$n = n_1 + n_2 \Leftrightarrow n = 2 + 23333...$$

$$FV = PV(1+i)^{n_1}(1+in_2)$$

$$FV = 2000(1+1,48\%)^2(1+1,48\%.0,2333...)$$

$$FV = 2000(1+0,0148)^{2..}(1+0,0148.0,2333....)$$

$$FV = 2000(1,029819040)(1+0,00345333...)$$

$$FV \cong 2000.(1,0298190040)(1,00345333...)$$

$$FV \cong 2066,75069682$$

Modo da calculadora:

f reg CLX

		(**não** aparecendo **c** no visor)
2000 CHS	PV	(-2000,00000 no visor)
1,48	i	(1,48000000 no visor)
67 enter		
30 :		(2,333333333 no visor)
2,3333333333	n	(2,333333333 no visor)
FV		aparecerá 2066,750697

8.4.7. Tecla i

R8.16. Ao se aplicar R$ 400,00 por 34 dias num agente financeiro, obtém-se R$ 407,83 utilizando-se capitalização mista. Pede-se a taxa de juros utilizada.

Modo matemático:

$$n = 34 \text{ dias} = \frac{34}{30} = 1,1333... \text{ meses}$$

$$n = n_1 + n_2 \Leftrightarrow n = 1 + 13333...$$

$$FV = PV(1+i)^{n_1}(1+in_2)$$

$$407,83 = 400(1+i)^1(1+i.0,1333...)$$

É impossível isolar "i"

A calculadora resolve o problema por interpolação

Modo da calculadora:
f reg CLX

407,83	FV	(407,8300000 no visor)
400 CHS	PV	(-400,0000000 no visor)
34 enter		
30 :		(1,333333333 no visor)
1,3333333333	n	(1,333333333 no visor)
i		aparecerá 1,723710380%

Bloco de Rendas (pagamentos periódicos e iguais)

8.4.8. Tecla **PV** (end)

R8.17 (P5.5) Qual é o **preço à vista** de um artigo que está sendo oferecido com uma entrada de 30% de seu valor e mais três prestações mensais de R$ 15,25, numa loja que está trabalhando com uma taxa de 3,5% a.m.

Modo matemático:

$$\leftarrow 15,25 \rightarrow$$

$$—0—1——2—3—4—\rightarrow \text{meses}$$

$$PV$$

$$PV = PMT \frac{1-(1+i)^{-n}}{i}$$

$$PV = 15,25 \frac{1-(1+3,5\%)^{-3}}{3,5\%}$$

$$PV = 15,25 \frac{1-(1,035)^{-3}}{0,035}$$

$$PV \cong 15,25. \frac{1-0,901942706}{0,035}$$

$$PV \cong 15,25. \frac{0,098057294}{0,035}$$

$$PV \cong 42,72496381$$

O valor financiado $PV = P - 30\%P$

Logo $42,72496381 = 70\% P$

$$P = \frac{42,72496381}{70\%} \Leftrightarrow P \cong 61,03566259$$

Modo da calculadora:

f reg CLX	Visor	
g END		(não aparece no visor)
15,25	PMT	15,250000000000000
3,5	i	3,500000000000000
3	n	3,000000000000000
PV		- 42,72496396

Logo PV = 70% P

42,72496396 enter
0,70 :

aparecerá 61,03566259

8.4.9 Tecla **PMT** (end)

R8.18 (P5.52) Uma dívida de R$ 4.000,00 será paga com 20% de entrada e mais 4 prestações mensais e iguais à taxa de 3,5% a.m. Determinar o valor de cada prestação.

Modo matemático:

$$\xleftarrow{\hspace{1em}}PMT\xrightarrow{\hspace{1em}}$$

$$\underset{\downarrow}{0}\!-\!1\!-\!2\!-\!3\!-\!4\!\rightarrow meses$$

$$PV = 4000 - 20\%.4000 = 3200$$

$$PV = PMT \frac{1-(1+i)^{-n}}{i}$$

$$3200 = PMT \frac{1-(1+3,5\%)^{-4}}{3,5\%}$$

$$3200 = PMT \frac{1-(1,035)^{-4}}{0,035}$$

$$3200 \cong PMT.\frac{1-0,871442228}{0,035} \Leftrightarrow PMT \cong 871,2036484$$

Modo da calculadora:

```
f reg CLX
PV = 4000 – 20%.4000
4000 enter                    Visor
0,2 X                         800
CHS (-800) enter
4000 +                        3200
```

```
f reg CLX
g END                         Visor
3200 CHS        PV            (-3200,0000000)
3,5             i             (3,5000000000)
4               n             (4,0000000000)
PMT                           (871,2036464)
```

Modo matemático:

$$3200 \cong PMT.\frac{1 - 0,871442228}{0,035}$$

$$3200 \cong PMT.\frac{0,128557772}{0,035}$$

$$3200 \cong PMT.3,67730792$$

$$PMT \cong 871,2036484$$

8.4.10 Tecla **n** (end)

R8.19 (P5.1) Certo aparelho eletrônico cujo preço à vista é de R$ 224,62, foi comercializado a uma taxa estabelecida de 2,6% a.m., com prestações mensais e iguais de R$ 78,80. Determinar o **número** de pagamentos para esse financiamento.

Modo matemático:

$$\leftarrow PMT = 78{,}80 \rightarrow$$

$$\begin{array}{cccc} \uparrow & \uparrow & \uparrow & \uparrow \\ 0 \text{—} 1 \text{—} 2 \text{—} 3 \text{—} \ldots \text{—} n \text{—} \cdot \rightarrow \text{meses} \\ \downarrow \end{array}$$

$$PV = 224{,}62$$

$$224{,}62 = 78{,}80 \frac{1 - (1 + 2{,}6\%)^{-n}}{2{,}6\%}$$

$$224{,}62 = 78{,}80 \frac{1 - (1 + 0{,}026)^{-n}}{0{,}026}$$

$$224{,}62 \cong 3030{,}769231[1 - (1{,}026)^{-n}]$$

$$\frac{224{,}62}{3030{,}769231} \cong .1 - (1{,}026)^{-n}$$

$$0{,}074113197 \cong 1 - (1{,}026)^{-n}$$

$$(1{,}026)^{-n} \cong 1 - 0{,}074113197$$

$$(1{,}026)^{-n} \cong 0{,}925886802$$

$$\ln (1{,}026)^{-n} \cong \ln 0{,}925886802$$

$$-n.\ln 1{,}026 \cong \ln 0{,}925886802$$

$$-n \cong \frac{\ln 0{,}925886802}{\ln 1{,}026} \cong \frac{-0{,}077003295}{0{,}025667746}$$

$$-n \cong -3{,}000002165 \Leftrightarrow n \cong 3 \text{ meses}$$

Modo da calculadora:

f reg CLX		Visor
g END	não aparece	
224,62 CHS	PV	(-224,6200000)
78,80	PMT	(78,800000000)
2,6	i	(2,6000000000)
n		(3,0000000000)

8.4.11 Tecla **i** (end)

R8.20 (P5.4) Numa loja, certo aparelho eletrodoméstico com preço de lista de R$ 599,50 estará sendo vendido a prazo sob duas modalidades:

a) 24 pagamentos mensais e iguais de R$ 30,10;
b) 20 pagamentos mensais e iguais de R$ 34,60.
Qual é a opção **mais vantajosa** para o consumidor?

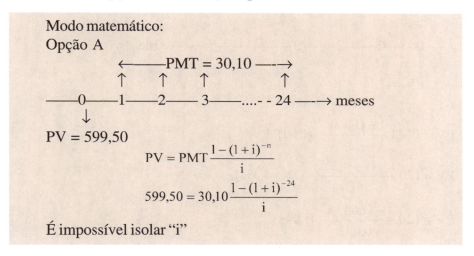

Modo matemático:
Opção A

$$PV = PMT \frac{1-(1+i)^{-n}}{i}$$

$$599,50 = 30,10 \frac{1-(1+i)^{-24}}{i}$$

É impossível isolar "i"

Modo da calculadora:

Opção A			Opção B		
f reg CLX			f reg CLX		
g END			g END		
599,50	CHS	PV	599,50	CHS	PV
30,10		PMT	34,60		PMT
24		24	20		n
i		1,548971465%	i		1,407282768%

Como $i_B < i_A$ então **B** é a melhor opção

8.4.12 Tecla **PV** (begin)

R8.21 (P5.7) Um grande magazine cobra 4,3% a.m. de juros sobre a parte financiada nas vendas a prestação. Qual é o preço à vista de um artigo que está sendo oferecido em (1 + 4) prestações de R$ 120,00?

Modo matemático:

```
←——PMT = 120——→
↑    ↑    ↑    ↑    ↑
—0———1———2———3———4———5———→ meses
↓
PV = ?
```

$$PV = PMT \frac{1-(1+i)^{-n}}{i}(1+i)$$

$$PV = 120 \frac{1-(1+4,3\%)^{-5}}{4,3\%}(1+4,3\%)$$

$$PV \cong 120 \cdot \frac{1-(1,043)^{-5}}{0,043}(1,043)$$

$$PV \cong 120 \cdot [\frac{1-0,8110174291}{0,43}]1,043$$

$$PV \cong 120 \cdot 4,414551367 \cdot 1,043$$

$$PV \cong 552,525249035$$

Modo da calculadora:

		Visor
f reg CLX		
g BEGIN		aparece BGN
120	PMT	(120,00000000)
4,3	i	(4,3000000000)
5	n	(5,0000000000)
PV		(- 552,525249035)

PV ≅ R$ 552,53

8.4.13 Tecla **PMT** (begin)

R8.22 Obter o valor das prestações de um bem financiado em (1 + 7) parcelas mensais e iguais, à taxa de 1,89% a.m., cujo preço à vista é de R$ 640,00.

Modo matemático:

```
←————————PMT = ?————————→
 ↑    ↑    ↑    ↑                        ↑
——0———1———2———3———4———5———6———7——→ meses
 ↓
PV = 640
```

$$PV = PMT \frac{1-(1+i)^{-n}}{i}(1+i)$$

$$640 = PMT \frac{1-(1+1,89\%)^{-8}}{1,89\%}(1+1,89\%)$$

$$PV = PMT \frac{1-(1+i)^{-n}}{i}(1+i)$$

$$640 = PMT \frac{1-(1+1,89\%)^{-8}}{1,89\%}(1+1,89\%)$$

$$640 \cong PMT.\frac{1-(1,0189)^{-8}}{0,0189}(1,0189)$$

$$640 \cong PMT.[\frac{1-0,860889681}{0,0189}]1,0189$$

$640 \cong PMT.7,360334339.1,089$

$640 \cong PMT.7,499444658$

$PMT \cong 85,33965236$

Modo da calculadora:

f reg CLX		Visor
g BEGIN		aparece BGN
640 CHS	PV	(-640,00000000)
8	n	(8,00000000000)
1,89	i	(1,89000000000)
PMT		(85,33965236)

8.4.14 Tecla i (begin)

R8.23 Um aparelho eletrodoméstico é vendido à vista por R$ 324,00, ou a prazo em (1 + 5) pagamentos mensais e iguais de R$ 56,37. Calcular a taxa de juros utilizada..

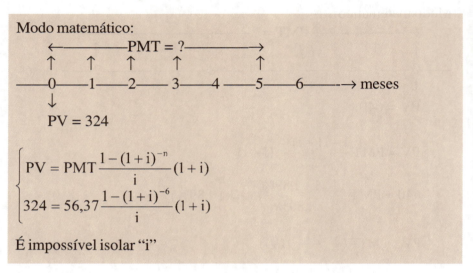

Modo matemático:

$$\begin{cases} PV = PMT \dfrac{1-(1+i)^{-n}}{i}(1+i) \\ 324 = 56{,}37 \dfrac{1-(1+i)^{-6}}{i}(1+i) \end{cases}$$

É impossível isolar "i"

Modo da calculadora:

		Visor
f reg CLX		
g BEGIN		aparece BGN
324 CHS	PV	(-324,00000000)
56,37	PMT	(56,370000000)
6	n	(6,0000000000)
i		(1,750844968)

$i \cong 1{,}75\%$ a. m.

8.4.15 Tecla n (begin)

R8.24 Planejando uma viagem ao Exterior, Ana depositará num agente financeiro R$ 800,00 todo mês, a partir de hoje, até atingir o montante final de R$ 8.500,00. Para uma taxa de remuneração mensal de 1,43% a.m., calcular o número de depósitos a serem efetuados.

Modo matemático:

```
        ←——PMT = 800——→
   ↑   ↑   ↑   ↑   ↑           ↑
———0———1———2———3———4 ———...——n–1 → meses
                                ↓
                            FV = 8500
```

$$FV = PMT \frac{(1+i)^n - 1}{i}(1+i)$$

$$8500 = 800 \frac{(1+1,43\%)^n - 1}{1,43\%}(1+1,43\%)$$

$$\frac{8500}{800} = \frac{(1,0143)^n - 1}{0,0143}(1+0,143)$$

$$10,6250 = \frac{(1,0143)^n - 1}{0,0143} \cdot 1,0143$$

$$0,149795425 = (1,0143)^n - 1$$

$$1 + 0,149795425 = (1,0143)^n$$

$$1,149795425 = (1,0143)^n$$

$$\ln 1,149795425 = \ln(1,0143)^n$$

$$\ln 1,149795425 = n \cdot \ln 1,0143$$

$$0,139584035 \cong n \cdot 0,014198719$$

$$n \cong \frac{0,139584035}{0,014198719} \Leftrightarrow n \cong 9,830748506$$

Modo da calculadora:

		Visor
f reg CLX		
g BEGIN		aparece BGN
8500 CHS	FV	(-8500,000000000)
800	PMT	(800,0000000000)
1,43	i	(1,430000000000)
n		(10,00000000000)

n = 10 parcelas mensais

Bloco da análise de investimentos

8.4.16 Tecla **NPV** (com valores desiguais)

R8.25 (P7.6) Para um investimento de R$ 220.000,00 a uma taxa de barreira 14% a.a., tivemos uma perda de R$ 60.000,00 ao final do 1º ano, seguido de ganhos de R$ 100.000,00; R$ 150.000,00; e R$ 190.000,00 nos anos subseqüentes. **Avalie** esse investimento.

Modo matemático:

NPV = Retorno − investimento inicial

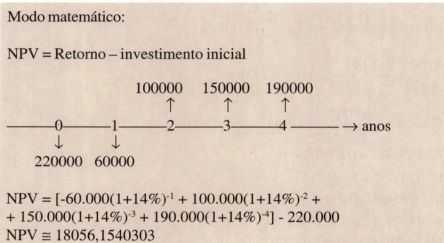

NPV = [-60.000(1+14%)$^{-1}$ + 100.000(1+14%)$^{-2}$ +
+ 150.000(1+14%)$^{-3}$ + 190.000(1+14%)$^{-4}$] − 220.000
NPV ≅ 18056,1540303
NPV > 0 ⇒ é bom negócio.

Modo da calculadora:

		Visor
f reg CLX		
14	i	(14,000000000)
220000 CHS	g CF$_0$	(-220000,00000)
60000 CHS	g CF$_j$	(-60000,0000000)
100000	g CF$_j$	(100000,000000)
150000	g CF$_j$	(150000,000000)
190000	g CF$_j$	(190000,000000)
f NPV	18056,1540303	

NPV ≅ R$ 18.056,15 <u>acima</u> da expectativa
É um bom negócio.

8.4.17 Tecla **NPV** (com retornos iguais)

R8.26 (P7.5) Uma aplicação de R$ 680,00 gerou um torno em 3 parcelas bimestrais de R$ 272,00. Para uma taxa de mercado de 11% a.b. é um **bom negócio**?

Modo matemático:

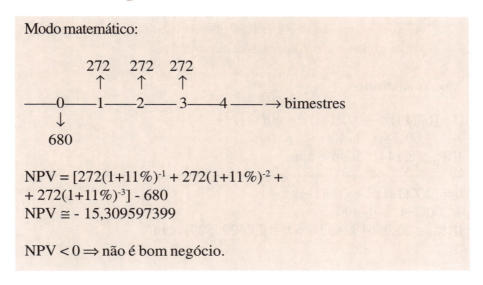

$NPV = [272(1+11\%)^{-1} + 272(1+11\%)^{-2} +$
$+ 272(1+11\%)^{-3}] - 680$
$NPV \cong -15{,}309597399$

$NPV < 0 \Rightarrow$ não é bom negócio.

Modo da calculadora:

		Visor
f reg CLX		
14	i	(11,00000000000)
680 CHS	g CF$_0$	(-680,000000000)
272	g CF$_j$	(272,0000000000)
3	g N$_j$	(3,000000000000)
f NPV		-15,309597399

$NPV \cong R\$ 15{,}31$ abaixo da expectativa

Não é um bom negócio

8.4.18 Tecla **IRR** (com valores desiguais)

R8.27 (P7.16) Certo cliente necessita recorrer a um empréstimo bancário de R$ 400,00 para adquirir um carrinho de cachorro quente. Foram-lhe apresentadas duas alternativas:
I) 10 parcelas mensais de R$ 60,00
II) 3 parcelas trimestrais de R$ 200,00
Qual a **melhor oferta** para esse cliente?

Modo matemático:

$$0 = [60(1+i)^{-1} + 60(1+i)^{-2} + 60(1+i)^{-3} +$$
$$+ ... + 60(1+i)^{-10}] -400$$
$$IRR_I \cong 8,144165646\% \text{ a.m.}$$

$$0 = [200(1+i)^{-1} + 200(1+i)^{-2} +$$
$$+ 200(1+i)^{-3} +] -400$$
$$IRR_{II} \cong 23,375192853\% \text{ a.t.} \cong 7,2529587\% \text{ a. m.}$$

Modo da calculadora:

f reg⬚CLX		Visor
400 CHS	g CF$_0$	(-400,0000000000)
60	g CF$_j$	(60,000000000000)
10	g N$_j$	(10,000000000000)
f IRR	8,1441656	

---

f reg⬚CLX		Visor
400 CHS	g CF$_0$	(-400,0000000000)
200	g CF$_j$	(200,000000000000)
3	g N$_j$	(10,000000000000)
f IRR	23,375192853	

logo IRR = 23,375192853% a.t. $\cong$ 7,2529587% a.m.

8.4.19 Tecla **IRR** (com valores iguais)

R8.28 (P7.8) Suponha que você tenha R$ 4.800,00 para investir. Um amigo lhe oferece um plano de investimento para os seus R$ 4.800,00 que pagará R$ 1.200,00 por ano, nos próximos cinco anos. Você **aceitará** essa proposta, para uma taxa de barreira (i_a) de 15% a.a.?

Modo matemático:

$0 = [1200(1+i)^{-1} + 1200(1+i)^{-2} +$
$+ 1200(1+i)^{-3} + 1200(1+i)^{-4} +$
$+ 1200(1+i)^{-5}] - 4800$
$IRR \cong 7{,}930826116\%$ a.a.

Como 7,93% a.a < 15% a.a.
Então esse empreendimento não é viável.

Modo da calculadora:

		Visor
f reg CLX		
4800 CHS	g CF_0	(-4800,0000000000)
1200	g CF_j	(1200,00000000000)
5	g N_j	(5,00000000000000)
f IRR		7,930826116

8.4.20 Tecla **NPV** (série não periódica)

R8.29 Um investidor aplicou um capital de R$ 18.000,00 e recebeu rendimentos parcelados, em R$, conforme o diagrama. Para uma taxa de 1,54 % a.m., calcular:

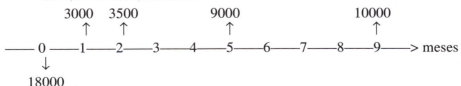

Obter o valor presente líquido (**NPV**), e avalie esse empreendimento.

Modo matemático:

$$NPV = [3000(1+1,54\%)^{-1} + 3500(1+1,54\%)^{-2} +$$
$$+ 9000(1+1,54\%)^{-5} + 10.000(1+1,54\%)^{-9}] +$$
$$-18.000$$

$$NPV \cong 5.402,00473420$$

Modo da calculadora:

f reg CLX		Visor
18000 CHS	g CF_0	(-18000,0000000000)
3000	g CF_j	(3000,000000000000)
3500	g N_j	(3500,000000000000)
0	g CF_j	(0,000000000000000)
2	g N_j	(2,000000000000000)
9000	g CF_j	(9000,000000000000)
0	g CF_j	(0,000000000000000)
3	g Nj	(3,000000000000000)
10000	g CF_j	(10000,00000000000)
f NPV	5402,00473420	

8.4.21 Tecla IRR (série não periódica)

R8.30 Em relação ao exercício anterior (R8.29), obter a taxa interna de retorno (**IRR**), e fale sobre a viabilidade desse negócio.

Modo matemático:

$$0 = [3000(1+i)^{-1} + 3500(1+i)^{-2} + + 9000(1+i)^{-5}$$
$$+ 10.000(1+i)^{-10}] - 18.000$$

$$IRR \cong 6,667461565\% \text{ a. m.}$$

Como IRR > 1,54% então o negócio é viável.

Modo da calculadora:

f reg$\boxed{\text{CLX}}$		Visor
18000 CHS	g CF_0	(-18000,0000000000)
3000	g CF_j	(3000,000000000000)
3500	g N_j	(3500,000000000000)
0	g CF_j	(0,000000000000000)
2	g N_j	(2,000000000000000)
9000	g CF_j	(9000,000000000000)
0	g CF_j	(0,000000000000000)
3	g Nj	(3,000000000000000)
10000	g CF_j	(10000,00000000000)
f IRR		6,667461565

Bloco da amortização de empréstimos (Sistema *Francês ou Price*)

8.4.22 Tabela Price com 6 linhas

R8.31 (P6.6) Paulo adquiriu um automóvel avaliado em R$ 28.000,00 com uma entrada de R$ 10.000,00 e o saldo restante em 6 pagamentos mensais, à taxa de 3,5% a.m.. Descreva como será esse pagamento pelo Sistema **Francês** ou Price, fazendo um **demonstrativo** da dívida.

n	J_n	P_n	A_n	SD_n
0				18.000,00
1	630,00	3.378,03	2.748,03	15.251,97
2	533,82	3.378,03	2.844,21	12.407,76
3	434,27	3.378,03	2.943,76	9.464,01
4	331,24	3.378,03	3.046,79	6.417,22
5	224,60	3.378,03	3.153,43	3.263,79
6	114,23	3.378,03	3.263,79	0

Valor financiado
=28.000 - 10.000=
= 18.000

Modo matemático:

1º) Calcula-se a coluna das prestações;

2º) Calcula-se linha por linha, da esquerda para a direita.

1ª linha:

$$\begin{cases} J_n = SD_{n-1}.i \\ \quad J_1 = SD_0.i \\ J_1 = 18.000 \times 3,5\% \\ J_1 = 630,00 \end{cases} \Rightarrow \begin{cases} A_n = Pn - Jn \\ A_1 = PMT - J_1 \\ A_1 = 3378,02775598 - 630 \\ A_1 = 2748,02775598 \end{cases}$$

$$\Rightarrow \begin{cases} SD_n = SD_{n-1} - A_n \\ \quad SD_1 = SD0 - A_1 \\ SD_1 = 18000 - 2748,02775598 \\ \quad SD_1 = 15251,9722440 \end{cases}$$

2ª linha:

$$\begin{cases} J_n = SD_{n-1}.i \\ \quad J_2 = SD_1.i \\ J_2 = 15251,9722440 \times 3,5\% \\ J_2 = 533,819028540 \end{cases} \Rightarrow \begin{cases} A_n = Pn - Jn \\ A_2 = PMT - J_2 \\ A_2 = 3378,02775598 - 533,819028540 \\ A_2 = 2844,20872744 \end{cases}$$

$$\begin{cases} SD_n = SD_{n-1} - A_n \\ \quad SD_2 = SD0 - A_1 \\ SD_2 = 15251,9722440 - 2844,20872744 \\ \quad SD_2 = 12407,7635166 \end{cases}$$

.
.
.

Modo da calculadora:

f reg CLX		Visor
18000 CHS	PV	(-18000,0000000000)
3,5	i	(3,500000000000000)
6	n	(6,000000000000000)
PMT		3378,027756

1 f AMORT		630,00	juros
x ↔ y		2748,027756	amortização
RCL	PV	-15251,97224	saldo devedor
		1ª linha completada	

1 f AMORT		533,8190284	juros
x ↔ y		2844,208728	amortização
RCL	PV	-12407,76351	saldo devedor
		2ª linha completada	

1 f AMORT		434,2717229	juros
x ↔ y		2943,756033	amortização
RCL	PV	-9464,007477	saldo devedor
		3ª linha completada	

1 f AMORT		331,2402617	juros
x ↔ y		3046,787494	amortização
RCL	PV	-6417,219983	saldo devedor
		4ª linha completada	

1 f AMORT		224,6026994	juros
x ↔ y		3153,425057	amortização
RCL	PV	-3263,794926	saldo devedor
		5ª linha completada	

1 f AMORT		114,2328224	juros
x ↔ y		3263,794934	amortização
RCL	PV	0,000008000	saldo devedor
		6ª linha completada	

8.5. Bloco de programação

Inserindo fórmula $Ac = N(1 - ni)$

R8.32 Um cheque pré-datado de R\$ 980,00 para 12/09/2007 é antecipado para 26/08/2007 à taxa simples de 1,52% a. m., utilizando-se desconto comercial simples. Pede-se:

a) o **valor antecipado** em 26/08/2007.

Modo matemático:

$$A_c = N(1 - ni)$$

$$A_c = 980(1 - \frac{17}{30} \cdot 1,52\%)$$

$$A_c = 980(1 - 0,5666...0,0152)$$

$$A_c = 980(1 - 0,00861333...)$$

$$A_c = 980.0,99138666...$$

$$A_c = 971,5589333...$$

Modo da calculadora:

f reg		Visor
980	STO 1	980,0000000000
R/S		980,0000000000
17	STO 2	17,00000000000
R/S		17,00000000000
0,0152	STO 3	0,015200000000
R/S		0,015200000000
RCL 2		17,00000000000
Enter		
30 :		0,566666666666
Enter		
RCL 3		0,015200000000
Enter		
X		0,008613333333
Enter		
1 -		-0,991386667
CHS		0,991386667
Enter		
RCL 1 X		**971,5589334**

8.5.1 Obtendo **n** a partir de Ac = N(1-ni)

R8.33 Um cheque pré-datado de R$ 1.040,00 para 12/09/2007 é antecipado por R$ 1.032,87 em **XX**/08/2007 à taxa simples de 1,47% a. m., utilizando-se desconto comercial simples. Pede-se:

a) a **data de antecipação** desse cheque.

Modo matemático:

É preciso isolar a variável "n"

$$A_c = N(1 - ni) \Leftrightarrow \frac{A_c}{N} = 1 - ni \Leftrightarrow$$

$$\Leftrightarrow ni = 1 - \frac{Ac}{N} \Leftrightarrow n = \frac{1 - \dfrac{A_c}{N}}{i}$$

$$n = \frac{1 - \dfrac{1032,87}{1040}}{1,47\%} \Leftrightarrow n \cong \frac{1 - 0,993144231}{0,0147}$$

$$n \cong \frac{0,006855769}{0,0147} \Leftrightarrow n \cong 0,466378857 \text{ meses}$$

$$n \cong 0,47 \times 30 \Leftrightarrow n \cong 14 \text{ dias}$$

A data pedida é: 12/09 – 14 dias = $\boxed{29/08/2007}$

Obs. O dia 12/09/2007 não é computado.

Modo da calculadora:

f reg		Visor
1040	STO 1	1040,00000000000
R/S		1040,00000000000
1032,87	STO 2	1032,87000000000
R/S		1032,87000000000
0,0147	STO 3	0,01470000000000
R/S		0,01470000000000

RCL 2		1032,87000000000
Enter		
RCL 1		1040,00000000000
:		0,993144231
enter		
1 -		-0,006855769
CHS		0,006855769
Enter		
RCL 3 :		0,466378857
Enter		
30 X		**13,99136571** dias

f reg		
g D.mY$\boxed{4}$		
12.092007		
enter		
14 CHS		-14
g Date $\boxed{\text{CHS}}$		29.082007 3
3º dia útil ⇔ 4ª feira		

8.6. Exercícios Propostos

P8.1 Um cheque pré-datado para 12/09/2007 é antecipado para 26/08/2007 por R$ 790,06 à taxa simples de 1,49% a. m., utilizando-se desconto comercial simples. Pede-se:
a) o **valor nominal** em 12/09/2007.
b) o **valor** do desconto praticado.

P8.2 Para a amostra A = {2,7; 3,5; 4,4; 5,7; 6,3; 7; 8,3; 9,2; 10,1}, determinar:
a) a média e o desvio-padrão amostral;
b) se para uma outra amostra B encontramos uma média 6,22 e desvio-padrão 2,47, calcule os coeficientes de variação de cada uma dessas amostras e indique a **mais dispersa**.

Observação: $CV(A) = \dfrac{S_A}{\overline{X}}$.

P8.3 Adriana resgatou um título de R$ 785,00 para 30/06/2007, por R$ 781,61 em 20/06/2007. Utilizando desconto racional, pede-se:
a) o prazo de antecipação desse título em meses;
b) a taxa de desconto racional utilizada;
c) o valor do desconto racional efetuado.

P8.4 Certo capital aplicado por 83 dias à taxa de 1,78% a.m. gerou R$ 1.230,90 como montante final. Determinar:
a) o valor **inicial** aplicado;
b) o valor dos **juros** ganhos nessa aplicação, onde FV = PV + J;
c) se a aplicação se iniciou em 20/02/2008, qual a data da obtenção do montante final.

P8.5 Aplicando-se certo capital à taxa de 1,87% a.m., por 143 dias, obtém-se R$ 456,20 como montante final. Calcular esse **capital inicial** para capitalização:
a) mista;   b) contínua;   c) composta.

P8.6. Um microcomputador Intel é vendido nas Casas Bahia, conforme anúncio de 15/05/2007:

$\begin{cases} \text{I) 5 pagamentos de R\$ 429,00, num total a prazo de R\$ 2.145,00} \\ \text{II) 7 pagamentos de R\$ 322,14, num total a prazo de R\$ 2.254,98.} \end{cases}$

Para uma taxa de 2,14% a.m., determinar:
a) o preço à vista para cada modalidade (I e II);
b) a melhor opção para o comprador, optando pelo "menor" preço.
Sugestão: total a prazo = PMT.n, que indica um alerta para o consumidor, se optar pelo financiamento.

P8.7 Visando o pagamento de uma nota promissória de R$ 9.000,00 com vencimento daqui a 9 meses, Denise deposita em certo agente financeiro, uma quantia mensal e igual, a fim de obter esse montante final. Para uma taxa de mercado igual a 1,42% a.m., pede-se o valor de cada parcela, se os pagamentos se iniciarem:
a) hoje;   b) daqui a 1 mês.

P8.8. Um produto é vendido a prazo em 6 parcelas mensais e iguais de R$ 45,80, a uma taxa de financiamento de 3,14% a.m., pede-se:
a) o valor do **preço à vista** desse produto;
b) para o preço à vista obtido no item b, obter o valor da **nova parcela** para um financiamento maior em 12 prestações, mantida a mesma taxa de juros.

P8.9 São apresentadas duas opções de negócio:

$$\begin{cases} \text{I) investir R\$ 630,00, com 4 retornos mensais e subseqüentes de R\$ 170,00} \\ \text{II) investir R\$ 820,00 com 3 retornos mensais subseqüentes de R\$ 295,00.} \end{cases}$$

Para uma taxa de mercado igual a 1,56 % a.m., determinar:
a) obter o valor presente líquido (**N.P.V.**) da opção I;
b) obter o valor presente líquido (**N.P.V.**) da opção II;
c) indicar o **melhor negócio** na ótica do investidor.

P8.10 Com o intuito de aumentar o seu rebanho, uma empresa agropecuária toma um empréstimo a juros compostos de 10% ao trimestre e pelo qual pagará 3 parcelas trimestrais de R$ 50.000,00. Então é correto afirmar:
(A) o empréstimo foi de R$ 150.000,00;
(B) para calcular o valor do empréstimo, basta subtrair 10% de cada parcela, cuja soma resultará em R$ 135.000,00;

242

(C) sabendo-se que o retorno que terá com o aumento de seu rebanho é da ordem de 10% ao trimestre, a empresa fará um bom negócio;
(D) sabendo-se que o retorno que terá com o aumento de seu rebanho é da ordem de 10% ao trimestre, a empresa não terá lucro nem prejuízo;
(E) sabendo-se que o retorno que terá com o aumento de seu rebanho é da ordem de 10% ao trimestre, a empresa fará um mau negócio;

P8.11 Um empréstimo de R$ 30.000,00 deve ser saldado com uma entrada de R$ 9.000,00, e mais em 5 pagamentos mensais, a uma taxa de 1,53% a.m.. Completar o demonstrativo da dívida indicando juros, pagamento, amortização, e saldo devedor. Para esse problema usar o sistema Francês ou **Price**.

P8.12 Mariana aplicou R$ 4.000,00 num Banco A por 61,5 meses à taxa de 1,67% a.m.. Também aplicou R$ 3.000,00 num Banco B por 70 meses à taxa de 1,72% a.m., conforme o gráfico abaixo, e utilizando capitalização composta em ambos os investimentos. Pode-se dizer que para Mariana:
(A) o maior montante final é sempre do Banco A;
(B) o maior montante final é sempre do Banco B;
(C) após 61,5 meses, o maior montante final é do Banco A;
(D) após 61,5 meses, o maior montante final é do Banco B;
(E) antes de 61,5 meses, o maior montante final é do Banco B.
Observação: Composta **FV = PV(1 + i)^n**.

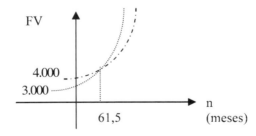

P8.13 Calcular a força gravitacional (F) de um corpo solto no espaço de massa 62,5 kg (m) sob a ação da aceleração da gravidade 9,78 m/s^2 (a), através de uma **calculadora financeira** programável.

8.7. Respostas dos exercícios propostos

P8.1

a) f reg;. g 4; 12.092007 enter; 28.082008 Δ Dys aparecerá $-11,0000000$ dias ("de trás para frente").

$N = 11$ dias

$$A_c = N(1 - ni) \Rightarrow 790,06 + N(1 - \frac{11}{30} \cdot 1,49\%) \Leftrightarrow N \cong 796,787541817$$

logo $\boxed{N \cong R\$ 796,79}$.

b) dc $\cong$ R\$ 6,73.

P8.2

a) $n = 9$; $\bar{x} = 6.3555...$; $s \cong 2,551524599$

b) $CV_A = \dfrac{s}{\bar{x}} \cong \dfrac{2,551524599}{6,3555....}$, onde $\boxed{CV_A \cong 40,146366\%}$;

$CV_B = \dfrac{s}{\bar{x}} \cong \dfrac{2,47}{6,22}$, onde $\boxed{CV_B \cong 39,7106109\%}$

Como $CV_A > CV_B$ então A é o grupo mais disperso.

P8.3

a) f reg; g4; 30.062007 enter; 20.062007 Δ dys aparecerá $-$

10,0000000000 dias. $\boxed{n = \dfrac{10}{30} = 0,333....}$ meses.

b) $A_r = \dfrac{N}{(1 + i)^n} \Rightarrow 781,61 = \dfrac{785}{(1 + i)^{0,333...}}$

f reg; STO EEX (aparece c); 781,61 CHS PV; 785 FV; 0,33333333333 n; i aparecendo $\cong 1,3006811979$.

$i \cong 1,3006811979\%$

c) dc $\cong$ R\$ 3,39

P8.4

a) $FV = PV(1+i)^n \Rightarrow 1230 = PV(1+1,78\%)^{\frac{83}{30}}$

F reg; STO EEX; 1230 FV; 1,78 I; 83 enter 30 : aparece 2,7666... n; PV $\boxed{1172,25835368}$ ∴ PV ≅ R\$ 1172,26.

b) $J \cong R\$ 57,74$;

c) f reg; g4; 20.022008 enter; 83 g DATE aparece $\boxed{14/05/2007}$ 1 indicando que é 2^a f.

P8.5

a) $FV = PV(1+i)^{n1}(1+in_2) \Rightarrow 456,20 = PV(1+1,87\%)^4(1+1,87\% \cdot 0,7666...)$
F reg; 456,20 FV; 1,87 i; 143 enter 30 : aparecendo 4,7666... n;
$\boxed{PV\ 417,6263874}$ ∴ PV ≅ R\$ 417,63

b) $FV = PV.e^{ni} \Rightarrow 456,20 = PV.e^{\frac{143}{30}1,87\%}$
f reg 143 enter 30 : aparece 4,7666...; enter 0,0187 x; g e^x enter;

$456,20 : ;$ enter $y = \dfrac{1}{x}$

aparecerá $\boxed{417,2955164}$ ∴ PV ≅ R\$ 417,30

c) $FV = PV(1+i)^n \Rightarrow 456,20 = PV(1,87\%)^{\frac{143}{30}}$

F reg; STO EEX (aparece c); 456,20 FV; 1,87 i; 143 enter 30 : aparecendo 4,7666... n;
$\boxed{PV\ 417,639167687}$ ∴ PV ≅ R\$ 417,64

P8.6

a) opção I $PV = PMT \dfrac{1-(1+i)^{-n}}{i} \Rightarrow PV_I = 429.\dfrac{1-(1+2,14\%)^{-5}}{2,14\%}$

F reg; g END; 429 PMT; 2,14 i; 5 n; $\boxed{PV\ 2013,88391051}$
∴ PV ≅ R\$ 2013,88.

b) opção II $PV = PMT \dfrac{1-(1+i)^{-n}}{i} \Rightarrow PV_{II} = 322,14.\dfrac{1-(1+2,14\%)^{-7}}{2,14\%}$

F reg; g END; 322,14 PMT; 2,14 i; 7 n; $\boxed{PV\ 2073,71291098}$
$\therefore PV \cong R\$\ 2.073,71.$

P8.7

a) $FV = PMT \dfrac{(1+i)^{n}-1}{i}(1+i) \Rightarrow 9000 = PMT \dfrac{(1+1,42\%)^{9}-1}{1,42\%}(1+1,42\%)$

F reg, g BEGIN; 9000 CHS FV; 1,42 i; 9 n; $\boxed{PMT\ 931,309839368}$
$\therefore PMT \cong R\$\ 931,31.$

b) $FV = PMT \dfrac{(1+i)^{n}-1}{i} \Rightarrow 9000 = PMT \dfrac{(1+1,42\%)^{9}-1}{1,42\%}$

F reg, g END; 9000 CHS FV; 1,42 i; 9 n; $\boxed{PMT\ 944,534449229}$
$\therefore PMT \cong R\$\ 944,53$

P8.8

a) $PV = PMT \dfrac{1-(1+i)^{-n}}{i} \Rightarrow PV = 45,80\dfrac{1-(1+3,14\%)^{-6}}{3,14\%}$

F reg; g END; 45,80 PMT; 3,14 i; 6 n; $\boxed{PV\ 246,960218157}$
$\therefore PV \cong R\$\ 246,96$

b) $PV = PMT \dfrac{1-(1+i)^{-n}}{i} \Rightarrow 246,960218157 \cong PMT \dfrac{1-(1+3,14\%)^{-12}}{3,14\%}$

F reg; g END; 246,960218157 CHS PV; 3,14 i; 12 n;
$\boxed{PMT\ 25,017935037}$ $\therefore PV \cong R\$\ 25,02$

P8.9

a) f reg; 1,56 i; 630 CHS CF0; 170 CFj; 4 Nj; f $\boxed{NPV\ 24,285386}$
$\therefore NPV\ R\$\ 24,29$

b) f reg; 1,56 i; 820 CHS CF0; 295 CFj; 3 Nj; f $\boxed{NPV\ 38,089472271}$
$\therefore NPV \cong R\$\ 38,09$

c) Como $NPV_{I} < NPV_{II}$ então II é a melhor opção.

P8.10

(D) pois $PV = PMT \dfrac{1-(1+i)^{-n}}{i} \Rightarrow PV = 50000 \dfrac{1-(1+10\%)^{-3}}{10\%}$

F reg; g END; 50000 PMT; 10 i; 3 n; $\boxed{PV - 124.342{,}599549}$

$\therefore PV \cong R\$ 124.342{,}60$ é o empréstimo.

P8.11

n	J_n	P_n	A_n	SD_n
0				21.000,00
1	321,30	4.394,73	4073,43	16.926,57
2	258,98	4.394,73	4135,75	12.790,82
3	195,70	4.394,73	4199,03	8.591,79
4	131,15	4.394,73	4263,28	4.328,51
5	66,23	4.394,73	4.328,51	0

P8.12

(D) leitura do gráfico, bastando inserir os pontos de partida: R\$ 4.000,00 para o banco A, e R\$ 3.000,00 para o banco B.

P8.13

Cálculo na "mão"

$\vec{F} = m.\vec{a}$

$\vec{F} = 62{,}5 . 9{,}78$

$\boxed{\vec{F} = 611{,}25 \ N}$

$\vec{F}$ é a força gravitacional (em Newtons)

m é a massa do corpo (em kg)

$\vec{a}$ é a aceleração da gravidade (em m/s²)

$\vec{F} = m.\vec{a}$ é a 2ª lei de Newton que relaciona as grandezas envolvidas

PASSOS na Calculadora **HP 12 C**:

1) On (ligar)
2) f reg (limpar todas as memórias)
3) 62,5 STO 4 (alimentar o valor de **m** (62,5) na memória 4)
4) R/S (gravar o valor de m)
5) 9,78 STO 5 (alimentar o valor de **a** (9,78) na memória 5)
6) R/S (gravar o valor de **a**)
7) RCL4 (retorna o valor de **m** junto ao visor)
8) ENTER (continua o valor de **m** no visor, preparando a próxima operação)
9) RCL 5 (retorna o valor de **a** no visor)
10) X (executa a multiplicação, aparecendo **611,25** no visor)
11) GO TO 00 (retornando ao início)

PASSOS na calculadora **HP 19 B II**

1) ON (ligar)
2) INV MAIN MENU (ir ao menu principal)
3) SOLVER (ir ao menu que inseri novas fórmulas)
4) Digitar **F = M * A** (a equação desejada é $\vec{F} = m . \vec{a}$)
5) CALC (a calculadora verifica a expressão introduzida, verificando o sentido lógico para o cálculo desejado)
6) Aparecerá no visor $\boxed{F}$ $\boxed{M}$ $\boxed{A}$
7) Clicar 62,5 no 2º quadrado $\square$ $\boxed{M}$ $\square$
8) Aparecerá M = 62,5
9) Clicar 9,78 no 3º quadrado $\square$ $\square$ $\boxed{A}$
10) Aparecerá A = 9,78
11) Clicar o 1º quadrado $\boxed{F}$ $\square$ $\square$
12) Aparecerá no visor a resposta **F = 611,25**